지은이

권명아 Kwon Myoung A

실험은 실패로 귀결된다. 그게 현실이다. 다만 그 현실에 지지 않을 힘을 잃지 않기를 스스로에게 바랄 뿐이다. 그런 바람으로 연구모임을 지속하고 있다. 저서로는 『가족 이야기는 어떻게 만들어지는가』(2000), 『맞장뜨는 여자들』(2001), 『문학의 광기』(2002), 『역사적 파시즘:제국의 판타지와 젠더 정치』(2005), 『탕아들의 자서전』(2008), 『식민지 이후를 사유하다』(2009), 『음란과 혁명:풍기문란의 계보와 정념의 정치학』(2013) 등이 있다. 연구모임 aff−com(아프−꼼)을 이끌고 있다. 동아대학교 한국어문학과 교수. toutpasse@naver.com

Cover design & art work by song jin hee

무한히 정치적인 외로움

 aff-com 총서 1

무한히 정치적인 외로움

지은이 권명아

펴낸이 조정환
책임운영 신은주
편집부 김정연
홍보 김하은
프리뷰어 이성혁 · 박필현

펴낸곳 도서출판 갈무리 등록일 1994. 3. 3. 등록번호 제17-0161호
종이 화인페이퍼 인쇄 중앙피앤엘 · 예원프린팅 제본 은정제책
초판 1쇄 2012년 6월 6일
초판 2쇄 2017년 2월 22일

주소 서울 마포구 동교로18길 9-13 [서교동 464-56]
전화 02-325-1485 팩스 02-325-1407
website http://galmuri.co.kr e-mail galmuri94@gmail.com

ISBN 978-89-6195-050-3 94300 / 978-89-6195-049-7 (세트)
도서분류 1. 사회과학 2. 문학 3. 철학 4. 문학비평 5. 문화연구 6. 정치학
7. 여성학

값 18,000원

이 도서의 국립중앙도서관 출판시도서목록(CIP)은 e-CIP홈페이지(http://www.nl.go.kr/ecip)와 국가자료공동목
록시스템(http://www.nl.go.kr/kolisnet)에서 이용하실 수 있습니다.(CIP제어번호: CIP2012002367)

무한히 정치적인 외로움

Infinite Political Loneliness - Question about the affect of Korean Society

한국 사회의 정동을 묻다

권 명 아 지음

삶-연구-글쓰기의
인터페이스(interface), aff-com

이 총서의 이름인 aff-com(아프-꼼)은 'affect'와 'commune'의 합성어이다. 이 총서는 '정동'과 '공동체'에 관한 이론 및 실천을 문제틀로 삼아 진행될 것이다. 이론적으로는 '정동'과 '공동체'에 관한 다양하고도 갈등적인 논의의 지형을 추적하고 탐색하는 것이 이 총서의 주요한 지향점이 될 것이다. 물론 여기서 '공동체'란 '코뮌'에서부터 '불가능한 공동체'에 이르기까지, 현실의 다양한 공동체를 가로지르고 어긋나는, 하나의 이름으로 환수될 수 없으나, 매번 그 이름(공동체)과 겹쳐지는 그런 함께-있음의 여러 존재 방식을 포괄한다. 정동affect 역시 여전히 번역어로서도 공통어를 갖지 못한 개념이지만, 우리는 정동을 '함께-있음과 맞물려 있는 부대낌'이라는 차원에서 접근해나갈 것이다. 이는 우리가 정동은 무엇인가라는 질문보다는 "그것은 어떻게 정동하는가, 혹은 어떻게 다른 것에 의해 정동되는가"라는 '어떻게'를 중심으로 사유하고, 움직인다는 것을 의미한다. 그런 점에서 aff-com은 실은 'aff'는 무엇인가? 'com'은 무엇인가라는 질문을 연결하고 있는 것이 아니라,

둘 사이의 연결, 'aff'와 'com'을 끌어와서 만들어낸 인터페이스(접촉면)interface에 다름 아니다. 그렇다. aff-com은 그 자체로 서로 이질적인 것들이 부대끼는 인터페이스들의 연결체이다. aff-com은 우리의 신체가 그 자체로 다른 존재, 다른 것들과 정동됨을 배울 때만이 가능한 그런 접촉면이라는 것을 뜻한다. 신체들이 부대끼고 정동되는 인터페이스. 실제로 aff-com의 이론과 실천은 이러한 인터페이스로서의 삶-연구-글쓰기의 실험 과정이라 할 수 있다. 이 서문 역시 이러한 인터페이스의 연결로 만들어진 글이다.

그런 점에서 'aff-com 총서'는 '정동'이나 '공동체'에 대한 이론적 탐색만이 아니라, '정동'과 '공동체'라는 문제틀을 삶의 구체적인 지평 속에서 다시 새겨 넣고, 그 삶의 부대낌 속에서 정동과 공동체에 관한 이론을 재발명하는 작업을 수행하고자 한다.

aff-com 총서는 정동과 공동체에 대한 이론적 작업이나 학문적 탐구만을 지향하는 것이 아니라, 오히려 삶의 지평에서 정동과 공동체의 이론을 재발명하는 것을 목표로 한다. aff-com 총서는 이 총서를 발간하는 행위성 자체에 이미 새로운 실험적 의미를 내포한다. 이는 aff-com 총서가 단지 학문 제도상의 실용적 목적을 충족하기 위한 결과물이 아니며 명민한 이론을 선취하여, 독자 여러분에게 혜안을 제공하는 것만을 목적으로 하는 것도 아니라는 것을 가리킨다. aff-com이라는 이름이 수년간 꾸려온 연구모임의 이름이자, 실천의 형식이며, 총서의 제목 모두에 걸쳐져 있는 것은 이러한 측면과도 관련된다. 실천적인 차원에서 이 총서는 현재 'aff-com'이라는 이름을 갖고 있는 연구모임의 '이름'이자 작업의 '결과물'들이다. aff-com이라는 연구모임은 부산을 기반으로 하여 관계맺음의 새로운 형식을 얻고자 많은 노력을 해오며 가지게 된 이름이며 이 것은 곧 그간 실천해왔던 공동작업의 결과물이기도 하다.

공통적인 것com-이 급격한 속도로 사라지고 있는 것이 자연스 럽게 느껴진다. 정교한 시스템들 간의 공모가 공통적인 것의 소멸 을 자연사自然死로 만들고 있기 때문이다. 자본제적 시스템은 우리 의 삶 속에 들어와 '주인'처럼 자리하고 있다. '내'가 '너'에게로 가기 위해서는 시스템(제도)으로부터 통행증을 부여받아야 한다. 그렇 게 우리들의 관계도 자연사自然死하고 있는 것이다. 아무도 이 죽음 에 대해 책임을 지지 않는다. 완전범죄. 우리의 작업은 이 '완전함' 에 맞서는 것으로부터 시작한다.

이 총서는 공식적으로 승인된 시스템에 새로운 프레임frame을 도입하는 것을 목표로 한다. 기왕의 프레임 속에 새로운 프레임을 만들어내는 것, 시스템과의 부대낌은 '밖'에서부터가 아니라 합법 적이고 체계적으로 진행되고 있는 바로-여기에서의 '절멸의 자리' 로부터 시작되어야 할 것이다. 외부가 없어 보이는 시스템 속에서 우리는 그간 절연되어 있던 두 선분을 이어 새로운 프레임을 구축 하는 데 힘쓸 것이다. 이미 많은 이들이 다양한 방식으로 남겼던 '정동'과 '공동체'라는 선분은 기어코 용해되지 않고 지금-여기-우 리들에 의해 다른 형태의 선분으로, 선분들의 연합으로 다시 재발 명될 것이다.

이 연구모임은 특히 한국에서 대학, 제도, 지역의 관성적이고 타성적인 관계맺음의 방식과는 다른 새로운 결속의 형식을 얻으려 노력해왔다. 또 이러한 새로운 결속을 통해 지역적 차이, 대학의 위계, 제도적 권력화 등에 의해 제약을 받을 수밖에 없는, 이름도 없고, 자리도 없고, 목소리도 없으며, 할당된 몫도 없는 이들의 삶의 반경을 새롭게 그려나가는 것이 연구모임 aff-com이 그간 견지해 온 실천적 의미들이다. 연구모임 aff-com의 작업은 이른바 역량에 대한 실험이기도 했으며 aff-com의 여러 실천들은 실은 역량을 측정하는 현실적, 권력적, 제도적 측정술을 거부하고, 그저 '우리라는 이름 속엔 이미 역량이 내포되어 있다.'는 믿음을 갖고, 그 역량을 입증하는 작업이었다. 이 총서의 발간 작업 역시 이런 입증과 도전의 작업이다.

따라서 이 총서 역시 단지 정동과 공동체에 관한 이론의 정교하고, 선도적인 리스트를 만들어 가는 데에만 목적을 두지는 않는다. 우리는 이 작업을 통해서 역량을 입증하는 새로운 방식을 실험하고자 한다. 물론 이러한 실험은 다분히 실패의 위험을 안고 있다. 그리고 연구모임 aff-com의 역사는 그 자체로 실패의 역사이기도 하다. 해서 우리는 이 총서를 통해 또 다른 실패를 '기획'하고 있는 것이기도 하다. 그리고 실패의 반복을 통해서, 오히려지금과는 다른 몸으로의 이행이 가능하기를 기대해본다. 이 총서의 작업을 통해 지금 이 순간에도 무수히 그어지고 있는 선분들이, 그 선분들의 만남과 어긋냄이 만들어내는 빗금이 새로운 이름으로, 새로운 자리로 재발명될 수 있기를 고대해본다.

aff-com

차례

4장 무한히 정치적인 외로움

반려와 어소시에이션의 발명을 위하여

5장 사랑의 담론과 정치적인 것

근원회귀의 반복인가 신인류의 생산인가

6장   위기감과 불안, 그리고
파시즘의 정체성 정치

프롤로그

프롤로그

부대낌

저는 외롭습니다. 그게 아니라면, 저는 고독합니다. 그것도 아니라면 저는 쓸쓸합니다. 그것도 아니라면 마치 눈이 내리는 밤에 짖지 않는 개와 마찬가지로 저는 …… .
— 김연수, 「모두에게 복된 새해」

나는 고독하지 않아. 아오마메는 생각한다. 우리는 하나로 이어져 있는 것이다. 아마도 같은 이야기에 공시적(共時的)으로 포함됨으로써.
— 무라카미 하루키, 『1Q84』

외로움이란 홀로 있음의 지표이지만, 외로움은 누군가를 부르는 신호이기도 하다. 우리가 '외로움을 느낀다.'라고 표현하듯이 외로움은 어떤 자기 안의 마음의 풍경에서 비롯된 것이라고도 할 수 있다. 하지만 외로움은 단지 내 마음에서 비롯되는 것이라기보다 실은 누군가와, 무엇인가와 이어지고, 포함되어 있느냐의 여부에 의해 발생한다. 그러니까 외로움은 내 마음속에 있지만, 온전히 내 마음에 속한 것은 아니며, 그런 의미에서 외로움의 원천은 나의 밖에 있다. 김연수의 소설 속 주인공이 "눈이 내리는 밤에 짖지 않는 개"와 같이 세상과 이어져 있지 않음을 고독, 외로움, 쓸쓸함으로 바꿔써보듯이 말이다. 또, 하나로 이어진 우리, 같은 이야기에 포함된 우리에 소속되어 있음으로써 하루키의 주인공 아오마메가 "나는 고독하지 않아."라고 단언할 수 있듯이 말이다.

외로움은 온전히 나에게 속한 내 마음의 상태만이 아니라, 타인과, 세계와의 연결, 공시적 이야기를 공유하는 공동체에의 소속 여부를 보여주는 하나의 지표이다. 즉 마음의 상태라고 간주되는 외로움은 사람들이 누군가와 이어져 있음(결속)/없음(결속의 부재)이나, 어딘가에 소속됨과 같은 사회적 관계 속에서 발생하는 것이다. 이를 이론의 어휘로는 정동affect이라 하겠다. 정동이라는 이론적 어휘는 개인과 공동체의 상태state라는 현실의 문맥 위에서 다시 발명되어야 한다. 그래서 정동은 "내적이면서도 동시에 비인격적인" 것이다.

또 정동은 신체가 서로 다른 신체들과 조우하고 있거나, 다른 신체들에 속해 있다는 것의 표지이다. 혹은 정동은 신체가 부대끼는 세계에 속해 있다는 것의 표지이며, 또는 세계가 이러한 부대낌이라는 신체에 속해 있다는 지표이기도 하다. 그러나 동시에 정동은 속해 있지 않음non-belonging의 표지이기도 하다."[1] 김연수의 소설 속 인물의 외로움이 이 세계에 속해 있지 않음의 표지라면, 하루키의 주인공의 "고독하지 않음"이 "하나로 이어져 있음"의 표지이듯이 말이다. 부대끼는 세계에 속해 있음의 표지라는 점에서, 정동은 힘 또는 힘들의 충돌과 동의어이다. 『무한히 정치적인 외로움』은 최근 10여 년간 한국 사회의 여러 변화를 이러한 부대낌, 속해 있음, 힘들의 충돌 같은 표지들을 길잡이 삼아 살펴보고 있다. 외로움, 속해 있음/속해 있지 않음, 이야기를 나눔/나눌 수 없음과 같은 표지들을 따라 이 책은 나아갈 것이다.

---

1. Melissa Gregg and Gregory J. Seig, "An inventory of shimmers", *The Affect Theory Reader,* Melissa Gregg and Gregory J. Seigworth ed., Duke University Press, Durham & London, 2010, p. 2

파토스(pathos)와 아파지(apathy)

부제가 보여주듯이 이 책은 '한국 사회의 정동을 묻는' 방식을 취하고 있다. 정동에 대한 이론적 연구는 아주 다양하게 진행 중이고 이 책 또한 이에 힘입은 바 크다. 그러나 이 책은 정동에 대한 이론을 **통해서** 한국 사회를 분석하는 방식이라기보다, 한국 사회의 여러 가지 변화의 지형을 분석하는 방법으로서 정동 이론을 참조하고 있다고 하겠다. 모든 이론이 그러하지만, 정동 이론이야말로 지금-여기의 삶의 자장에서 새로운 용법을 획득함으로써 매번 재발명되어야 하는 것이다. '정동' 이론은 필연적으로 재발명되어야 한다. 바로 우리가 부대끼며 살아가고 있는 지금-여기의 삶의 자리에서 말이다.

이 책은 1930년대부터 신자유주의 시대까지의 '총력전 체제'의 지평을 배경으로 하지만, 구체적으로는 1980년대에서 2000년대까지 지난 20여 년간의 변화와 낙차落差를 살펴보는 데 중점을 두고 있다. 지난 20여 년간의 변화에 대해서는 이미 아주 많은 논의들이 제기되었고, 이 책에서는 그러한 논의의 지형들 또한 함께 살펴보고자 노력했다. 특히 이 책은 정치적인 것과 관련하여 지난 20여 년간의 변화에 대해 주요하게 관심을 두고 있다. 한국 사회에서 1980년대가 정치적인 것에 대한 파토스로 충만한 시대로 간주된다면, 신자유주의 시대로 진입하면서 정치적인 것에 대한 아파지(무관심)apathy가 가장 중요한 시대의 징후로 간주되기도 했다. 파토스에서 아파지로의 변화. 정치적인 것을 둘러싼 '파토스'와 '아파지' 사이의 이행과 변형에 대해 고민하는 과정들이 이 책에서는 슬픔, 외로움, 사랑, 위기감, 불안 등 정념과 관련된 논의들을 경유하며 진행된다.

반경(半徑)

　이 책이 슬픔, 외로움, 사랑, 위기감, 불안 등 정념의 키워드들을 경유하는 것은 지난 20여 년간 '정치적인 것'을 둘러싼 변화를 살펴보기 위해서라고 위에서 말했다. 그러나 이러한 정념의 키워드를 중심으로 한 논의는 무엇보다 역사적, 사회적, 정치적 변화를 어떻게든 구체적인 삶의 맥락 속에서 살펴보려는 시도의 하나라고 하겠다. 해서 이 책에서는 이러한 변화의 구체성을 삶의 반경의 변화라는 차원에서 살펴보려 했다. 삶의 반경이라는 차원에서 생각한다면 정치적인 것이란 지금, 이곳에서의 제한된 삶의 반경을 돌파해내려는, 온 몸으로 그 반경을 넓혀보려는 몸짓이 아닐까? 지금, 여기에서 사람들의 삶의 반경이 어떻게 제한되고 있으며, 또 그러한 제한적인 삶의 반경에 대해 사람들이 어떤 인식을 공유하거나 공유하지 않는가, 혹은 제한된 삶의 반경 안에 누구를 받아들이고 받아들이지 않는가 하는 것들이, 곧 삶의 구체성 속에서 정치적인 것이 작동하는 방식이라 하겠다. 삶의 반경이란 이 세계 속에서 내가 움직일 수 있는 동선에 다름 아니라는 점에서, 개별 존재의 주체 위치에 대한 감각과도 연결된다. 또한 삶의 반경을 현실적으로, 상상적으로 인지하는 일은 삶과 죽음의 경계를 상상적으로 구축하는 일이기도 하다. 더욱이 누군가를 나의 삶의 반경 내에 받아들이거나 받아들이지 않음의 문제는 이른바 공동체의 경계를 설정하는 일과도 맞물려 있다.

이 책은 이러한 문제들을 번역가능성과 번역불가능성 사이의 삶과 죽음(1장), 애도와 우정, 공동체의 문제(2장), 슬픔과 공동체성(3장), 타자를 나의 외로움을 닮은 친구로 상상하는 우정의 문법과 거기 내포된 외로움의 정치적 함의(4장), 세계의 중심과 변방에서 서로 다르게 울려 퍼지는 사랑의 담론의 낙차와, 사랑의 담론으로 이행한 정치적인 것의 층위와 변주들(5장), "잃어버린 10년"이라는 희극적 수사와 줄타기를 하는 한국 사회의 '민주화 시대'에 대한 정동의 구조들(6장)을 통해서 살펴볼 것이다.

관통(passage)

이 책이 '정동' 이론을 경유하는 것은 규정되지 않고, 사이에 있으며, 언어적 구조로 확정되지 않은 이 사회의 구성원들/비구성원들의 상태에 존재의 깊이와 무게라는 추를 달아주기 위해서이다. 이 책에서 다루는 '정념'들은 우리에게 익숙하거나, 가시적으로 드러나거나, 누구나 느끼고 있는 '마음의 상태' 같은 것이라기보다 외려 시대적 열광에 의해 은폐되거나 삭제되어버린, 아직 제대로 논의되고 있지 못한 어떤 동요의 흔적에 관한 것이라고 할 수 있다. 조르조 아감벤Giorgio Agamben은 정념을 "우리와 게니우스 사이에 뻗어있는 줄타기용 줄로, 우리의 곡예하는 삶은 그 위를 걷고 있다."[2]고 논한 바 있다. 아감벤에 따르면 게니우스란 자아로 환원되지 않는 '우리' 안의 비인격적인 것이다. 그리고 불안이나 기쁨, 안심이나 슬픔과 같은 정념이란, 우리 안에 있는 비인격적인 것과의 조우의 표지이

---

2. 조르조 아감벤, 『세속화 예찬』, 김상운 옮김, 난장, 2010, 19쪽.

다. 즉 정념이란 주체와 게니우스의 조우, 그 부대낌에서 생기는 격렬한 동요이다. 정념의 어원적 의미가 영혼의 동요라는 것은 이런 점에서 다시 해석될 수 있다. 이 책에서는 슬픔이나 외로움, 불안, 환멸, 사랑 등 정념(영혼의 동요)을 이처럼 '나'와 나로 환원되지 않는 힘들의 부대낌을 경험하는 영혼의 동요로서 살펴보고 있다. 아니 이러한 영혼의 동요를 징표로 하여, 그 동요로 나타나는 부대낌의 징후들, 그 희미한 떨림과 흔적들과 파동을 뒤쫓아 가는 것이 이 책에서 시도한 방법이라 할 것이다.

영혼의 동요(정념)와 그 표지에 담긴 부대낌과 엇갈림, 관계와 힘들의 파동이 만들어내는 미묘한 궤적들을 뒤쫓아 가기 위해 이 책에서는 영화, 문학, 드라마와 같은 문화 생산물과, 베스트셀러와 같은 문화적 현상들, 애도정국, 참사, 자살과 같은 사회적 현상이나, 한류열풍에서 개인의 삶의 반경의 변화 등 매우 이질적인 대상들을 관통하고 있다. 이는 단지 연구와 조사의 대상의 목록을 늘여가기 위한 것이라기보다, 정념의 표지와 정동의 궤적을 좇는 일이 '문학'이나 '영화', 혹은 '정치'나 '경제'라는 제도화되어 있는 분과의 틀로는 불가능한 작업이기 때문이다. 즉 정동이 말 그대로 힘-관계와 이에 따른 부대낌의 양태라고 할 때 이를 추적하는 것은 다양한 부대낌의 상태들을 통해서만 가능하기 때문이다. 그리고 이 '부대낌의 상태'란 아직 의미를 획득하지 못한 미정형의 '힘'을 뜻하는 것이기도 하다. 그런 점에서 이 책은 바로 영혼의 동요로, 혹은 부대낌의 양태로 나타나는 그 미정형의 힘에 초점을 두고 있는 것이다. 따라서 이 책에서 외로움, 사랑, 슬픔, 환멸, 불안, 연민 등의 영혼의 동요를 다루는 것은 모든 정치적인 것이 종말한 시대의 파국의 정서나 징후를 살피는 것과는 방법을 달리한다 할 수 있다.

예를 들자면, 여성의 싱글 라이프를 향한 대중의 연민은 실상 '페미니즘은 이제 그만'no more feminism을 외치는 이 시대의 어떤 이행의 징후이다. 그리고 이러한 이행에는 정치적인 것, 특이성, 삶의 방식에 대한 결단과 관련된 태도 변화가 내포되어 있다. 삶의 특이성, 혹은 특이점이란 달리 말하면 번역가능성과 번역불가능성의 임계점과도 밀접한 관련을 맺는다. 따라서 싱글 라이프에 대한 대중의 연민은 실은 삶의 특이성이 공동체의 익숙한 문법으로 번역불가능해지는 임계점의 지표이다.

또한 이 시대의 슬픔은 익숙한 공동체성을 촉발affect시키는 방향으로 이행되고 있다. 애도가 광장에서 극장으로 이동한 것과 이러한 이행은 밀접하게 연관된다. 또한 이 시대의 슬픔이 익숙한 공동체성을 촉발하는 것은 재생산의 위기에 대한 감각과 밀접한 관련을 맺는다. 재생산의 위기라는 감각이 익숙한 공동체성을 촉발시키는affect 것은 논리적인 선후관계라기보다 서로 밀접하게 연동되어 있으며, 사회 여러 분야에 확산되어 있다. 또한 이 시대의 슬픔은 잃어버린 시대/세대에 대한 노스탤지어를 촉발하며, 이를 통해 익숙한 공동체성을 다시 불러들인다. 그러니 '우리'의 슬픔은 극도로 정치적이며, 그 슬픔에는 어떤 '비판적 삶의 종말'의 그림자가 짙게 드리워져 있다.

오늘날 한국 사회에 만연한 외로움은 1990년대에서 2010년에 이르는 약 20여 년간 한국인들의 삶의 반경에 대한 상상 구조가 제국의 판타지에서 게토적인 삶에 대한 불안으로 이행되고 있음을 보여주는 사례이기도 하다. 이러한 삶의 반경을 상상하는 구조의 이행에서 촉발되는 것이 바로 '외로움'이다. 2000년대 국경을 넘나들며 타자와 조우하는 만남을 주제로 하는 다양한 문화생산물에서 공히 발견되는 것 또한 이러한 외로움이다. 해서 이 외로움은 삶의 반경에 대한 상상이 외부를 향한 '메아리'로부터 내부로 침잠하는 '소용돌이'로, 외적 확산에 대한 '순진한 동경'이 위축되는 반경에 대한 폐쇄공포증적인 압박감으로 이행되는 과정에서 촉발되는 것이다. 따라서 이 외로움은 삶의 반경의 영토적 이행과 타자와의 만남에서의 힘 관계의 변화에 의해 촉발되는 것이다. 이 외로움은 한편으로는 위축되는 삶의 반경, 힘 관계에서의 수동적 지위에 대한 불안감의 산물이기도 하다. 하지만 동시에 이는 끝없이 너를 부르는, 외로움이기도 하다. 그래서 이 외로움은 한편으로는 새로운 우정, 새로운 반려, 지금까지와는 다른 삶의 관계가 촉발될 수도 있는 다분히 정치적인 외로움인 것이다.

정치적인 것에 대한 이론적 지형의 변화에 민감한 이들이라면 최근 들어 사랑이 정치적인 것의 새로운 화두로 제기되고 있다는 것을 쉽게 알 수 있을 것이다. 알랭 바디우Alain Badiou, 테리 이글턴Terry Eagleton, 슬라보예 지젝Slavoj Žižek 등 최근 정치적인 것에 관한 이론들은 사랑의 담론을 다시 손에 들고 도래하고 있다. 그럼 왜 다시 사랑일까? 헌데 가만히 들여다보면 정치적인 것의 자리에 사랑이 도래하는 것은 단지 이론의 차원만은 아니다. 전 세계적인 베스트셀러가 된 무라카미 하루키의 『1Q84』는 혁명에서 사랑으로라는 이행을 서사의 기본 축으로 하고 있다. 『1Q84』가 전공투 세대인 아비와 그 아이들의 갈등적 관계를 축으로 하고 있듯이 혁명에서 사랑으로라는 이행은 전공투, 68혁명, 1980년대로 상징되는 시대/세대의 '종말'을 뒤로하면서, 새로운 시대/세대의 '윤리'로서 사랑이 부상하는 방식을 공유하고 있는 것은 아닐까? 『소립자』와 『1Q84』는 매우 상이한 소설이다. 『소립자』는 68세대의 아이들의 이야기이고 『1Q84』는 전공투 세대의 아이들의 이야기이다. 이 아이들은 혁명에 자기 삶을 내던진 부모들 때문에 이 세상에 아무 것도 없이 내던져져 있다. 혁명은 이 아이들을 '고아'로 만들었다고 할까? 해서 이 '고아'들에겐 집도 가족도 고향도 없다. 방황하는 이 아이들에게 혁명의 시대는, 이 아이들의 등 뒤에서 저물어 가며 마지막 빛을 발하는 석양처럼, 이제 저물어 가는 시대이다(『1Q84』의 상징적인 장면처럼). 그리고 이 석양을 뒤로 하고 떠오른 화두가 바로 '사랑'이다. 그리고 이 '고아'들에게 부모들이 주지 않았던 보호고치는 바로 이 사랑 속에서 다시 발견될 예정이다. 이러한 소설의 구도는 지난 혁명의 시대의 문법에 종언 선언을 내리고, 사랑의 담론에 희망을 거는 오늘날 이론에서의 정치적인 것의 이행 구조, 거기 내재된 어떤 이행의 서사와도 매우 닮아 있는 듯하다.

신자유주의 시대에서 생존에 대한 위기감과 불안의 문제에 대해서는 많은 논의들이 진행되었다. 그러나 한국 사회에서 위기감이나 불안과 관련해서 중요하게 살펴볼 지점은 환멸이라는 이행의 방식이다. 환멸disillusion이란 환상illusion이 깨어져나가는 것을 의미한다는 점에서 그 자체로 환상으로부터 다른 것으로 이행하는 표지이다. 2012년 봄의 총선에서 현재에 이르기까지 한국 사회는 환멸의 끝은 어디인가를 가늠하는 시험장과 같은 형국이다. 이 과정에서 매우 흥미로운 현상은 SNS로 상징되는 새로운 정보 생산 기반이 환상의 매개에서 환멸의 전달자로 이행되는 것이었다. 총선 직전까지 '나꼼수'로 상징되는 SNS 기반 미디어는 새로운 희망의 가능성을 상징했으나, 총선 참패와 통합 진보당 사태를 맞이하면서 환멸의 수사들로 도배가 되다시피 했다. 그런 점에서 정동은 그 자체로 진보적이거나 우리에게 희망적인 무언가를 가져다 줄 보고 같은 것은 아니다. 정동을 연구하는 많은 연구자들이 지적하고 있듯이 "정동이 우리 안에 고도로 잘 투자되어서 더 나은 미래를 위해 무엇인가 마술적인 것을 제공해줄 것처럼 믿는" 것은 과도한 낙관이다. 또한 정동이 "이미 항상 진보적이거나 자유를 위한 정치학에 더 잘 봉합되어 있거나"[3] 한 것도 아니다. 오히려 정동은 "아직 아님"not yet의 지평에서 사유되어야 한다. 스피노자의 유명한 표현을 따르자면 "누구도 신체가 무엇을 할 수 있는가를 아직은not yet 규정할 수 없다."

---

3. Melissa Gregg and Gregory J. Seig, "An inventory of shimmers", p. 10.

파토스(pathos)에서 파토-로지(patho-logy)로

정동이 이행이라는 점에서는 동어반복이겠으나, 정념과 정동에 관한 이 책의 논의들은 필자의 연구 작업과 고민의 이행 그 자체와도 연결되어 있다. 맨 처음 정념에 대해 고민하게 된 것은 파시즘 연구를 시작한 연구자로서의 출발 지점까지 거슬러 올라간다. 처음에는 외로움과 환멸에 대해, 그리고는 '부적절한 정념'에 대해 고민하게 되었다. 그리고 부적절한 정념에 대한 고민은 그 자체로 이행의 열쇠를 풀어보고자 하는 문제와 결부된다. 즉 무능력자, 부랑아, '문란녀'와 미숙한 청소년들은 과연 역사적으로 어떻게 정치적 주체로 이행하게 되었을까? 그 열쇠 말을 얻기 위해 '부적절한 정념'이라는 말 그대로 희미한 불빛을 좇아 몇 년을 방황했다. 그 '방황의 길'에서 풍기문란에 대한 연구를 시작하게 되었고, 정념의 표지들을 하나하나 좇아가다가 정동 이론과 조우하게 되었다. 또 정동 이론 연구와 함께 정념을 정치적 차원에서 연구하는 흐름들은 정념의 바다에서 허우적거리다가 익사 직전에 발견한 불빛과 같았다. '부적절한 정념'이라는 희미한 불빛에 의존하여 정치적 주체로의 이행에 대한 열쇠를 찾으려던 과정은 많은 실패와 난관에 봉착한 과정이었다. 도대체 정념이라는 개념을 계속 붙잡고 있어야 하는가에 대해서도 실은 회의적이었다. 물론 아직도 이에 대해서는 논란이 있을 수 있다고 생각한다. 그러나 그 방황의 과정에서 겨우 부여잡은 작은 단서는 정념이란 아직 한 번도 정치적 차원에서의 이론/말을 얻어 본 적이 없었다는 점이다. 따라서 정념을 정치적 주체화의 차원에서 살펴보려는 시도는 매번 난관에 부딪치게 되므로 정치적 차원에서 정념에 관해 고찰하기 위해서는 무엇보다 새로운 이론과 말을 발명해야 한다. 정동 이론 또한 이런 점에서 정념을 정념의 이론으로 이행시키는 과정과도 밀접하게 관련된다. 멜리사 그렉Melissa Gregg과 그레고리 세이그Gregory J. Seig는 정동 이론의 지형을 분석하면서 정동 이론이 다양한 차이에도 불구하고 파토스(정념)pathos를 파토-로지(정념-론)patho-logy로 구성하는 것의 중요성을 공히 내포하고 있다고 논하고 있다. 이는 정동의 중립성neutral을 논한 롤랑 바르트Roland Barthes의 논지를 이어받은 것이기도 하다. 여기서 정념-론patho-logy 이란 변화의 흐릿한 빛들, 뉘앙스, 상태들의 목록으로, 이 목록들은 행위성, 감각, 감정으로 모아져서 "다름의 열정"the passion for difference에 기여한다. 그런 점에서 정념-론 patho-logy으로서의 정동 이론이란 특이성들singularities의 발명-목록을 만드는 것이다.[4] 또 '파토스에서 파토-로지로'란,

'병리학에서 정념-학으로'라는 문제틀의 이동으로도 해석할 수 있다.

부적절한 정념이라는 흐릿한 불빛을 붙잡고 방황하던 필자의 연구 작업에서 정동 이론과의 조우는 그 자체로 정념에서 정념-론으로의 이행의 계기가 되었다. 아직은, 그 무엇도 명확하게 말하지 못한 채 "아직 아님"일 뿐이지만, 그래도 무엇인가 희미한 불빛을 좇아갈 새로운 동력을 얻었다. 이 미미한 자취가 이 책을 읽는 독자들에게도, 그렇게 희미한 불빛이 되기를 바랄 뿐이다.

안녕

지난겨울, 달랑 귤 한 상자를 들고 〈다중지성의 정원〉과 함께 있는 갈무리 출판사를 찾았다. 몇 년간 함께 꾸려온 연구 모임에서 자체적인 출판 사업을 통해 좀 더 지속

---

4. Melissa Gregg and Gregory J. Seig, "An inventory of shimmers", p. 11. 여기서 정념-론(patho-logy)으로서의 정동 이론이 특이성들(singularities)의 발명-목록을 만드는 것이라는 것은, 정념이나 정동에 관한 연구가 지금까지 묻혀있던 재고 목록을 다시 꺼내어서 "자 이제 이성이 아니라 정념이다."라는 식으로 접근하는 방식을 비판하는 함의를 지닌다. 즉 정념-학으로서의 정동 이론은 정념이나 정동을 재고목록(inventory)처럼 다시 꺼내드는 것이 아니라, 새롭게 발명되어야 하는(invent-ory) 무엇이다.

가능한 연구공동체를 실험해보려는 호기를 부렸었다. 조정환 선생님을 비롯한 갈무리 출판사 여러분들이 긴 시간 우리의 이야기에 귀를 기울여주시고, 공동체의 실험과 자립과 관련된 여러 이야기를 들려주셨다. 부산으로 돌아오는 길에, 그리고 돌아오고 나서, 연구 모임 팀원들은 많은 생각을 하게 되었다. 그리고 무엇보다 중요한 것은, '의미'가 아닐까 하는 결론에 도달했다. 해서 연구 모임은 출판 사업을 하는 대신, 다른 방식으로 이행되었다. '연구모임 a'에서 'aff-com'으로의 '이행'. 그리고 계획했던 출판 기획은 갈무리에서 총서로 출간을 해주시게 되었다. 이 책은 aff-com 총서의 1권이다. 이 총서는 우리 팀의 말에, 작업에 귀를 기울여주신 조정환 선생님과 오정민 부장 등 갈무리 출판사의 특별한 호의가 없이는 불가능한 작업이었다. 특별한 감사의 인사를 전하고 싶다.

역시 우리 팀 작업을 곁에서 지켜보시고, 우리 팀원들의 말에 항상 응하고 답해주신 철학자 김영민 선생님과 국문학 연구자 천정환 선생님 두 분께서 이 책의 추천사를 선뜻 써주셨다. 그 응함과 답함에, 말을 주심에 깊은 감사의 인사를 드린다. 서문을 읽고 고쳐나가면서 하나하나 말을 보살피고, 새로운 말을 보태어준 김대성, 글을 매끄럽게 바꿀 수 있게 도와준 양순주에게도 감사한다. 함께 말을 엮어나갈 수 있어서 감사하다. 또 신선한 표지 디자인은 우리 팀의 아트워크 담당인 송진희의 작품임을 언급하고 싶다. 이 총서는 '연구모임 a'에서 'aff-com'으로의 그 긴 이행과 부대낌의 과정을 함께 한 팀원들의 열정과 보람의 산물이다. 팀원들의 이름을 하나하나 거명하지 못해 미안하다. 부대낌과 들볶임의 연속이었지만, 서로 간에 항상 감사와 보람의 인사를 잊지 않은 우리 팀원들에게도 인사를 전하고 싶다. 부대낌은 지옥일 수도 있지만 희망이기도 하다는 것, 조우의 보람이란 그 지옥의 위협과 희망의 약속 사이, 알 수 없는 어디선가 문득 출현한다는 것, 그 불가능한 공동체의 말을 정동 이론보다 먼저 전해준 것은 바로 당신들이다. 기어이 '내'가 아닌 '당신들'께, 마지막 문장에 이르러서야 감사의 말을 전한다.

멀리 있어 언제나 안부도 제대로 챙기지 못하는 부모님께, 이 책을 통해 조금이나마 감사와 사랑의 인사를 전하고 싶다.

2012년 5월
권명아

1장

불/가능한 싱글 라이프

연민과 정치적 주체성

불/가능한 싱글 라이프

연민과 정치적 주체성

죽음과 생존을 묻다 : 슬픔의 정치학과 공동체

1997년 IMF 경제 위기 이래 자살률의 급증과 출산율의 저하 등 한국 사회는 재생산 위기에 직면하였다.[1] 죽음과 생존이라는 화두는 이미 오래전부터 한국 사회가 직면한 문제였지만, 2009년 이후 용산 참사와 노무현 전 대통

---

1. 이에 대해서는 2장에서 자세하게 논의할 것이다.

령의 '자살', 노동자 농민들의 잇단 자살과 분신 등이 이어
지면서 죽음과 생존을 묻는 일은 한국 사회에서 정치적 주
체화와 관련한 주요한 사안이 되었다. 물론 이는 한국 사
회에 국한된 일은 아니다. 주디스 버틀러Judith Butler는 9·
11 이후 미국 사회와 '서방'에서 진행되는 정동의 정치, 특
히 슬픔, 애도, 상실의 문제를 통해 9·11 이후 '서구사회'
의 정체성 정치를 비판적으로 논의한 바 있다.2 그런 점에
서 죽음과 (버틀러의 개념을 빌자면) 생존가능성survivability
에 대한 감각, 누군가의 죽음을 슬퍼할 만한 대상으로 간
주하는가 아닌가greivability의 문제는 주체성의 문제를 넘어
서 인간으로서 인정받을 수 있는가 아닌가를 결정하는 주
요한 심급이 되었다.3 필자는, 최근 한국 사회에서 죽음과
생존에 대한 감각이 어떤 식으로 재구조화되었는지, 또 이
와 관련하여 슬픔의 정동이 정치적 주체화와 탈정치화 사
이에서 유동하는 역학 등에 대해 관심을 기울여 왔다. 특
히, 애도와 우정, 공동체에 관한 논의를 하면서 죽음과 생
존에 대한 감각과 관련하여 필자는 다음과 같은 의제를 제
시한 바 있다.

---

2. Judith Butler, *Precarious Life: The Power of Mourning and Violence*,
   Verso: London and New York, 2004,: "Survivability, Vulnerability,
   affect", *Frames of War*, Verso: London · New York, 2009.
3. 이에 대해서는 2장과 3장에서 더 자세하게 논하고자 한다.

공동체에서 추방된 부당한 죽음을 애도하는 일은 이 부당한 죽음에 대한 책임을 묻고 답하는 일에 다름 아니다. 죽음을 묻는埋葬/質問 일은 생존을 묻는 일이기도 하다. 매장과 애도는 삶과 죽음을 묻는 일이다. 너의 죽음은 나에게 슬픔의 공감과, 우정의 연대를 서명하는 일만이 아니라 나의 생존, 그 익숙한 삶의 감각을 심문審問하는 것이기 때문이다. 그래서 너의 죽음은 나의 생존을 심문에 회부한다. 심문에 회부된 생존, 추방 명령을 받은 너의 죽음은, 이렇게 해서 나의 생존을 심문에 회부한다. 아니, '우리'는 나의 생존을 심문에 회부함으로써만 추방 명령을 받은 너와 함께 나란히 심판대에 서서, 위태롭게 함께 걸어갈 수 있을 것이다. 나는 그간의 논의에서 한국 사회에서 죽음에 대한 감응과 '애도'가 새로운 정치적 주체화를 위한 윤리를 구성하는 데 실패한 이유를 분석한 바 있다. 특히 한국사회에 만연한 슬픔에 대한 감응 방식이 피붙이적인 형식(육친적 형식)을 맴돌고 있는 측면에 대해서 비판적인 논의를 제기한 바 있다.[4] 이 글은 이러한 연구의 연장에서 한국 사

---

4. 대표적인 것이 신경숙의 『엄마를 부탁해』의 비평적, 대중적 성공이다. 독립영화 〈워낭소리〉의 이례적인 성공 역시 이러한 슬픔의 형식을 전형적으로 재연한다. 특히 이 두 작품은 한국인에게 매우 익숙하고 낯익은 '공동체성'에 대한 노스탤지어를 기반으로 하고 있다. 이에 대해서는 3장에서 살펴보도록 하겠다.

회에서 생존에 대한 감각과 죽음에 대한 감응이 여성의 삶의 방식, 특히 싱글 라이프에 대한 재현 관습과 페미니즘의 정치적 함의와 관련해서 어떻게 결합되고 변모되는지를 중심으로 논의를 진행하고자 한다.

생존의 조건, 의미화의 조건 : '페미니즘은 이제 그만'과 '또 다른 페미니즘'의 사이에서

가족이나 동료 관계와 같은 보호고치가 없이, 홀로 차가운 방 속에서 소멸해가는 존재들이 있다. IMF, 고용 불안정, 양극화, 청년 실업, 사회복지의 축소, 새로운 파시즘의 도래 등 내세울 수 있는 이유들은 무수히 많다. 생존 불가능성의 사회적, 구조적 요인을 규명하는 글들은 이미 너무 많다. 따라서 이 글은 생존가능성과 불가능성의 경계에 대해 이와는 조금 다른 차원에서 접근해보고자 한다. 이 글의 주안점은 첫째로는 싱글라이프의 기원과 귀착점, 그리고 그 젠더적인 차원에 대한 규명이다. 먼저 이 글의 기본적인 문제의식에 대한 간략한 설명에서 시작하고자 한다. 싱글 라이프라는 용어를 통해 이 글은 단지 독신이라는 삶의 방식만이 아니라, 삶의 방식의 특이성singularity과

작가로서의 존재 방식의 특이성의 문제를 함께 사유해보고자 한다. 후자의 문제와 관련해서, 이 글은 번역가-작가로서 여성 작가의 존재 방식에 대한 예비적 고찰을 겸하고 있기도 하다. 문학사를 살펴보면 문학 제도에 제대로 안착하지 못하고, 비평을 통한 평가에서도 소외되고 이후의 문학사적 연구에서도 배제된 여성 작가들을 빈번하게 만날 수 있다. 예를 들어 전혜린의 경우가 대표적인데, 그녀의 문학적, 현실적 존재 방식은 생전에나 이후에나 '서구에 대한 동경'이나 '부르주아적인 것'으로 매도되어 왔다. 또 전혜린은 이러한 '오명'과 자신의 존재 방식을 인정하지 않는 공동체적 질서와의 불화를 번역가-작가라는 형식을 통해 타개해보려 시도한 대표적 사례이기도 하다. 이런 점에서 보자면, 조금 다른 차원에서 나혜석 역시 번역가-작가로서 여성 작가의 위태로운 생존 방식의 역사적 기원으로 설정될 수 있을 것이다. 나혜석의 에세이들을 번역으로 볼 것인가는 논란의 소지가 있지만, 이른바 '서구적인' 여성의 삶과 공동체적인 질서가 요구하는 여성의 삶 사이의 불가능한 틈새를 양자 사이의 '번역'을 통해서 매개해보려는 시도가 그녀의 에세이들의 중요한 특성이 아닐까 생각된다. 공동체의 문법으로 번역불가능한 여성의 존재 방식을 '된장녀'로 규명하는 관습은 그런 점에서 아주 오래된 기원을 내포하고 있다. 번역가-작가로서 여성 작가의 존재 방식에 대해서는 이 글에서는 온전하게 규명하지는 못했다. 이 문제는 다른 글을 통해서 더 진전된 논의를 하고자 한다.[5]

먼저 이 글에서는 여성이 싱글 라이프를 선택하는 것이 하나의 정치적 결단이었던 1980년대와 싱글 여성의 미래가 고작 "구호대상"으로 간주되는 2011년의 낙차를 살펴볼 것이다. 그리고 이 낙차에 대한 검토를 통해서, 삶의 방식에 대한 선택과 결단의 정치적 함의와 이에 대한 이론화의 필요성을 논하고자 한다. 두 번째로는 이를 토대로, 싱글 라이프의 생존 불가능성이 단지 신자유주의적 구조하의 새로운 문제일 뿐 아니라, 존재 방식의 번역가능성과 불가능성과도 관련된 문제라는 점을 고찰할 것이다.[6] 이때

---

5. 이 번역불가능성의 문제를 사유함에 있어서 나는 자크 데리다가 파울 첼란에 대해 번역가-시인이라는 존재 양태의 특이성을 다룬 방식을 염두에 두고 있다. 데리다는 파울 첼란의 시의 특징을 언어의 다수성(multiplicity)과 이주성(migration)이라고 논한다. 데리다는 이를 통해 파울 첼란의 시는 집이나 고국, 고향에 정착하는 삶이 아닌 "시적으로 거주하기"라는 존재 방식의 특이성을 보여준다고 논한다. 즉 "언어의 다수성과 이주성 속에서 거주한다는 것"이 바로 그것인데, 이러한 '머묾'은 정주하지 않은 채 "시적인 것 속에 머무는 삶(dwelling poetically)이라는 존재의 특이성을 번역가-시인 (translater-poets), 혹은 번역가-철학자(translator-philosopher)로서의 파울 첼란의 주체 위치와 시킨다. Jacques Derrida, "Language is never owned", *Sovereignties in Question: The Poetics of Paul Celan,* Fordham University Press, New York, 2005, pp. 99~101.

존재방식이란, 라이프 스타일과 같은 삶의 방식이나, 문학장, 영화계와 같은 제도 속에서의 관계맺음의 방식, 혹은 작가나 예술가로서의 이른바 대對사회적 관계들, 동료 네트워크와의 연계의 방식 등을 모두 아우른다. 예를 들어

---

6. 법과 의미화를 통한 주체 위치의 구성과 생산에서 번역가능성과 번역불가능성의 문제를 해명하는 것은 필자가 정념과 풍기문란의 문제를 통해 고민하고 있는 연구주제이다. 필자는 기존의 풍기문란과 정념에 관한 연구를 통해서 풍기문란에 대한 통제를 정념(passion)과 주체 위치의 구성이라는 문제틀로 접근해왔다. 이러한 연구 방법은 정념에 대한 연구의 최근의 이론적 논의들과도 연계된다. 즉 스피노자의 이론에 대한 재해석을 통해서 정념은 단지 이성에 의한 억압된 감성을 복원한다던가, 혹은 감정의 고유한 역학을 규명하는 차원이 아니라, 주체화의 심급으로 설정된 바 있다. 정념과 공동체에 관한 질 들뢰즈의 연구나, 비물질노동과 정동에 관한 안토니오 네그리의 연구, 그리고 9·11 이후 슬픔과 주체화의 관계에 대한 주디스 버틀러의 비판적 성찰 등은 정념을 주체화의 문제로 다루고 있는 대표적인 경향의 하나이다. 이러한 이론적 맥락을 토대로 본 연구는 정념의 배분이 자본의 분배와 계급/인종/젠더의 분할과 밀접한 관련이 있다는 관점을 취하고 있다. 또한 이 문제는 정념의 번역가능성과 번역불가능성이라는 차원과 관련된다. 즉 풍기문란이라는 규정은 다음과 같은 축을 진동하면서 번역가능성과 번역불가능성의 문턱을 구성한다. 영혼의 불안(이는 정념의 어원적 의미이다)으로부터 이성의 언어로의 번역가능성과 번역불가능성, '거리여성'의 무질서한 문란함과 현모양처의 '교양' 사이의 번역가능성과 불가능성, 또 식민지의 무지몽매와 근대의 계몽의 빛 사이의 번역 가능성과 불가능성 사이의 문턱 말이다. 이러한 이론적 맥락을 염두에 두면서 필자는 최근 발표한 논문에서 정념의 배분과 주체 위치의 구성을 번역가능성과 번역불가능성이라는 의제를 통해 규명해보았다. 이 논문에서 필자는 이러한 문제들을 식민지 조선에서 에밀 졸라의 『나나』라는 텍스트의 번역가능성과 불가능성이라는 '문란한 사례'를 통해 규명해보았다. 이에 대해서는 권명아, "Coloniality, obscenity and Zola", AIZEN, Annual International Conference, 2011년 10월 부산대학교 발표문 참조.

문단의 중견임에 이의가 없는 시인 최승자는 등단 이래 단 한 번의 문학상도 받은 적이 없다. 아니 이른바 문학계에서 그녀를 수상자로 선정한 적이 없다고 고쳐 쓰는 게 옳을 것이다. 그녀의 투병 소식이 알려진 이후에야 대산문학상과 지리산문학상이 주어졌다. 그녀는 문학장의 구성원들과 '동료' 관계가 전혀 없이, 번역료로 생계를 유지했다. 문학장에서의 '동료 없음', 혹은 그녀에 대한 '동료애적 배려'의 부재는 그녀의 싱글 라이프라는 힘든 노동을 더욱 험난하게 만든 조건이라고도 할 것이다.[7]

이 글은 다양한 계급의 여성들의 삶에 대해서는 다루지 못했다. 오히려 특정한 계급의 여성들, 특히 이른바 한때 성性과 지식의 권력을 획득한 적이 있고, 그렇게 간주된 지식인, 혹은 문화예술종사자 여성들의 삶에 대한 이야기에 한정하였다. 이 계급 여성들은 삶의 양식에 대한 선택과 결단을 통해 페미니즘적인 실천의 중요한 바탕을 마련

---

7. 2010년 투병 중에 지리산문학상을 수상한 최승자는 한 인터뷰에서 이러한 문제에 대해 직접 입장을 표명하기도 했다. "예전엔 여성 시인에게 상을 잘 안줬어요. 80년대 이성복 황지우 박남철 김혜순 시인 등과 더불어 '해체파'라고 불렸는데, 그 중에서도 남자 시인들만 상을 받았거든(그러고 보니 최씨와 같은 해에 등단한 김혜순 시인도 1997년에야 첫 상을 받았다). 또 내가 문단이나 학계에서 별로 활동 안하고, 혼자서 조용히 번역만 하고 지낸 탓도 있겠죠. 서운했냐고? 글쎄, 별로 그렇진 않은데." 이훈성 기자, 「등단 31년 만에 첫 문학상 수상한 최승자 시인」, 『한국일보』, 2010년 8월 29일자.

하였다. 그러나 그녀들의 새로운 삶의 방식은 손쉽게 '부르주아적' 삶으로 매도되기도 하였다. 그리고 이러한 매도의 방식이 오늘날, 이 특수한 여성 집단의 삶이 하나의 정치적 실천으로서보다는 종말론적 형식으로 구경거리가 되어버린 사정과 밀접한 관련이 있다는 것이 이 글의 기본적인 문제의식이기도 하다.

오늘날엔 거의 망각된 사실이지만, 여성들에게 싱글라이프가 하나의 정치적 실천이자 결단이었던 적이 있다. 특히 1980년대 말에서 1990년대 사이에 20~30대를 보낸 여성들에게 싱글 라이프를 선택한다는 것은 명백한 결단의 행위였다. 최영미의 『서른, 잔치는 끝났다』는 싱글 라이프가 하나의 결단이 되는 상황을 명료하게 보여주는 텍스트이다. 최영미[8]의 시와 최승자[9]의 시가 상징적으로 보여주듯이 싱글 라이프를 선택하는 행위는 새로운 삶에 대한 열정이라는 점에서, 페미니즘을 추동하는 에로스였다

---

8. 최영미, 『서른, 잔치는 끝났다』, 창작과비평사, 1994.
9. 어느 빛 밝은 아침/잠실 독신자 아파트 방에/한 여자의 시체가 누워 있다./식은 몸뚱어리로부터/한때 뜨거웠던 숨결/한때 빛났던 꿈결이/꾸륵꾸륵 새어나오고/세상을 향한 영원한 부끄러움,/그녀의 맨발 한 짝이/이불 밖으로 미안한 듯 빠져나와 있다./산발한 머리카락으로부터/희푸른 희푸른 연기가/자욱이 피어오르고/일찌기 절망의 골수분자였던/그녀 뇌 세포가 방바닥에/흥건하게 쏟아져 나와/구더기처럼 꿈틀거린다. 최승자, 「어느 여인의 종말」, 『이 時代의 사랑』, 문학과지성사, 1981, 32쪽.

할 것이다. 흑인 페미니스트 벨 훅스Bell Hooks도 지적하다시피 에로스는 "모든 삶의 형태를 단지 가능성만을 지닌 상태에서 실제로 존재하는 상태로 발전하도록 추진하는 동력"[10]이다. 그런 점에서 싱글 라이프를 선택하는 일은 여성의 삶에 대한 새로운 열정의 한 표현이자, 새로운 삶을 가능케 하는 에로스였다 할 것이다. 한국에서 싱글 라이프를 선택했던 여성들은 어떤 길잡이도 역할 모델도 없이 "죽지 않고 살기 위해" 자기 스스로 삶의 지혜를 배워나가야 했다. 한국 사회에서 싱글 라이프란 혼자 감당해야 하는 "힘든 노동"이었다.[11]

싱글 라이프에 대한 지식과 경험을 나눌 수 있는 장이 부재한 상태에서 1990년대 이후 싱글 라이프는 문화산업의 새로운 개척지가 되기도 했다. 그 대표적인 예는 두말할 것 없이 드라마 〈섹스 앤 더 씨티〉[12]라 할 것이다. 〈섹

---

10. 벨 훅스, 『벨 훅스, 경계 넘기를 가르치기』, 윤은진 옮김, 모티브 북, 2008, 230쪽.
11. 뜨거운/순대국밥을 먹어본 사람은 알지/혼자라는 건/실비집 식탁에 둘러앉은 굶주린 사내들과 눈을 마주치지 않고 식사를 끝내는 것만큼 힘든 노동이라는 걸/고개 숙이고/순대국밥을 먹어본 사람은 알지/들키지 않게 고독을 넘기는 법을/소리를 내면 안돼/수저를 떨어뜨려도 안돼//서둘러/순대국밥을 먹어본 사람은 알지/허기질수록 달래가며 삼켜야 한다는 걸/체하지 않으려면/안전한 저녁을 보내려면, 최영미, 「혼자라는 건」, 『서른, 잔치는 끝났다』, 15쪽.
12. 〈섹스 앤 더 씨티〉 시즌 1이 제작된 것이 1998년이다.

스 앤 더 씨티〉의 성공과 '종말'은 싱글 라이프와 여성의
삶의 방식, 그리고 페미니즘적인 실천과 에로스와 관련된
변화의 지형, 혹은 딜레마의 일단을 보여준다. 〈섹스 앤 더
씨티〉의 이러한 변신과 종말은 여성의 싱글 라이프를 둘
러싼 이중의 역설과도 밀접한 관련이 있다. 여기서 말하는
이중의 역설이란 한편에서는 싱글 라이프를 선택했던 여
성들의 삶의 방식이 제도화의 길을 걷거나, 자기모순에 빠
져 버린 현실, 그리고 이에 따라 여성의 싱글 라이프라는
것이 더 이상 정치적 함의를 갖지 못하게 된 점과 관련된
다. 〈섹스 앤 더 씨티〉 시즌 내내 싱글 라이프와 글 쓰는
여성의 위태로운 삶에 대해 과잉된 담론들은 넘쳐나지만,
막상 그 속에 아마추어/프리랜서인 그녀들의 생존에 관한
이야기는 사라져 버렸다. 그리고 그렇게 실종되었던 그녀
들의 이야기는 유서와 '부고'의 형식으로만 간간히 우리에
게 전해지고 있다.[13] 유서와 부고의 형식으로 전해지는 그

---

13. 여기서 우리는 최고은의 유서를 둘러싼 과잉된 해석과 반응들을 생각할
수밖에 없다. (최고은, 시나리오 작가, 1979~2011.1월) 한국예술종합학
교(한예종)를 졸업하여 시나리오 작가로 활동하던 중 병과 생활고, 우울
증으로 사망하였다. 그녀가 죽기 전 남긴 유서와 쪽지 등이 공개되어, 비
정규직 문화예술 종사자들의 빈곤과 고립 상태, 사회적 안전망의 부재 등
에 대한 이슈가 전사회적으로 제기되었다. 전문 시나리오 작가였고, 5편
의 시나리오를 영화사에 이미 판매한 상태였으나, 원고료를 지급받지 못
했고 사망 직전까지도 받지 못한 원고료를 기다리며 끼니를 해결할 돈도
없이 생활고에 시달렸다. 비정규직 문화예술 종사자들의 최소한의 생존

녀들의 '싱글 라이프'의 결말은 어떤 정치적 함의도 지니
지 못한 채, 조의를 표할 대상으로서, 사회적 구호의 손길
이 미치지 못한 '불우한 이웃'의 초상으로 우리 앞에 놓여
있다.14

을 국가가 보장하도록 요구하는 복지법안에 '최고은법'이라는 이름이 붙
여지기도 하였다. 이 법안은 2011년 10월 28일 33대 국회에서 통과되었으
나, 예술인에 대한 산재보험만이 포함되었고, 애초에 포함되었던 실업보
험 혜택은 배제되었다. 한국의 경우 국내에서 활동하고 있는 문화예술인
종사자는 2009년 현재 18만 명으로 추산되며, 이 가운데 월평균 수입이
없는 경우가 37.4%에 이른다. 이를 포함해 100만 원 이하 월급을 받는 예
술인은 63%로 경제적 여건과 사회안전망이 매우 취약한 실정이다. 최고
은씨가 졸업한 한예종은 음악원 · 연극원 · 영상원 · 미술원 · 무용원 · 전
통예술원 등 6개 분원에 3000명의 학생이 재학하고 있는 예술실기 전문
교육기관이다. 2011년에만도 한예종 학생들이 몇 달 사이 5명이 연속 자
살하는 등의 일들이 연속적으로 벌어지면서, 예술계 종사자들 및 지망생
들의 암담한 현실이 문제로 제기되고 있다. 2011년 10월 6일에는 자살한
학생들을 위한 추도식이 열리기도 했다. "한예종 총학생회와 학생, 교수
등 100명은 지난 6일 서울 성북구 석관동 캠퍼스에서 추도식을 열고 숨진
학생들을 애도했다. 이들은 애도문에서 "그들 각자의 슬픔과 우울로 돌리
기엔 어떤 구조적인 문제가 있는 것은 아닐까"라며 "우리 모두가 그들의
죽음에 일정 부분 책임이 있다. 학생, 교수, 학교가 모여 의견을 모으고 해
법을 나누는 지혜가 절실하다."고 했다." 「예술가의 불안한 미래였나 ……
한예종 학생 잇따라 자살」, 2011년 10월 8일 CBS 노컷뉴스.
14. 최근 '맥도널드 할머니'라는 별칭으로 인터넷에 회자되는 권하자씨의 경
우가 대표적이다. 권하자. 그녀의 삶은 2011년 8월 24일 SBS 〈당신이 궁
금한 이야기〉라는 프로그램에서 취재한 후 온 국민의 '관심거리'가 되었
다. 한국외대 불문과를 졸업한 '재원'이고 1976년에서 1991년까지 외무부
에서 근무한 그녀는 퇴직 후 가족이나 친구도 없이 홀로 독신으로 거리 생
활을 하고 있다. 끼니를 때우지 못하면서도 맥도널드에서 꼭 하루 한잔씩
커피를 마시고 24시간 영업을 하는 맥도널드와 같은 패스트푸드점에서
앉아서 밤을 지새운다 해서 '맥도널드 할머니'라는 별칭을 얻게 되었다. 인

'된장녀'라는 새로운 호칭의 등장이 상징하듯이 새로운 삶의 방식에 대한 여성들(특히 20~30대 여성)의 갈망은 글로벌 자본에 예속된 '소비자'의 아둔함으로 손쉽게 치부되어 버린다. '맥도널드 할머니'라는 별칭은 그런 점에서 새로운 삶의 방식에 대한 여성의 열망이 한국 사회에서 '외래적인 것'(글로벌 자본의 함의로든 'made in USA'의 함의로든)에 대한 맹목적인 추종으로 간주되어 버리는 경향을 전형적으로 보여준다. 흥미로운 것은 된장녀, 맥도널드 할머니, 혹은 구호대상자라는 이질적인 차원으로 재현됨에도 불구하고, 실상 여성의 싱글 라이프나, 새로운 삶에 대한 동경은 이제 한국 사회에서 '익숙한 공동체성의 파괴자'라는 함의를 지니게 된 것이다. 여성의 싱글 라이프는 정치적 결단이나 실천이라는 정치적 차원이 아니라, 익숙한 공동체성의 문법으로 환수되고 있는 것이다.[15] 또

터넷에는 그녀를 '도촬'한 사진들이 여기저기 전시되어 있다. 끼니도 때우지 못하는 홈리스이면서 매일 커피를 마신다 해서 '된장녀'로 치부되고, 최근에는 그녀를 도와주려는 가수의 '성의'를 받아들이지 않았다 하여 비난을 받기도 하였다.

15. 한국 사회에서 죽음에 대한 감응과 애도가 '피붙이적 형식'을 반복하는 것은 한국인들에게 만연한 상실감이 익숙한 공동체성을 정상화하려는 열망을 강화하고 있기 때문이다. 즉 문제는 죽음에 대해 감응하지 못하는 무감각이 아니라, 바로 감응의 차별적이고 선택적인 형식에 있다고 할 것이다. 즉 애도가 왜 새로운 정치적 주체화에 이르지 못하는가를 성찰하기 위해서는 왜 죽음에 대한 감응(respond)이 책임(responsiveness)이라는 윤리의 자리를 만들기보다, 공동체의 익숙한 삶을 정상화시키는 방향으

한 이러한 현상은 정치적인 것에 대한 태도 변화와도 무관하지 않다. 현재 한국 사회는 정치적인 것을 둘러싼 격변의 와중에 있다. 87년 체제나, 민중주의 등은 정치적인 것의 과거형으로 '청산'되는 중이며, 새로운 정치 세력화에 대한 갈망과 대안 부재에 대한 환멸, 기존 정치 세력에 대한 불신 등이 이 격변에 새겨져 있다.[16] 페미니즘 또한 이

로 나아가는지를 물어야 할 것이다. 죽음에 대한 감응과 애도는 실상 죽은 자의 목소리를 재현하는 일을 자신의 역할로 자임하는 여러 행위 주체들이나 영매를 자임하는 행위 주체들을 통해 다양한 방식으로 진행 중이다. 애착의 대상을 상실한 사람들의 마음을 치유하는 다양한 치유 산업들이나, 슬픔과 상실감에 적극적으로 호소하는 문화 생산자들과 이 문화 생산물을 문학이나 예술의 가치라는 이름으로 해석하고 승인하는 다양한 해석 공동체들이 죽음을 전하는, 죽은 자의 목소리에 감응할 것을 요구하는 영매나 애도 주체의 자리를 앞 다투어 차지하고 있다. 애도를 통한 정치적 주체화의 자리, 혹은 정치적 삶에 대한 애도는 실상 이 다양한 영매들과의 갈등과 경쟁, 도전과 응전을 통해 가까스로 만들어지는 것이다. 이에 대해서는 2장 참조.

16. 이른바 민주화 이후 10년의 세월이 지난 후 한국 사회의 심성 구조는 정치적인 것에 대한 인식의 지각변동을 겪고 있다. 나는 다른 글에서 이 지점에 대해 다음과 같이 논한 바 있다. "민주화는 이미 낡은 경험이 되었고, 증폭되는 세계 경제 위기 속에서 한국의 지위에 대한 불안감은 격화되고, 본질적으로 이 속에서 개인들의 경제적, 존재론적 위기감은 폭발 직전까지 팽배해있다. 파시즘은 이러한 위기감 특히 약자의 손상된 지위에 각인된 존재론적 불안을 먹고 탄생한다. 파시즘이 약자의 사상이었던 이유 또한 이와 관련이 깊다. 약자라는 인식, 약자의 피해의식은 경쟁 구조와 생존 논리를 자기 정당화의 기제로 작동시킨다. 파시즘이 현존하는 모든 것에 대한 안티테제(Antithese)로 자신을 정립할 수 있었던 것은, 사회주의와 자본주의, 페미니즘과 반페미니즘, 진보와 보수 등등 현존하는 이념에 대한 대중의 만연한 환멸과 피로감에 안티테제적 호소가 효과적으로 작용할 수 있었기 때문이다. 즉 이러한 경향들 말이다. 진보와 보수, 한겨레와

러한 정치적인 것의 과거형으로 간주된다. 물론 정치적인 것의 지형과 그 담지자는 지속적으로 변화된다. 다른 정치적 주체와 마찬가지로 페미니즘 역시 내부적 한계와 제도화17에 의해 한갓된 관료주의의 슬로건처럼 치부된다. 새로운 정치적 삶의 부재와 페미노크라트feminocrat와 같은 페미니즘의 관료화, 제도화 현상이라는 갈등적 상황 속에서 페미니즘은 이제 '불필요한 것'처럼 간주된다. 그런 점에서 한국에서 페미니즘은 '페미니즘은 그만'NO MORE FEMINISM의 집단 정서와 '또 다른 페미니즘'another feminism을 향한 미력한 시도들 사이에서 공전하고 있는 중이다. 그리고 이러한 페미니즘의 공회전 속에서 여성들, 특히 익숙한 공동

조중동, 민주와 반민주에 대해서 '이것도 저것도 다 망조다.'라거나, '이것도 저것도 다 마찬가지다.'라는 대중적 피로감과 환멸의 만연과 같은 현상이 그것이다. 한국 사회에서 이러한 피로감과 환멸은 이른바 민주화 이후, "잃어버린 10년" 등과 같은 수사에서 징후적으로 드러난다. 예를 들면 이른바 참여정부나 국민의 정부라고 불린 '민주화 시기'에 한겨레와 조선일보 둘 다를 보면서 자기 나름의 시각의 '균형'을 잡는다는 사람들이 많았다. 그러나 최근에는 이렇게 균형을 잡으려는 태도가 한겨레도 조중동도 '편파적'이기는 매한가지라는 심성구조로 변화되었다. 또 무엇보다 진보도 보수도 '다 거기서 거기'이고, 노무현도 이명박도 '다 그게 그거'라는 심리가 사회에 만연해 있다. 페미니즘은 문화 상품으로서도 매력을 잃은 지 오래고, 그렇다고 해서 사람들이 반페미니즘에 적극적으로 동의하지도 않는다. 다만 페미니즘이라는 말 자체가 '지겨울 뿐이다.", 이에 대해서는 6장 참조.

17. 여성 가족부가 취하고 있는 여러 정책과 태도들이 한갓 '웃음거리'로 전락한 현실도 이러한 반페미니즘적 정서를 강화시키고 있다. 페미노크라트의 대거 등장은 페미니즘이라는 것을 여성가족부 관료와 등가로 만들어버렸다.

체의 보호고치에서 배제된 여성들의 삶은 더욱 위태롭게 허공에 매달려 있다. 페미니즘이라는 이름을 계속 사용하던 아니던 그것은 중요한 것이 아니다. 페미니즘이 그간 한국 사회에서 새로운 삶을 시도하고 실천하려는 여성들에게 자기 해명의 언어와 이론을 제공한 것이 사실이다. 그런 점에서 이제 '페미니즘'이라는 이름이 허공에서 공전한다는 것은, 여성들이 자신의 삶을 해명할 정치적인 언어를 상실하고 있다는 것을 의미하는 것이다. 많은 여성들이 자신의 삶을 해명할 언어를 잃거나 찾지 못한 채, 공동체(가족, 학문장, 사회 등)의 '문제거리'나 '구호대상'으로 전락해가고 있는 것 또한 이러한 '언어'의 부재와도 밀접한 관련을 맺는다. 그런 점에서 오늘날 싱글라이프라는 어떤 삶의 방식은 정치적 실천과 익숙한 공동체성의 복원, 제도화라는 지층들 속에서 어렵게 수행되고 있다. 이 수행은 과연 어떤 것일까? 이에 대해 신경숙, 공지영, 그리고 배수아라는 세 작가의 행로를 통해서 간단하게 살펴보도록 하자.

번역될 수 없는 삶-문장 : 국민작가와 '그 무엇'

배수아, 신경숙, 공지영, 그녀들의 현재 도착 지점은 너무도 상이하다. 그러나 그녀들의 출발은 그렇게 상이하지 않았다. 『푸른 사과가 있던 국도』[18], 『무소의 뿔처럼 혼자서 가라』[19]나 『풍금이 있던 자리』[20]처럼 결혼과 가족 관계와 같은 한국 사회의 일반적이고 공통적인 이해관계와 갈등하고, 이에 대해 도전하는 여성들의 이야기, 그리고 미래에 대한 불안과 두려움 속에서도 무소의 뿔처럼 혼자서 나아가길 선택하는 여성들의 이야기가 이 세 작가의 공통된 작가적 출발점이었다. 또 이 세 작가의 작가적 출발이 여성들이 싱글 라이프를 선택하는 결단을 하나의 사건적인 것으로서 표명하는 데서 시작했다는 점을 생각해보면, 그녀들의 현재의 도착점의 차이는 매우 흥미롭다.

물론 이 '사건적인 것'이라는 함의에는 설명이 필요하

---

18. 배수아, 『푸른사과가 있던 국도』, 고려원, 1995.
19. 공지영, 『무소의 뿔처럼 혼자서 가라』, 문예마당, 1993.
20. 신경숙, 『풍금이 있던 자리』, 문학과지성사, 1993. 『풍금이 있던 자리』에 실린 소설들은 말줄임표의 잦은 사용과 문장의 해체, 표현되지 않는 속내 말의 반복 등으로 가독성이 떨어지는 소설로 간주되기도 했다. 그리고 이러한 문체가 재현될 수 없는 여성의 존재성에 상응하는 글쓰기 방식으로 논의되기도 했다. 『풍금이 있던 자리』의 이러한 문체를 『엄마를 부탁해』의 가독성 높은 문체와 비교해서 생각해 볼 때, 그녀의 글쓰기의 변화는 대중성을 획득하는 과정의 일환이라고 볼 수 있다.

다. 공지영의 『무소의 뿔처럼 혼자서 가라』는 새로운 삶의 방식에 대한 여성들의 고민을 천착하면서 싱글 라이프를 선택하는 것을 일종의 결단으로서 '선언적'으로 제시했다 할 수 있다. 최영미의 『서른, 잔치는 끝났다』 역시 이러한 선언, 즉 마니페스토적 형식으로 제출된 실천의 전형적 형식이라 할 것이다. 이와 달리 배수아의 『푸른 사과가 있던 국도』와 신경숙의 『풍금이 있던 자리』는 기존의 익숙한 공동체적 관습 속의 여성의 삶과, 새로운 삶에 대한 희구와 그 미래에 대한 불안감, 그리고 이에 따른 주체의 분열이 작품들 속에 전형적으로 투영되어 있다. 1990년대 여성 작가들의 소설이 이처럼 새로운 삶의 형식에 대한 마니페스토적 선언과, 오래된 공동체적 관습과 새로운 삶의 미래에 대한 불안감과 분열이라는 두 차원에서 진자운동을 펼친 것 또한 사실이다. 이 세 작가의 출발점이 여성의 싱글 라이프에 대한 결단을 둘러싼 맥락에 있었다는 점은 이러한 측면과 관련된다.

즉 싱글 라이프라는 것이 기존의 익숙한 공동체적 삶의 관습에서 요구되는 여성의 삶과는 다른, 새로운 여성의 삶의 선택지로 부상되었던 시점의 불안과 결단이 그녀들의 글쓰기의 시원에 놓여있다는 것이다. 배수아의 『푸른 사과가 있던 국도』에서 인상적으로 묘파되듯이, 1990년대 여성의 삶에 대한 불안은 먼지 날리는 국도변에서 누런 종이봉투를 뒤집어 쓴 채 조그만 사과 박스 앞에 웅크리고 앉아 있는 늙은 노파와 그 먼지를 뒤로 하고, 낯모르는 남자 아이의 스포츠카에 몸을 얹은 채, 그 길을 달려가는 여자 아이라는 두 표상 사이를 맴돌고 있었다고 할 것이다. 과거로부터 결별하였으나, 미래의 삶의 형식을 찾지 못한 채, 불안정한 현재에 몸을 맡기고 일단 길을 떠나는 것, 그것이 1980년대 말에서 1990년대 초반, 여성들의 새로운 삶에 대한 결단이라는 것이 놓여있는 실제적인 형태였다. 또 '푸른 사과가 있던 국도'의 상징은 싱글 라이프에 대한 선택이 빈곤에 대한 공포와, 홀로 늙어 가는 미래에 대한 암울한 전망과 겹쳐져 있던 당시의 상황을 함축적으로 보여준다.[21]

---

21. 배수아가 이후 작품에서 빈곤, 아니 빈곤에 대한 공포를 탐구하게 되는 경로 또한 이러한 점에서 의미를 지닌다. 배수아의 『일요일 스키야키 식당』은 그런 점에서 새로운 삶의 형태가 그 윤곽을 잡지 못한 채, 빈곤에 대한 공포와 생존에 대한 불안감에 영혼을 잠식당한 한국 사회의 리얼리티를 매우 날카롭게 묘파한 작품이다. 『일요일 스키야키 식당』은 빈곤, 혹은 빈곤에 대한 공포를 통해서 한국 사회에서 공동체성의 문제를 탐색한 작품이기도 하다. 빈곤에 대한 여러 인격체의 형태를 관찰하고 비교하는 이 작품에서 이 종결될 수 없는 빈곤에 대한 보고서는 다음과 같이 빈곤과 공동체의 문제를 제기하고 있기도 하다. "그들이 당장 두려워하고 있는 것은 굶주리는 것이 아니라 그들의 아이들이 이제 이 사회에서 더 이상의 기회를 갖지 못할 것이라는 공포였다. 또한 드물기는 하지만 빠른 시간 안에 비교적 큰 낙차의 몰락을 경험한 사람들을 만나보았다. 빈곤은 문화적 소외

따라서 이 시기 여성 작가들의 작품에서 싱글 라이프에 대한 선택과 결단 역시, 구체적인 삶의 형태로서가 아니라, 단지 '선언', '마니페스토'로서만 나타날 수 있었다. 싱글 라이프의 구체적 모습이 정치적 실천으로서 그 형태를 갖추기도 전에 싱글 라이프는 칙릿Chick Lit, chick+literature이라는 문화 상품에게 자리를 내주게 된다. 이는 단지 문화 산업의 영향력 때문은 아니다. 이러한 새로운 삶의 형태를 정치적 실천으로서 의미화 할 수 있는 대항담론의 기능이 미약했던 점 역시 연관된 문제라고 생각된다. 그런 점에서 페미니즘이 여성의 삶에 대한 해명의 무기로서, 담론적이고 이론적인 기능을 충족시켜주지 못한 것은 이 지점에서부터 시작된 것이라 생각된다. 특히 이는 이론적 실천을 담지해야 하는 학문장과 이론가들의 한계와도 무관하지 않다. 필자를 비롯하여 페미니즘의 이론적 실천이 제

를 유발시키는데 그래서 몰락하여 예전의 자신의 수준을 유지할 수 없게 된 사람들은 세련된 빈곤층보다 훨씬 더 절망에 빠지게 된다. 그 반대의 경우도 있었다. 빈곤의 문제에 집착하여 몇 년 동안이나 그것을 들여다보고 있으면 과연 '공동체'라는 것은 진정 존재하는가, 라는 의문을 갖게 된다. 민족이나 국가 말이다. 공동체가 유지되고 있는 것은 단 한가지, 오직 외부의 위협 때문인 것으로 보인다. 그 이외의 이유에 대해서 공동체가 스스로 공동체라고 인정하고 자각한 경우는 없는 것처럼 보이니 말이다. 관리한의 의견대로라면, 공동체를 하나로 구속하는 이데올로기를 위해서, 빈곤의 문제는 초공동체적 성격을 갖지 않아야 하는 것이다."(배수아, 『일요일 스키야키 식당』, 문학과지성사, 2003, 261쪽).

도와 자본의 역학 사이에서, 제도화와 무기력함의 사이에서 길을 잃어버린 것인지도 모른다.

이러한 맥락을 염두에 놓고 볼 때 공지영, 신경숙이 가족 관계의 신성함을 다시 확인하는 방식을 통해서든, 역으로 가부장적 질서의 폭력성을 폭로하는 형태로든, 한국 사회의 공통의 이해관계에 호소하는 소설을 통해 국민작가의 반열에 오른 것과 대비해서 배수아의 행보는 흥미로운 차이를 보인다. 공지영은 『즐거운 나의 집』이 상징하듯이, 가부장적 가족과는 다르지만, 성공한 엄마의 한 아이콘이 되었다. 또 『우리들의 행복한 시간』이나 『도가니』와 같이 한국 사회 구성원들이라면 '분개'하고 '공감'해야만 하는 공통의 관심사들을 취재하여 소설화하면서 성공한 대중작가이자 국민작가가 되었다. 또 신경숙 역시 역사소설 『리진』과 『엄마를 부탁해』처럼 역사 소설과 가족 관계에 대한 향수라는 노스탤지어적 형식을 통해 국민작가가 되었다. 공지영과 신경숙은 모두 결단과 선택으로서 여성의 싱글 라이프에 대한 서사로부터 '가족과 엄마'라는 우회로를 통해, 성공한 국민작가의 표지를 얻게 되었다. 또 이러한 경로는 공지영과 신경숙의 최근 소설들이 '익숙하고 가독성 높은' 일상 언어로서의 한국어를 기반으로 한 사실주의적 소설 문체로 회귀하고 익숙한 한국 문학 문법을 반복하는 점과도 밀접한 관련을 맺는다.

신경숙의『엄마를 부탁해』는 전형적인 한국형 가족 서사로, 대중의 심금을 울리며 기록적인 베스트셀러가 되었다.『엄마를 부탁해』는 가족에 대한 한국인들의 이른바 일반적인 이해관계와 관심사를 한국인들이라면 거의 누구나 이해가능한 일반적인 언어로 표현하고 있다. 게다가 이 소설은 한국인들이라면 누구나 일반적으로 이해 가능한 기술 방식에 전적으로 기대어 기술되고 있는데다가 한국인에게 오래 내재된 정념인 상실한 자의 슬픔에 적극적으로 호소하고 있다. 한편으로 공지영의『도가니』는 사회적 약자에게 가해지는 성폭력을 고발하고 가부장적 권력을 응징하고자 하는 의도를 전혀 감추지 않는다.『도가니』의 흥행 이후 분노가 새로운 화두로 떠오르기도 했다. 분노의 정념을 새로운 정치적 주체화의 기반으로 소환하는 경향은 몇 년간 한국 사회의 두드러진 특성이다. 소책자인『분노하라』[22]는 촛불 집회를 이어 분노의 정치적 에너지에 대한 '교본'이 되었다. 바야흐로 한국 사회는 슬픔과 분노의 정념이 과연 어떤 정치적 주체화를 이룰 것인가를 시험하는 전환점을 맞고 있기도 하다. 물론『도가니』의 대중적 성공은 영화를 통해 뒤늦게 이뤄졌다는 점에서는『엄마를

---

22. 스테판 에셀,『분노하라』, 임희근 옮김, 돌베개, 2011.

부탁해』와는 차이가 있지만, 원작 소설 『도가니』 자체에도 이러한 대중적 호소력 자체가 매우 강한 것이 사실이다. 즉 『도가니』는 1980년대 르뽀reportage 문학의 '고발정신'과, 사실주의 문학의 계몽주의와 현실 재현 방식을 그대로 계승한 적자라 할 수 있다. 게다가 『엄마를 부탁해』와 마찬가지로 『도가니』 역시 한국인에게 매우 익숙한 정념, 약자로서의 원한과 분노에 적극 호소하고 있다.

이런 점에서 보자면 최근 이례적인 대중적 성공을 거둔 신경숙과 공지영의 소설은 양자 모두 한국인의 이른바 공통의 이해관계와 관련된 쟁점을 소설화하고 있으며, 이른바 한국 사회 구성원의 공통의 정념에 호소하고, 이를 위해서 한국인이라면 일반적으로 이해 가능한 언어와 의미화 방식을 자연스럽게 채택하고 있다는 공통점을 보인다. 게다가 『엄마를 부탁해』와 『도가니』는 모두 한국문학의 익숙한 전통인 사실주의와 계몽주의, 그리고 이와 밀접한 관련을 맺고 있는 인민주의populisme를 근간으로 하고 있으며, 이른바 공통으로 이해가능한 한국어의 체계를 따르고 있다.

이와 비교해 볼 때 배수아의 『북쪽거실』이나 『올빼미의 없음』은 일단 표면적으로도 한국 사회 구성원들이 일반적으로 이해 가능한 한국어의 체계를 따르고 있지 않다.

오명이든 악명이든, 그녀의 문장은 점점 더 노골적인 번역 투를 취하고 있다. 물론 이른바 언어 파괴나 모국어 형식의 파괴를 지향하는 소설 문법이 배수아의 고유한 창안은 아니다. 박상륭에서 최근의 한유주에 이르기까지 그 계보 또한 오랜 역사를 갖고 있다. 그러나 내가 여기서 배수아 소설의 번역 투 문장을 통해 논하고자 하는 것은 어떤 소설사적 계보나 형식 실험에 관한 것이 아니다. 또한 나는 문학사적 맥락보다는 신경숙, 공지영, 배수아로 상징되는 여성 작가들의 과거와 현재, 그 출발점과 도착점을 논하고 싶다. 그리고 이 연장선에서 여성과 글쓰기, 혹은 여성들의 삶의 방식에 대한 서사화의 출발점들과 도착점들을 환기하고자 한다.

공지영이나 신경숙, 배수아의 작가적 출발이었던 결단과 정치적 실천으로서의 여성들의 싱글 라이프에 대한 이야기는 이제 하나의 정치적 실천으로서의 함의를 잃었을 뿐 아니라, 동시에 문학장이나 담론장의 공통된 관심 대상 영역으로부터 멀어져 버렸다. 여성들의 싱글 라이프는 한편으로는 과도하게 재현되고 있지만(칙릿소설처럼), 동시에 정치적 실천이나 결단으로서 싱글 라이프의 의미는 퇴색되어 버렸다. 아니, 배수아나 신경숙, 공지영과 같은 시대에 싱글 라이프를 선택했던 그녀들의 삶의 이야기는 이제, 어떤 재현 불가능한 영역에 배치되었다고 하는 편이 더 적절할 듯하다. 이제 정치적 실천이자, 결단이었던 (이 과거형의 의미가 중요한데) 그녀들의 싱글 라이프의 이야기는 더 이상 한국 사회 구성원들의 공통의 관심사가 아니다. 배수아의 소설이 그러하듯이 그녀들의 이야기는 익숙하고 가독성 높은 한국어의 의미화 체계로는 표현되지 못하며 재현 불가능한 어떤 영역이 되었다. 아니 그 재현불가능성으로부터, 그녀들의 싱글 라이프의 어떤 도착점을 다시 사유할 필요가 우리 앞에 도래한 것이라 할 것이다. 그런 점에서 배수아의 최근 소설들은 흥미롭다.

반대로 말하자면, 우리를 가장 훌륭하게 꿈꾸게 하는 것은 다름아닌 통증이나 부자유일 것이므로 그것에 저항해야 할 이유가 없었으니까. 그리고 사실상 어느날 이후부터인가 나는 항상 내가 역사나 이야기의 외부인이자 기록되지 않는 바보광대라고 느꼈으므로. 그러나 설명하는 중에도 내 머릿속에서는 다른 기억들이 흘러갔는데, 어느날 약국 진열대에 전시된 화장품 중에서 무종강력수분크림이란 것을 발견한 적이 있고, 나는 두 손을 주머니에 넣은 채 빠른 걸음으로 길을 걸어 가는 중이었는데, 그것을 본 순간 어떤 알려지지 않은 이유로 인하여 문득 걸음을 멈추게 되었고, 진열장에 가까이 다가가 튜브에 든 길쭉한 모양의 그것을 한참 들여다보았으며, 무종 회사가 사라진 지 오래인 지금도 그런 이름의 크림이 여전히 판매되고 있다는 사실까지는 그날 듣지 못했으므로, 그 순간 복고풍의 곱슬머리의 모델이 천사처럼 미소짓고 있는 광고판 아래, 당신의 피부는 절대 피곤하게 보여서는 안됩니다,라고 적힌 옛날의 문구는 마치 나를 역사박물관의 1950년대 방으로 데리고 온 것 같았다고, 그 이야기를 해주고 싶었던 것이리라. 그리고 나는 한 모형비행기 수집가와 함께 택시를 타고 강 위쪽 도로를 달려갔으나, 늘 그렇듯이 강물이 검은 기름의 눈동자를 번득이는 것은 철제 난간과 흉한 화단에 가려 보이지 않았다고. 택시를 타고 박물관에 도착한 모형비행기 수집가는 이미 어느정도 불안해하고 있는 상태였는데, 내가 택시에 올라타자마자 대뜸 무종의 탑으로 가는 길을 아느냐고 물었으나 나는 알지 못했다고.[23]

집이라기보다는 임시 거처라는 표현이 어울리는 방들을 거쳐 가며, 가족이나 친구라기보다는 스쳐지나가는 우연한 만남들로 맺어진 관계만을 지닌 채, 마치 유령처럼 '부르주아의 도시'를 배회하는 어떤 존재들의 삶을 그려나가는 건 배수아가 '소설'을 통해 지속적으로 탐구해 온 영역이자, 그녀 자신의 작가로서의 존재 양태가 되었다. 『북

---

23. 배수아, 「무종」, 『올빼미의 없음』, 창비, 2010, 186쪽. (띄어쓰기는 원문을 따름.)

쪽거실』이나 『올빼미의 없음』에 이르러 배수아의 '소설'은 소설이라는 재현의 문법으로 설명되기 어려운 지점으로 점차 이전하고 있음을 알 수 있다. 마찬가지로 인물들 역시 인물이라 할 만한 명확한 특성을 결여한 채, 점점 더 윤곽을 상실한 모호한 형태만을 지니게 되었다. 이들은 이제 존재라고 불리기도 유령이라 명하기도 어려운 방식으로 존재-유령의 경계 사이에서, 그러나 비존재화되거나, 타자화 되었다는 표현과는 다른 방식으로 배수아의 글 속에 살고 있다. 또 예의 '악명'이 높은 번역 투의 문장은 이제 그녀만의 특별한 언어가 되었다. 이제 아예 그녀는 번역가가 되지 않았던가? 배수아 그녀가 소설가에서 번역가로 존재 전이를 이루고 있는 것은, 여기서 다루는 어떤 존재들이 '모국'의 경계 안에서 생존하는 특별한 방식과도 밀접한 관련을 맺고 있다고 생각한다.

그녀의 소설은 독해가 불가능한 형식을 취하면서 언어의 감옥에 갇힌 '수용자'의 말, 혹은 꿈을 재현 불가능한 방식으로 탐색하고 있다. 『북쪽거실』은 수용소라는 장치를 통해서 언어의 감옥을 탐색한 작품이라 할 수 있다. 특히 익숙한 공동체의 언어 기율과 요구를 수용소라는 형식을 통해 탐색하고 있다.

우리들의 어휘는 종종 혀의 습관에 불과한데, 그것은 사실의 옷을 입은 그 무엇을 더욱 힘 있는 사실처럼 느끼게 해줄 뿐만 아니라 직접적으로 사실의 역逆에 기여하기도 한다. 사실이 아닌 것처럼 말해져야 한다는 가공된 정당성의 반대-힘. 종종 어떤 편견과 무지가, 아무도 그것에 투표하지 않았음에도 불구하고, 아니 도리어 그렇기 때문에, 막강한 권력을 차지하는 경우가 발생하는 것처럼. (중략) 그러한 신념-습관적 어휘의 엔지니어들을 처형하라.[24]

『북쪽거실』은 습관적 어휘의 수용소의 안과 밖을 넘나들며 "측정할 수 없는 고유한 어휘들의 온도"를 감지하고자 하는 고투苦鬪의 과정을 꿈의 형식으로 탐색하고 있다. 이는 언어라는 수용소, 혹은 문학이라는 "습관적 어휘"의 수용소의 자발적인 수용자인 작가로서, 모국어의 경계를 넘을 수 없으면서, 그 바깥을 '번역'이라는 창을 통해서 훔쳐보는 번역가-작가, 소설가-에세이스트로서 배수아 자신의 주체 위치에 대한 탐색과도 연결된다. 배수아는 일련의 소설들을 통해서 한국 문학의 익숙한 문법들에 대해 담론 탐색적인 비판을 지속해왔다. 그녀의 소설이 비평가들의 '분류체계'에 들어가지 못한 채, 비평의 외곽에 잔여물처럼 남겨져 있는 상황은 이와 무관하지 않다.

즉 그녀의 소설은 한국문학사의 어떤 익숙한 문법과

---

24. 배수아, 『북쪽거실』, 문학과지성사, 2009, 14쪽.

도 상이해서, 비평가들에게 적절한 분류의 대상으로 간주되지 못하고, 정체를 알 수 없는 '그 무엇'으로 남겨져 있다. 나는 이러한 그녀의 글쓰기 방식이 정치적인 것의 과거형과 미래형 사이 어딘가에서 길을 잃고 있는 존재들에 대한 탐색과도 관련된다고 생각한다. 배수아 소설에서 전직 '투사'였던 '계몽주의적' 지식인 남성의 존재태는 정치적인 것의 과거형과 현재형 사이의 낙차를 보여주는 사례로 빈번히 등장한다. 『일요일 스키야키 식당』의 백두연 같은 인물이 대표적이며, 「무종」의 모형비행기 수집가 역시 이 계열의 인물이다. 또한 여성들의 삶은 이러한 계몽주의적 지식인의 웅변과 장광설에 의해 규정당하거나 부인당해서 자기 분열을 반복하기도 한다. 『올빼미의 없음』이나 『북쪽 거실』은 이러한 자기분열을 거듭하는 언어, 부인당한 언어를 하나의 형식으로 옮겨 놓은 것이라고도 볼 수 있다. 그녀의 글쓰기를 '번역 투'의 문장이라고 매도하는 비평가들의 관행은 그런 점에서 참으로 흥미롭다. 번역 투의 문장이라 불리는 그녀의 문체는 번역불가능한 어떤 존재의 '언어' 혹은 번역불가능한 존재로서의 그녀의 소설 속 거주자들의 삶의 방식에 상응하는 것이 아닐까.

번역 투라 불리는, 국적도 소속도 불분명한 배수아의 문체는 "이곳저곳으로 여행을 다니며 임시로 구한 셋방에서" 살아가는, "마치 꿈속에서 또다시 꿈을 꾸듯이, 여행지에서 다시 여행을 떠나온 마음"[25]에 가장 합당한 형식이라 할 것이다. 이 번역 투의 문장은 여행 속에서 또 여행을 떠나는 자의 문체이며, 집 대신 임시 거처만을 가진 자의 문체이며, 가족 대신 우연한 만남만을 가질 수 있는 어떤 존재의 형식에 다름 아니다. 따라서 이 문체는 집을 갖고, 가족을 갖고, 집을 상속하고, 영구 거주를 꿈꾸는 자의 문체, 즉 영주권을 지닌 자의 언어, 혹은 '모국어'의 문체로는 번역될 수 없다. 그녀와 모형비행기 수집가가 끝내 서로의 말을 이해할 수 없듯이, 모형비행기 수집가의 말이 끝내 외국인 운전사에게 번역되어 전달될 수 없듯이 말이다. 더욱 흥미로운 것은 「무종」에서 모형비행기 수집가라는 "교육받은 지식인의 흠잡을 데 없는 발음"으로 표명되는 것들은 분노의 정념과 택시 기사가 당연히 알아야 할 덕목과 직분, 즉 '적절함'에 대한 요청들이라는 점이다. 「무종」에서 모형비행기 수집가는 무종 탑을 찾지 못하는 외국인 운전사에게 격노하며 분노를 표명하면서, 자신의 이러한 분노는 외국인 혐오가 아니라, 무종의 운전사라면 당연히 무종 탑을 알아야 한다는 데 대한 정당한 요청이며, 운전사가 운전사로서의 적절

---

25. 배수아, 「무종」, 173쪽.

한 직분을 수행하지 않는 무책임에 대한 정당한 분노라고 반복해서 발화한다. 이 대목은 매우 흥미롭다. 운전사로서 해야 할 적절한 임무를 강변하는 "교육받은 지식인의 흠잡을 데 없는 발음"은 소설가라면 소설가로서의 적절한 직분을 다해야 한다는, 어떤 당위적 요청으로도 이어지기 때문이다. 즉 독자에 대한 배려, 전달 가능한 한국어의 사용과 같은 요청 말이다. 반면 분노와 같은 정념이나, 걸맞음이나 직분과 같은 덕목들은 번역 투로만 표명되는 그녀의 발화로는 표명되지 못한다. 즉 번역 투의 문체는 직분과 걸맞음, 그리고 그에 반하는 양태에 대한 '정당한' 분노와 같은 차원으로는 재현 불가능한 어떤 존재의 위치에 상응하는 것이다. 그런 점에서 배수아의 최근 소설의 번역 투의 문체는 사실주의 문학이라는 한국 문학의 전통에 기반을 둔 의미화 경제로는 환원되지 않는 어떤 재현 불가능한 주체 위치와 관련을 지닌다.

번역가능성과 번역불가능성 사이의 삶-죽음

우리 시대의 시인 최승자[26], 그녀의 투병 소식을 전하

26. 최승자, 한국에서 글 쓰는 여성, 글쓰기를 '선망'해 본 여성들이라면, 그녀

는 기사들에는 공통적으로 대화불가능에 대한 답답함이
토로된다. 시인 최승자의 현재의 삶을 전하는 어떤 보고문
의 구절은 이 시대 여성의 싱글 라이프에 대한 시선을 전
형적으로 보여준다.

— 젊었을 때는 세상을 다 아는 것처럼 느꼈지만, 이제 50대
후반까지 살아보니 다르게 보이지는 않는가요?

"내가 본 세상은 절망스럽고 허무한 것이었어요. 절망의 끝,
허무의 끝, 죽음의 끝까지 가봤던 셈이지요. 그 끝은 삶의
긍정이 된다고 생각했어요. 그래서 '내 무덤, 푸르고/ 푸르
러져/ 푸르름 속에 함몰되어/ 아득히 그 흔적조차 없어졌을
때/ 그때 비로소/ 개울돌 늘 이쁜 물소리로 가득하고 ……'

의 이름에 별다른 설명을 다는 것이 불필요하다고 느낀다. 그녀야말로 글
쓰는 여성들에게, 모든 시인에게 "우리들의 시인"이라는 말 이상 다른 설
명이 필요 없는 존재이다. 그러니 또 다른 "우리들의 시인" 진은영의 말이
그녀, 최승자에 대해 다음 세대 작가로서 우리들이 전할 수 있는 인사말의
한 형식이라 생각한다. "대학 시절, 성수동에서 이대 입구까지/다시 이대
입구에서 성수동까지/매일 전철을 타고 가며 그녀를 상상했었다./이 많
은 사람들 사이, 만약 당신이 앉아 있다면/내가 찾아낼 수 있을까?/우리들
의 시인 최승자에게", 진은영, 「시인의 말」, 『우리는 매일매일』, 문학과지
성사, 2008. 그녀의 투병 소식을 알리는 한 기사는 다음과 같이 그녀의 삶
을 '보고'하고 있다. "그녀는 가족이 없었다. 서울의 세 평짜리 고시원과 여
관방에서 밥 대신 소주로, 정신분열증으로, 불면의 시간으로, 죽음의 직전
단계까지 간 그녀를 찾아내 포항으로 데려온 이가 외삼촌이었다." 최보식
기자, 『조선일보』, 2010년 10월 22일자.

라고 썼어요. 내가 머문 세상이 아닌 다른 세상에서는 아기가 방긋 웃기만 해도 즐겁고 이쁜 개울물이 흘러간다는 걸 알아요. 다른 사람들이 아름답게 살고 있다는 걸 나도 압니다. 하지만 나는 그렇게 살 수가……."

(중략)

— 선생은 경제적으로 무능력하고 병들어 있습니다. 다른 여성들처럼 가정을 꾸렸으면 하는 마음이 들 때가 없나요?

"전혀 없어요. 결혼해 가정을 꾸린 당신들이 잘사는 것을 알지만, 나는 그렇게 못해요. 아이들을 바라보는 것은 좋아요. 하지만 그 아이들을 내가 직접 키우면서 사는 것은 싫어요. 이기적이라고요? 그건 맞아요. 젊은 날 그런 제의가 있으면 먼저 내가 떠났어요. 나는 홀로였고 그렇게 살아갈 겁니다. 사람들과 어울리는 대신, 시장통을 한 바퀴 돌며 감자 고구마 고추 생선들을 구경하고, 가로수 길을 걷고, 이쁜 아이들을 쳐다보고, 간혹 버스를 타고서 산을 쳐다보는 것, 그걸로도 만족합니다."(강조 인용자)[27]

이 기사는 인터뷰의 형식을 취하지만 본질적으로는 기자의 보고로 윤색된 글reported narrative [28]이다. 인터뷰에서

---

27. 최보식-최승자 인터뷰, 앞의 글.
28. 지젝은 홀로코스트 생존자의 증언이나, 테러 이후 생존자의 증언 등 증언의 형식을 우리가 타인의 고통을 '전달받는' 진실의 언어라고 생각하지만, 실은 오히려 이러한 증언이야말로 보고된 말(reported narrative)이라는

흥미로운 점은 기자의 '보고와 윤색'을 통해서도 줄어들지 않는 어떤 간극, 즉 기자의 질문과 최승자 시인의 대답 사이의 너무나 동떨어진 간극이다. 기자가 인터뷰를 마무리하면서 '답답한 심경'을 토로하는 것은 단지 그녀의 건강 상태에 대한 근심 때문만은 아니다. 최승자 시인의 신병을 걱정하는 기자들의 보도에는 빠지지 않고, '대화불능'의 어려움이 토로된다. 그리고 그것은 손쉽게 그녀의 '정신병적 상태'의 문제로 환원된다. 그러나 위의 인터뷰에서도 보이듯이 기자의 질문과 최승자의 답변 사이에는 '정신건강'이라는 '문제'만이 놓여 있는 게 아니다. 기자의 질문은 결혼과 가족과, 정신건강과, 적절함에 대한 이른바 한국사회 구성원의 통상적인 관심사나 일반적인 이해관계에 대한 논의로만 채워져 있다. 기자의 질문이 군더더기 없이 간단하고, 누구나 이해 가능한 형태의 질문의 형식을 취하고 있는 것도 이러한 내용의 반영이다. 반면 최승자 시인의 대답은 "내가 본 세상은", "내가 머문 세상이 아닌 다른 세상에서는", "다른 사람들이 아름답게 살고 있다는 걸 나도

___

점에서 폭력의 경험을 전달 가능한 형식으로 번역한 것일 뿐이라고 말한다. 그런 점에서 오히려 '시적인' 것이야말로 보고될 수 없는, 번역될 수 없는 고통의 경험에 상응하는 것이라고 논한다. Slavoj Žižek, *Violence*, Picador: New York, 2008, 주디스 버틀러 역시 이러한 맥락에서 수용소 수감자의 시를 논하고 있다. Judith Butler, "Survivability, Vulnerability, Affect", *Frames of War: When is Life Grievable?*, pp. 33~63.

압니다. 하지만 나는 그렇게 살 수가……." 같은 표현을 반복하고 있다. 그녀의 말은 기자의 질문에 대해 답할 수 없는 곤경을 표명하는 것이 아니다. 그녀는 기자의 질문에 대답하기 위해서는 자신의 세상을, '당신들의 세상'의 언어, '다른 사람들의 세상의 문법'으로 번역되지 않는 언어를 번역하려는 쓸모없는 노력을 되풀이 할 수밖에 없다는 곤혹감을 반복하고 있는 것이다. 그러나 그 말은 전달되지 않는다. 그저 정신이 황폐해진 채 홀로 늙어 가는 "어느 여인의 종말"[29]처럼 '보고'될 뿐이다.

기자가 우리 시대의 시인 최승자에게 던지는 이런 질문들, 즉 "젊었을 때는 세상을 다 아는 것처럼 느꼈지만, 이제 50대 후반까지 살아보니 다르게 보이지는 않는가요?"라거나, 왜 "다른 여성들처럼 가정"을 꾸리지 않고 "무능력하고 병들어" 홀로 늙어 가냐는 질문은 이 시대 싱글

---

29. 지금으로부터 꼭 30년 전이다. "허무의 사제", "절망의 골수분자" 최승자가 싱글 라이프의 미래를 암울한 초상으로 그려 보인 것도 말이다. "어느 빛 밝은 아침/잠실 독신자 아파트 방에/한 여자의 시체가 누워 있다."로 시작되는 최승자의 시 「어느 여인의 종말」은 어떤 정치적 실천, 혹은 선언(마니페스토)으로서의 싱글 라이프의 함의를 '부정적인 방식'으로 그려준 것이었다. 즉 시체가 되어 썩어문드러진 그녀의 육체는 싱글 라이프의 미래에 대한 가부장적 사회의 시선과 우려를 역설적으로 그려낸 것일 뿐, 싱글 라이프의 '도래할 미래'의 초상으로 제시된 것은 아니었다. 30년 전 "독신자 아파트 방에" "식은 몸뚱어리"로 누워있는 그녀의 몸은 싱글 라이프를 불가능한 것으로 간주했던 그 시대에 하나의 선언, 혹은 결단의 함의를 지니는 것이었다. 최승자, 「어느 여인의 종말」, 『이 時代의 사랑』, 32쪽.

여성의 '어떤 종말'을 상징적으로 보여준다. 아니 한때는 '잘 나가던' 싱글 여성들에 대한 이 시대의 시선이 이런 질문에 전형적으로 담겨 있다고 할 것이다. 이러한 시선은 젊은 시절 열정과 허무의 화신이었던 최승자에게만 국한되는 것은 아니다. 이러한 시선은 특히 이른바 '지식과 성의 권력'을 '한때' 획득했던 여성들에게 가해지는 비난과도 밀접한 관련이 있다. 물론 이 시선은 연민과 동정의 의미를 내포하기도 하지만, 이 연민과 동정은 외롭게 홀로 늙어가고 있는 싱글 여성들에 대해 자기 책임론에 가까운 비난과 그녀들의 삶의 방식에 대한 부정의 함의를 복합적으로 내포하고 있다.

한때는 지식과 성의 권력을 갖고 있었던, 싱글 여성들의 '종말'에 대한 이러한 복합적 시선의 전형적 패턴은 "맥도널드 할머니"라는 속칭으로 '구경거리'가 된 그녀, 권하자씨에 대한 이 시대의 담론에서도 확인된다. 나는, 구경거리가 되면서까지도 누워서 편히 잠들기를 거부하는 그녀, 권하자의 도촬된 옆모습에서, 자신이 선택한 삶을 끝까지 유지하고자 하는, 그러나 어떤 언어로도 번역될 수 없는, 그런 의지가 아닌 의지, 말이 아닌 말을 들은 것도 같다. 패배하지 않기 위해, 패배자로 간주되지 않기 위해, 그리고 구호되지 않기 위해. 그녀들은 미치거나, 병들거나, 밤거리를 떠돌면서도, 그렇게 그녀들만의 세상을, 간신히 살아내고 있다. 그녀들의 삶-죽음이 과연 이해 가능한 '모국어'로 전달되거나 번역될 수 있을까? 그녀들의 삶은 모국어로 번역되는 순간, 그저 정신병자, 된장녀, 부르주아, 행려병자라는 위치만을 부여받을 뿐이다. 그러한 번역을 통해서 가까스로, 그녀들은 '보호'되거나 '구호'될 수 있겠지만 말이다. 모국어로 번역되지 않는 그녀들의 삶은 그러하니, 언제나 구호가 불가능한 채 방치될 수밖에 없는 위험에 노출되는 것이다. 사정이 이러할 때 이해가능한 모국어로의 번역가능성과 번역불가능성이 그녀들의 싱글 라이프의 가능성과 불가능성의 경계에 다름 아니라 할 것이다.

또 다른 페미니즘, 혹은 새로운 이론적 실천의 가능성을 꿈꾸며

여성들의 위태로운 싱글 라이프에 대한 탐구는 한국과 일본의 1세대 페미니스트들인 우에노 치즈코나 조한혜정의 최근 작업에서 큰 비중을 차지하고 있다. 우에노 치즈코의 책은 한국어로는 『화려한 싱글, 돌아온 싱글, 언젠간 싱글』[30]이라는 제목으로 번역되기도 하였다. 우에노 치즈코는 이 책에서 결혼을 했든 안 했든 여성의 미래는 싱글 라이프가 될 것이기에 "싱글도 준비가 필요하다."는 조언과 함께 자신의 싱글 라이프 경험을 전하고 있다. 조한혜정은 『다시 마을이다―위험사회에서 살아남기』[31]에서 가족을 넘어선 마을 공동체의 새로운 필요성을 제기하고 있다. 또 최근의 글에서 조한혜정은 버지니아 울프의 '나만의 방'에 대한 절규가 페미니즘과 여성의 새로운 삶에 대한 갈망의 상징이었지만, 이제 페미니즘은 나만의 방에서 나와 마을과 같은 공동체를 구축하는 길로 나아가야 함을 논하고 있기도 하다.

이러한 작업들은 조한혜정의 책의 부제가 전하듯이 "위험사회에서 살아남기" 위한 조언으로서 매우 소중한 의미를 지닌다. 그러나 한편으로는 우에노 치즈코의 싱글 라이프에 대한 조언은 어떤 점에서 '은퇴'를 준비할 수 있는 세대의 이야기라는 생각도 든다. 우에노 치즈코는 마흔 살이 넘으면 일을 줄이고 친구를 만들어야 한다는 진심어린 조언을 주고 있지만, 과연 부정기적이고, 과도한 노동에

30. 우에노 치즈코, 『화려한 싱글, 돌아온 싱글, 언젠간 싱글』, 나일등 옮김, 이덴슬리벨, 2007.
31. 조한혜정, 『다시 마을이다 ― 위험사회에서 살아남기』, 또하나의문화, 2007.

시달리며 친구를 만들 수 없는 관계 속에서 살아가는 한국의 30~40대 싱글 여성들에게 이러한 준비가 가능할까? 물론 이는 우에노 치즈코나 조한혜정의 작업의 한계를 논하고자 함은 아니다. 이들 1세대 페미니스트들의 싱글 라이프의 미래를 위한 조언과 실천은 여전히 중요하기 때문이다. 그리고 이 조언과 실천은 그녀들이 걸어온 삶의 궤적과 매우 밀접한 관련을 맺고 있다. 그런 맥락에서, 가족도 친구도 없이 임시 거처를 옮기며, 우연한 만남만을 관계로 지닌 채, 과도한 중노동에 자신을 혹사할 수밖에 없는 현재의 30~40대의 싱글 여성들에게는 그녀들의 삶의 경험과 역사를 토대로 한 말과 조언이 필요한 시기라 할 것이다.

이 글의 초점이 글 쓰는 여성, 지식과 문화예술을 통해 자기 삶을 운영하는 특정 집단에 맞춰진 만큼 이와 관련한 논의로 글을 마무리하고자 한다. 학문장에서 페미니즘의 이론적, 학문적 실천은 그간 주로 학문장의 남성 중심적인 관습을 비판하고, 새로운 영역을 개척하는 데 집중되었다. 이를 통해 페미니즘 연구가 학문장에 어느 정도 자기 몫을 할당받은 것도 사실이지만, 실상 가부장적이고 남성 중심적인 학문장의 질서를 근원적으로 변화시키는 데까지는 이르지 못했다. 견고하기 이를 데 없는 학문장의 질서 속에서 과연 페미니즘 연구자들의 이론적 실천의 작업이 어디까지 진행될 수 있을까? 페미니즘 연구의 재생산 자체가 불확실한 상태에 처한 것 또한 현실이다. 물론 학문장 내에서 페미니즘 연구 역시 하나의 권력이나 제도가 되어버린 측면 또한 간과할 수 없는 문제이기도 하다. 이러한 측면 역시 앞서 제기한 페미니즘의 이중의 역설과도 관련된다.

또 한편으로는 페미니즘이 그간 학문장의 기율과 관습을 비판하면서, 주로 연구 방법론에 대한 문제제기에 집중해 온 것은 매우 타당하고 역사적으로 불가피한 일이기도 했다. 그러나 동시에 여성 연구자들의 존재 방식과 위치에 대한 탐구나, 여성 연구자들 스스로 자신의 삶의 문제를 이론화하고 의제화 하는 방식에는 이르지 못한 한계를 노정해왔다고 할 수 있다. 물론 이는 특히 문학 연구나, 역사 연구 등 특정한 학문 분야의 연구 관행과 규약에서 비롯된 문제이기도 하다. 학문장이나 문학장에서 여성의 존재 방식, 특히 정치적 주체화의 '역사'를 뒤로 한 채불안한 미래와 더 불안한 현재를 가까스로 견디며 겨우생존하고 있는 모든 '여성' 연구자들의 삶의 문제를 다 함께 공동의 의제로서 나눠야 할 시간이 도래한 것이 아닐까. 그렇게 서로의 안부를 묻는 말들을 통해 가까스로, 이전과는 다른, 페미니즘의 실천, 그 불가능한 말은 시작될

수 있지 않을까 생각해 본다. 이제, 그 불가능한 말은 막
시작되었을 뿐이다.

2장

슬픔과 공동체의 윤리

애도, 우정, 공동체

2장

슬픔과 공동체의 윤리
애도, 우정, 공동체

죽음을 묻다 : 광장과 극장의 언저리들

공동체에서 추방된 부당한 죽음을 애도하는 일은 이
부당한 죽음에 대한 책임을 묻고 답하는 일에 다름 아니
다. 애도 정국이라는 말이 회자되었음에도 이 부당한 죽음
에 대한 애도는 끝내 완성되지 못했다. 죽음을 묻는 일은
생존을 묻는 일이기도 하다. 매장과 애도는 삶과 죽음을
묻는 일이다. 너의 죽음은 나에게 슬픔의 공감과, 우정의

연대를 서명하는 일만이 아니라 나의 생존, 그 익숙한 삶의 감각을 심문審問하는 것이기 때문이다. 그래서 너의 죽음은 나의 생존을 심문에 회부한다. 심문에 회부된 생존, 추방 명령을 받은 너의 죽음은, 이렇게 해서 나의 생존을 심문에 회부한다. 아니, '우리'는 나의 생존을 심문에 회부함으로써만 추방 명령을 받은 너와 함께 나란히 심판대에 서서, 위태롭게 함께 걸어갈 수 있을 것이다.

공동체에서 추방된 죽음에 대한 분노와 이른바 '대중적 공감대'는 지속되지 못했다. 부당한 죽음을 애도하는 정치적 공간은 마련되지 못하고, 망각 속으로 사라지고 있다. 어떻게 애도의 정치적 공간을 마련할 것인가, 혹은 애도를 통해 어떻게 정치적 삶을 다시 구축할 것인가 하는 문제는 여전히 중요한 질문일 것이다. 그런데 애도, 부당한 죽음에 대한 책임이라는 의제는 그저 사라진 것일까? 애도와 부당한 죽음에 대한 책임이라는 의제가 촛불과 대중 집회의 공간에서는 그 열기가 사그라졌지만, 흥미롭게도 다른 공간에서는 더욱 뜨겁게 달아오르고 있다.

2009년 한해를 뜨겁게 달군 베스트셀러로 신경숙의 『엄마를 부탁해』(창비, 2009)와 윤제균 감독의 영화 〈해운대〉를 꼽는 데 아무도 주저하지 않을 것이다. 『엄마를 부탁해』는 최단시간 100만 부 판매달성이라는 경이적인 기록을 수립하면서 '엄마 신드롬'을 주도하고 있다. 또한 〈해운대〉 역시 비평가들의 예상을 뒤엎고 이례적인 성공을 거두었고, 해외 진출을 타진하면서 한류의 새로운 물꼬를 틀 작품으로 기대를 한 몸에 받고 있다. 흥미로운 것은 두 작품 모두 죽음에 대한 책임과 죽은 자에 대한 애도, 그리고 살아남은 자의 몫이라는 모티프를 서사의 근간으로 하고 있다는 점이다.

신경숙의 『엄마를 부탁해』는 갑자기 사라진 엄마의 실종을 시작으로 해서, 엄마를 찾아 헤매는 가족들이 엄마의 '실종'에 대한 자신들의 책임을 뼈아프게 되돌아보게 된다는 줄거리를 토대로 한 작품이다. 『엄마를 부탁해』는 엄마가 사라진 이후 남겨진 가족들의 고백과 '귀환한' 엄마의 자기 진술로 이루어져 있다. 남은 가족들은 고해성사에 가까운 고백을 통해 엄마의 사라짐(실종)에 대한 각자의 책임을 토로한다. 마지막 장에서 엄마는 목소리로 귀환하는데, 엄마의 자기 진술은 자신의 삶에 대한 회고이자, 남겨진 가족들에 대한 위로이기도 하다. 또 엄마의 말은 남겨진 가족들에게 그녀의 죽음에 대한 자책감을 덜어주는 역할을 하기도 한다. 소설은 살아남은 자의 고백과 죽은 자의 목소리를 통해 엄마의 삶과 죽음을 애도하는 형식을 취한다. 『엄마를 부탁해』를 읽고 나면 꼭 엄마에게 전화를 하게 된다는 입소문이 돌 정도로 이 작품은 사람들에게 엄마를 부탁하는 실제적 효과를 낳기도 하였다. 이 작품은 엄마의 실종과 죽음에 대한 책임을 물으면서, 남은 가족들에게 엄마의 삶의 의미를 다시금 반추하게끔 만든다. 엄마의 삶에 대한 반추는 슬픔을 극대화하고, 독자들과 비평가들까지 합세해서 슬픔의 감염력은 100만 배의 증폭 효과를 만들었다.

영화 〈해운대〉는 한국형 재난 영화라든가, 쓰나미를 재현하는 테크놀로지 등에 관해 논의가 모아졌다. 〈해운대〉는 재난 영화이면서 헐리웃 블록버스터처럼 평범한 사람들의 일상적 삶과 유머를 양념처럼 잘 비벼낸 작품이기도 하다. 이 작품에서 흥미로운 점은 쓰나미의 시간, 즉 재난의 시간이 죽음에 대한 책임을 확인하는 시간과 맞물려서 다가온다는 점이다. 〈해운대〉의 서사는 실상 재난 이후에서 시작하는데, 첫 번째 재난에서 연희(하지원)의 아버지는 죽음을 맞는다. 그 죽음의 원인은 자연 재해였지만, 또 다른 책임은 만식(설경구)에게 있다. 영화는 '메가 쓰나미'가 다가오는 시간, 사랑 고백의 시간, 그리고 죽음에 대한 책임과 고해성사의 시간을, 다가오는 재난에 대한 불안감의 리듬 속에 병치시키고 있다. 물론 이는 재난과 사랑이라는 두 축을 효과적으로 연결하는 기능을 수행하는 것이기도 하다. 사랑 고백과 죽음의 책임에 대한 고해 성사는 임박한 재난 직전에 수행되는데, 죽음에 대한 책임 과 사랑 고백 사이의 위태로운 줄다리기는 결국 쓰나미를 통해서 해소된다. 쓰나미(재난)는 해운대의 평온한 일상과 삶의 공간을 휩쓸어버리는 동시에, 만식이 걸머져야 했던 죽음에 대한 책임도 떠내려 보낸다. 재난은 우리의 삶이 너무나 허망하게 사라져 버릴 수 있다는 삶의 취약함을 환 기시키면서 동시에 바로 그렇기 때문에 죽음에 대한 책임 역시 면책되도록 하는 것이다.

재난에서 살아남았다는 것은, 죽음에 대한 책임을 면 하는, 면책 사유이기도 한 것이다. 그런 점에서 〈해운대〉 의 가장 인상적인 장면은 쓰나미의 기술적 효과보다, 쓰나 미가 물러간 이후, 해운대 바닷가를 청소하는 장면이라 할 것이다. 재난 영화에서 재난 이후 청소하는 장면이 이렇게 길게 차지하는 영화는 아마 극히 드물지 않을까 생각된다. 재난 이후의 청소 장면은 〈해운대〉에서 재난, 죽음, 죽음 에 대한 책임과 살아남는다는 것과 관련된 상징적인 의미 들을 함축하고 있다. 우리의 삶을 순식간에 휩쓸어버리는 재난 이후, 〈해운대〉의 사람들이 수행하는 것은 죽음에 대한 성찰도, 죽음에 대한 책임이나 삶의 취약함에 대한 불안감의 반추도 아니다. 오히려 재난 이후 〈해운대〉의 사람들은 정성스럽게 해운대를 청소한다. 이 '청소'를 통해 해운대의 삶은 갈등과 불화, 죽음에 대한 자책감과 부채감을 털어낸 살아남은 자들의 공동체로 정상화된다.

비평가로서의 과민함일지는 모르지만, 죽음의 책임이라는 모티프motif가 촛불과 광장과 조문 행렬에서 극장가와 서점가로 이동하는 이 과정은 한국 사회에서 죽음에 대한 감각, 그리고 애도의 위치가 뒤바뀌는 어떤 징후로 보인다. 이동이나 변화라고 해서 이 과정이 어떤 시간적인 선후 관계나 논리적인 원인-결과의 관계를 맺는다는 것은 아니다. 오히려 애도와 죽음의 책임이라는 모티프가 놓인 두 공간, 광장과 극장은 죽음과 삶, 죽은 자의 자리와 산 자의 자리를 둘러싼 어떤 스펙터클이 상연되는 장소일 것이다. 이런 맥락에서 볼 때 무고한 죽음들, 부당한 죽음들에 대한 책임의 문제와 애도의 열기가 광장에서 사그라진 것이 단지 사람들이 죽음에 대해 무감각해졌다거나, 애도에 대한 열정이 소진되었기 때문으로 보기는 어렵다고 할 것이다. 오히려 죽음의 책임이나 애도의 욕망, 상실감 등은 여전히 사람들을 사로잡고 있다. 〈워낭소리〉, 『엄마를 부탁해』(그리고 일련의 엄마 시리즈의 문화 생산물들의 잇단 흥행들), 〈해운대〉로 이어지는 베스트셀러 행렬의 공통점은 이 작품들이 소진되어 가는 삶의 어떤 형식들에 대한 슬픔, 죽음에 대한 감응^{respond}을 '촉구'한다는 점이다.

여기서 죽음에 대한 책임이라는 스펙터클이 상연되는 광장과 극장에 대해 전자를 죽음에 대한 감응의 정치적 형식으로, 후자를 단지 문화 소비나 구매 행위로 구별하는 이분법을 들이대는 것은 의미가 없다. 오히려 광장과 극장은 죽음에 대한 감응에 작동하는 어떤 선택적이고 차별적인 구조들이 현현되는 장소들 중 하나이다. 오늘날 한국 사회에 만연한 부당한 죽음에 대한 애도가 삶의 윤리를 다시 사유하고 실천하는 정치적 형식으로 수행되지 못하는 것은 죽음에 대한 감응의 부재(이른바 무감각과 망각) 때문이 아니다. 오히려 애도의 정치성이라는 '과제'의 수행이 부딪치고 있는 막다른 지점은 무감각과 망각이 아니라, 애도의 다른 형식, 죽음에 대한 감응의 다른 형식들이라 할 것이다.

즉 한국 사회는 구성원이 천 만을 넘는 애도와 슬픔과 상실의 공동체를 꾸려나가고 있다. 상실에 대한 슬픔은 극장과 거리와 집안을 맴돌지만, 죽음에 대한 감응이 불러일으킨 슬픔은 삶에 대한 새로운 의식이나, 타자의 죽음과 나의 생존의 불가피한 의존과 관계성, 삶의 취약성에 대한 윤리적 의식의 자리를 만들지 못하고 있는 게 아닐까? 오히려 넘실대는 슬픔의 파도는 상실감과 삶의 취약성에 대한 불안감을 극대화시키면서, 동시에 죽음에 대한 책임을 '재난' 저편으로 떠맡기고, 죽음 이후의 어지럽혀진 공동체의 공간을 '청소'하는 정상화의 욕망을 더욱 강화하고 있는 것처럼 보인다. 그렇다면 우리가 고민해야 할 것은, 용산 참사와 노무현의 죽음에 대한 애도는 왜 성공하지 못했는가라는 문제보다, 죽음에 대한 만연한 상실감과 민감한 반응의 물결에도 불구하고, 왜 애도는 정치적 주체화의 자리가 아닌, 다른 자리에서 수행되고 있는가에 대한 물음일 것이다.

문제는 죽음에 대해 감응하지 못하는 무감각이 아니라, 바로 감응의 차별적이고 선택적인 형식에 있다고 할 것이다. 즉 왜 죽음에 대한 감응respond이 책임responsiveness이라는 윤리의 자리를 만들기보다, 공동체의 익숙한 삶을 정상화시키는 방향으로 나아가는지를 물어야 할 것이다. 죽음에 대한 감응과 애도는 실상 죽은 자의 목소리를 재현하는 일을 자신의 역할로 자임하는 여러 행위 주체들이나 영매靈媒를 자임하는 행위 주체들을 통해 다양한 방식으로 진행 중이다. 애착의 대상을 상실한 사람들의 마음을 치유하는 다양한 치유 산업들이나, 슬픔과 상실감에 적극적으로 호소하는 문화 생산자들과 이 문화 생산물을 문학이나 예술의 가치라는 이름으로 해석하고 승인하는 다양한 해석 공동체들이 죽음을 전하는, 죽은 자의 목소리에 감응할 것을 요구하는 영매나 애도 주체의 자리를 앞 다투어 차지하고 있다. 애도를 통한 정치적 주체화의 자리, 혹은 정치적 삶에 대한 애도는 실상 이 다양한 영매들과의 갈등과 경쟁, 도전과 응전을 통해 가까스로 만들어지는 것이다.

그런 점에서 정치적 삶에 대한 애도, 혹은 부당한 죽음에 대한 애도를 통해 삶의 정치화를 새롭게 구축하려는 시도와 그 실패의 원인을 살펴보는 일은 단지 부당한 죽음의 장례를 가로막고 있는 경찰과 국가 권력, 부당한 죽음을 무가치한 죽음으로 환원하는 보수적인 언론의 장벽을 지탄하는 데 국한될 수는 없을 것이다. 이 사회의 구성원들이 어떤 죽음을 애도하거나 기억하기를 그만두고, 다른 죽음에 대한 상실감을 곱씹는 길로 나아가고 있는 것은 이 사회 구성원들이 갖고 있는 죽음에 대한 감각과 깊은 관련이 있기 때문이다. 혹은 죽음에 대한 감각을 형성하고 재생산하는 규율들과 규범들 바로 그 자체가 애도의 자리를 윤리의 자리로 가능하게 만드는 원천이거나 동시에 불가능하게 하는 장벽이다.

우리의 삶이 의외로 손쉽게 무너질 수 있고, 인간의 몸이 예고 없이 지상으로부터 증발되어 버릴 수 있다는 불안감은 우리를 삶의 불확실함에 직면하게 만든다. 애착의 대상이 사라져 버렸을 때, 그리고 그 대상의 파괴에 내가 연루되었음을 자각할 때 발생하는 죄책감은 한편으로는 나의 생존이 너의 죽음과 무관하지 않다는, 너의 죽음에 대한 어떤 책임과 응답의 자리를 만들기도 한다. 그러나 다른 한편으로 삶의 파괴 가능성, 생존의 불확실함에 대한 불안감은 동시에 재난 이후의 '청소'가 상징하듯이, 허망하게 무너져 버린 삶의 터전을 복구하고자 하는 자기 보존 본능을 더욱 충동질하기도 한다. 〈해운대〉의 재난이 너의 죽음에 대한 나의 책임을 고백하게 하면서 동시에 그 책임을 면책하고, 익숙한 공동체의 터전을 다시 가꾸어 가는 역할을 하듯이 타자의 상실을 통해 너의 죽음에 대한 나의 책임을 감응하는 일은 자기 보존의 충동과도 갈등적이고 경쟁적이다.

휘발되어 사라지는 몸 : 전쟁 상태, 생존을 묻다

부당하게 생존의 권리를 박탈당한 이들의 목소리가 광장에서 밀려나고, 죽음에 대한 감응은 극장의 관객을 위해 마련되고 있지만, 관객석에서 죽음에 대한 감응을 관람하는 것의 불충분함을 감지하는 이들 또한 적지 않다. 많은 이들이 관객의 자리가 아닌, 그 죽음과 연루된 자리에 스스로를 세우고자 여러 시도를 한 바 있다. 문학계도 예외는 아니어서 일련의 작가들이 한 줄 서명의 형식으로 부당한 죽음에 대한 책임의 자리를 만들어 가고 있다. 이는 이른바 '6·9 작가선언'으로 통칭되는 새로운 공동체의 등장으로 이어지기도 했다. '6·9 작가선언'은 용산 참사로 상징되는 "벌거벗은 삶"의 죽음에 대한 애도를 작가들의 한 줄 서명으로 표명하면서, "이명박 정권하의 한국 사회를 민주주의의 아우슈비츠, 인권의 아우슈비츠, 상상력의 아우슈비츠로 명명"하였다. '6·9 작가선언'은 "한국 사회의 전쟁 상태를 초래하고 있는 권력과 그 권력을 지지하는 모든 제도적 장치들로부터 단절의 계기를 창조하겠다는 것"을 '문학적 요청'의 형식으로 서명하고 있다.[1]

'6·9 작가선언'이 애도의 윤리와 관련하여 제기하는 질문들에 대해서는 뒤에서 다시 살펴보고자 한다. 여기서는 전쟁 상태라는 실감, 즉 애도의 윤리가 요청되는 현실에 대한 감각의 문제에 대해서 먼저 논의를 하고 싶다. 작가들의 선언에 담긴 전쟁 상태, 내전 상태라는 현실 감각에 대해 혹자는 전형적인 문학적 과장이라고도 비판하였

---

1. 심보선, 「불편한 공동체 : 어떤 공동체의 발견」, 『문학과사회』, 2009년 가을호, 486~487쪽.

다.[2] 전쟁 상태라는 현실 감각을 둘러싼 불일치는 단지 문학 제도 내부의 작가와 바깥의 비판자들 사이에만 존재하는 것은 아니다. 현재의 한국 사회에서 '전쟁 상태'라는 현실 감각은 죽음과 상실, 생존과 윤리라는 문제에 대한 전혀 차별적인 실감을 토대로 하고 있다고 할 것이다.

다른 사례를 통해서 전쟁 상태에 대한 감각의 차이에 대해 먼저 살펴보자. 미국의 금융 위기로 촉발된 경제 위기가 사람들을 불안하게 하는 2009년, 한 텔레비전의 공익 광고는 이러한 위기와 생존 가능성에 대한 불안감과 관련된 어떤 상상력의 일단을 보여준다. 이 광고는 2009년 현재의 서울 밤의 화려한 야경에서 시작된다. 높은 고층 건물, 화려한 불빛, 달리는 자동차들. 그러나 화면 속에서 시간은 뒤로 돌아간다. 고층 건물은 해체되고, 불빛은 꺼지고, 자동차들은 사라진다. 그리고 마지막 장면은 아무 것도 없는 폐허인 서울의 모습이 앙상하게 드러난다. 이 서울의 모습은 한국 전쟁 직후 폐허가 된 서울이기도 하다. 이 공익 광고는 이렇게 시간을 되돌려 앙상한 폐허의 장면을 앞에 두고, '이제 다시 시작하자.'는 격려의 메시지를 전한다.

---

2. 소조(조영일), 「한국문학의 선언」, 〈다음 카페 비평고원〉, 2009년 6월 18일.

이러한 상상력 혹은 자기 재현의 방식은 금융 위기 이후 급작스럽게 증대했지만, 이미 1997년 — 이른바 IMF 위기 — 이후 지속되었다. 이러한 자기 재현 구조 속에서 우리는 화려한 도시와 고도화된 노동의 세계를 '잃어버리고', 맨 땅에 맨 몸으로 엎드려 삶을 일구는 존재가 된다. 대표적인 것이 〈워낭소리〉와 같은 재현 구조이다. 신경숙의 『엄마를 부탁해』 역시 이러한 재현 구조의 연장 속에 있다. 이러한 자기 재현 구조에서 시간을 되돌려 폐허 앞에 다시 서는 것과 고도화된 노동의 세계를 잃어버리고 맨몸으로 세계와 대면해야 하는 것은 동일한 의미 구조를 지닌다. 이는 내가 세계와 '맨몸'으로 대면해야 한다는 위기의식의 소산인바, '맨몸', 그 벌거벗은 신체야말로 생존의 위협 앞에서 생존 가능성을 자문하는 주체의 위치를 명확하게 보여준다. 그렇다면 이렇게 스스로를 '맨몸'으로 재현하는 자기의 서사란 무엇인가? 이러한 자기 서사를 산출하는 이 시대의 인간의 삶이란 과연 무엇일까?

이러한 상상력이 시간의 톱니바퀴를 뒤로 돌려서 작동하듯이 어떤 점에서 이는 과거로 회귀하는 성격을 지닌다는 점에서 복고적인 보수적 퇴행의 양상이라고 볼 수 있을 것이다. 가족 서사의 복귀와 같은 문화적 현상 등은 세계화 이후 한국 사회의 보수적 퇴행의 징표라고 분석되기도 한다. 그렇다면 우리는 바로 한국 전쟁 직후 폐허의 순간, 그 시간으로 되돌아가는 것일까? 여기서 중요한 것은 이러한 문화적 재현 구조가 보수성의 징표인가 아닌가 하는 점이 아니다. 이러한 재현의 구조에는 삶에 대한, 아니 삶의 취약성에 대한 어떤 특정한 감각이 내포되어 있다.

해체되어 사라지는 건물, 불빛이 사라지는 도시, 세계는 마치 휘발되어 사라지듯이 그 육체성을 상실해간다. 사회는 그 몸social body이 휘발된 채, 폐허로 되돌아간다. 휘발되어 사라지는 몸은 도처에서 발견된다. 자연적인 시간의 질서에 따라 서서히 마모되어 가던 엄마의 병든 신체는 갑작스레 사라진다. 엄마의 실종 이후 남겨진 가족들은 자책감 속에서 비로소 엄마의 삶이 얼마나 취약하고, 위태로웠는지, 그 위태로움과 취약한 삶에 대해 가족들이 얼마나 무지했던가를 고백한다(『엄마를 부탁해』). 쓰나미가 휩쓸어버린 해운대가 보여주듯이, 우리 삶은 이미 예고된 재난에 대해서도 무방비 상태로 무너져 버린다(〈해운대〉).

애착의 대상을 잃어버리고 그 상실감 속에서 직면하는 삶의 취약함에 대한 불안감이 이처럼 휘발되어 사라지는 몸(개인의 신체에서 사회의 신체까지)으로 표상되는 구조는 한국 사회에서는 매우 익숙한 서사이다. 이와 같은 식으로 표상되는 삶의 취약함에 대한 감각은 한국 사회에서는 열전과 냉전의 도가니를 통해 주조되었다. 전쟁 상태에서 무참하게 파괴된 타인의 신체는 나의 생존을 위협하는 불안으로 감지되었다. 이때 생존에 대한 불안감은 윤리와 어떤 연결고리도 맺지 않고, 죽음은 나와 타인을 결부시키기보다 나의 자기 보존 본능을 더욱 강화하게 된다. 이러한 맥락에서 타인의 죽음은 나의 생존을 위한 도구가 될 뿐이다.

한국 사회의 구성원들에게 전쟁 상태가 도래했다는 사이렌은 부당한 죽음에 대한 감응과 책임의 문제를 환기시키기도 하지만, 다른 한편 나의 생존 가능성에 대한 불안감과 자기 보존 본능의 민감한 촉수를 자극하기도 한다. 이 전쟁 상태에 대한 실감, 혹은 전쟁 상태라는 사이렌에서 촉발되는 전혀 다른, 차별적이고 갈등적인 반응 양태 속에서 우리는 애도의 윤리적 자리를 고민할 수밖에 없다. 주디스 버틀러는 타인의 죽음이 야기하는 삶의 불확실함에 대한 감각이 자신의 생존에 대한 불안감을 강화하는 과정에 대한 고찰에서 애도의 윤리가 설 수 있는 자리를 추구할 것을 제안했다.[3] 그렇다면 과연 어떻게 타인의 죽음이 야기하는 삶의 불확실함에 대한 불안감은 자기 보존 본능의 촉수만을 자극하지 않고, 삶의 불확실함을 완화하고, 생존 가능성이 침해될 가능성들을 줄여나가는 그런 윤리

---

3. Judith Butler, "Survivability, Vulnerability, Affect", p. 45.

의 자리를 만들어 나갈 수 있을까?

타인의 죽음이 초래하는 삶에 대한 불안감과 자기 보존 본능, 그리고 애도의 윤리 사이의 갈등적인 관계를 아주 오랜 동안 천착해 온 사람은 박완서이다. 박완서의 작품은 애도의 욕망과 그 실패에 대한 자기 진술의 형식을 취한다. 그녀의 작품 중 단편「부처님 근처」를 예로 애도의 욕망이 실패하는 지점, 그리고 그 실패를 넘어서 애도가 윤리의 자리를 만들 수 있는 가능성을 그녀는 어떤 식으로 제시하고 있는지 살펴보기로 하자.

너를 삼킨 몸 : 애도의 실패와 윤리의 자리

애도의 실패 원인, 그리고 애도를 통한 윤리의 자리를 탐색할 수 있는 가능성을 말해주는 한 사례로서 박완서의 작품을 제시하는 것은 작가로서 그녀의 위대함을 논하기 위해서는 아니다. 또 애도와 문학의 관계와 역사를 살펴보고자 하는 이유 때문도 아니다. 오히려 박완서의 작품을 통해 나는 지금 한국 사회의 구성원들이 매우 자연스러운 것으로 받아들이는 슬픔의 양식이 실은 열전과 냉전의 도가니에서 구성된 폭력적인 것이라는 점을 환기하고자 한다.

「부처님 근처」는 1973년 작품이다. 박정희 정부가 초헌법적인 국가긴급권을 발동하여 국회를 해산하고 정치활동을 금지하는 동시에 전국적인 비상계엄령을 선포한 뒤, 유신헌법을 공포한 지 1년 후, 그리고 한국 전쟁 휴전이 선포된 20년 후, "잘 살아보세."를 노래하며 새마을 운동이 한창이던 그 시절의 이야기이다. 엄마와 딸이 있다. 한국 전쟁 와중에 오빠가 무참하게 살해되고, 아버지도 살해된다. 아들과 남편, 오빠와 아비를 잃은 두 모녀는 무참하게 살해된 두 죽음을 가슴에 품고 20년을 살아왔다. 이 두 죽음이 모녀에게 어떤 영향을 미쳤는지, 그리고 애도가 타자와 자아의 관계를 어떻게 구축하는지를 「부처님 근처」만큼 생생하게 보여준 작품은 흔치 않다.

그들은 갔다. 우리 식구는, 나는 얼마나 소름 끼치게 참혹하고 추악한 죽음을 목도하고 처리해야 했던가? 형체를 알아볼 수 없이 산산이 망가진 상체의 살점과 뇌수와 응고된 선혈을 주워모으며 우리 식구는 모질게도 악 한마디 안 썼다. 그런 죽음, 반동으로서의 죽음은 당시의 상황으론 극히 떳떳치 못한 욕된 죽음이었으니 곡을 하고 아우성을 칠 게재가 못됐다. 믿을 만한 인부를 사 쉬쉬 감쪽같이 뒤처리를 했다. 우리는 마치 새끼를 낳고는 탯덩이를 집어삼키고 구정물까지 싹싹 핥아먹는 짐승처럼 앙큼하고 태연하게 한 죽음을 꼴깍 삼킨 것이다.[4]

반동, 욕된 죽음으로 간주된 두 죽음에 대한 공적인 애도는 금지되었다. 두 모녀는 곡성조차 내보지 못한 채 두 죽음을 꼴깍 삼켰다. 모녀는 애도할 수 없는 두 죽음을 삼켜버림으로써, 그녀들과 두 죽음은 하나가 되었다. 욕된 죽음은 그녀들의 몸 안에 자리 잡은 채 그녀들의 삶에 항상 영향을 끼친다. 죽음을 삼킨 몸, 이는 자크 데리다의 표현을 빌자면 상실된 대상, 타자를 자아의 내부에 위치한 일종의 지하 납골당에 안치하는 것이며, 그러한 애도 작용의 소설적 대응물이라 할 것이다. 죽음을 삼켜버린 그녀의 몸은 애도의 욕망에, 죽음의 망령에 사로잡힌 몸이기도 하다. 죽음을 삼켜버림으로써 그녀의 삶은 망령에 사로잡힌 삶이 되었다. 내 몸 안의 납골당 속에 안치된 죽음들은 그녀의 삶을 항상 불안하게 만들고[5] 삶에 대한 불안감에 그녀는 "처자식만 아는" 남자를 만나 "애를 낳고 또 낳았다." 삼켜버린 죽음은 삶의 불안감으로 그녀의 몸을 부들부들 떨게 만들고, 그녀의 삶은 집요할 정도로 생존과 자기 보존에만 몰두하는 방향으로 이끌려간다. 그러나 삼켜버린

---

4. 박완서, 「부처님 근처」, 『어떤 나들이 : 박완서 단편 소설 전집 1권』, 문학동네, 1999, 87쪽.

5. "그러나 나는 무서웠다. 앞서가는 사람이 행여 돌아다볼까봐. 돌아다보는 그 얼굴이 꼭 피투성이의 무너져 내린 살덩어리일 것 같아 나는 무서웠다."(같은 책, 89쪽).

죽음은 그녀를 놓아주지 않는다. 그녀는 죽음을 토해냄으로써 금지된 애도를, 뒤늦게 수행하고자 하는 욕망에 사로잡힌다.

> 그런데 문제는 바로 그 망령이 처박혀 있는 곳이었다. 나는 그들이 있는 곳을 명치 근처에서 체중을 의식하듯 내 내부의 한가운데서 늘 의식해야만 했다. 그 느낌은 아주 고약했다. 어머니와 함께 죽음을 꼴깍 삼켰을 당시의 그 뭉클하기도 하고, 뭔가가 철썩 무너져내리는 것 같기도 하고, 속이 뒤틀리게 메슥거리기도 하던 그 고약한 느낌은 아무리 날이 지나도 희미해지지 않았다.
> 자업자득이었다. 나는 그것을 삼켰으니까. 나는 망령들을 내 내부에 가뒀으니까. 나의 망령들은 내 내부의 한 가운데에 가로놓여 있을 수밖에 없었다. 차차 나는 더 묘한 것을 깨닫게 되었다. 내가 망령을 가둔 것이 아니라 실상 내가 망령에게 갇힌 꼴이라는 것을.[6]

소설은 두 모녀가 삼켜버린 죽음을 토해내기 위해 수행하는 다양한 의례들, 절차들, 형식들에 대해 전한다. 공적인 애도가 금지된 죽음, 그 불가능한 애도의 작업 대신 온갖 애도 산업과 치유 종교들이 자리를 차지하는 풍경을

---

6. 같은 책, 90쪽.

작품은 흥미롭게 묘사한다. 영매를 자임하며 죽은 자의 목소리를 '신성한 매물'로 내놓은 온갖 애도 상점들을 섭렵하는 어머니의 발걸음, 딸은 그런 어머니의 의례들에 진절머리를 치면서도, 실상 자신도 죽음을 토해내기 위해 온갖 방법을 강구한다. 딸이 선택한 가장 효율적인 방법은 소설 쓰기였다. 그러나 딸은 결국 자신의 애도 작업은 실패임을 자인한다. 그녀는 자신의 소설 쓰기가 "소설적인 진실"에 이르지 못했다고 고백한다. 왜일까? 죽음에 사로잡힌 삶, 공적인 애도를 통해 그 죽음을 토해내고자 하는 욕망이 절절하게 기록된 자신의 작품에 대해 왜 그녀는 "실패"라고 자인하는 것일까? 그녀는 자신의 애도 욕망의 간절함, 두 죽음에 대한 슬픔과 상실감의 간절함은 "거의 피부적인 촉감으로 나에게 밀착돼 있"7기 때문이라고 말한다.

　욕된 죽음, 애도가 금지된 죽음에 대한 애도의 작업이 실패한 요인은 그 죽음을 그녀가 자기 안의 납골당에 안치했기 때문이 아니다. 오히려 그 죽음은 그녀에게 피부적인 촉감으로 밀착되어 있었다는 점에서 그녀의 애도 작업은 실패했다는 것이 그녀 자신의 분석이다. 즉 나의 가족, 나의 육친의 죽음에 대한 절절함, 그 슬픔과 상실감은 거짓도 아니고 명백한 사실을 증언하긴 하지만, 온전히 나의

---

7. 같은 책, 93쪽.

피붙이(피부적인 촉감으로 밀착된)에 대한 상실감을 토로하는 것에 머문다. 즉 내가 너의 죽음에 대해 피붙이를 상실한 슬픔을 느낀다는 것은 다른 말로 하자면 철저한 육친적 근친성의 형식으로서만 너의 죽음에 감응한다는 것이다. 이런 감응의 형식, 즉 죽음을 육친적 근친성의 형식으로만 감응할 때 너는 너가 되지 못한다. 즉 타자의 타자성은 설 자리를 잃는다. 애도 작업의 실패는 내가 너의 죽음을 피붙이의 형식으로만 슬퍼하고 있다는 점에서 비롯된다. 즉 너의 죽음을 감응하는 방식, 바로 거기에 애도의 실패 요인이 자리 잡고 있다. 자크 데리다가 지적하고 있듯이 자아 안에 납골당을 만드는 합체로서의 애도가 실패한 애도이냐 성공한 애도이냐를 구별하는 것은 중요한 일이 아니다. 오히려 중요한 것은 타자의 타자성을 어떻게 존중할 것인가, 즉 타자와 어떻게 정의로운 관계를 맺을 것인가의 문제이다.

〈워낭소리〉, 『엄마를 부탁해』, 〈해운대〉에 이르기까지 최근 베스트셀러 대열에 선 작품들이 소멸되어 가는 어미와 아비의 쇠락한 신체를 슬픔의 대상으로 재현하고 있다는 것을 다시금 환기할 필요가 있을 것이다. 예를 들어 『엄마를 부탁해』는 육친성의 상실이라는 설정 하에 익숙한 이름들, 누군가의 가족인 그들을 상실한 슬픔을 상연한다. 그리고 이러한 슬픔의 서사는 사람들을 매혹시키고, 두려움과 슬픔의 감정을 불러일으킴으로써 강력한 동일시를 생산한다. 이러한 서사들은 나를 집으로 데리고 가서 그곳에 편하게 머무르라고 유혹한다. 그리고 익숙한 공동체에 다시 귀환할 것을 '부탁한다.' 물론 육친을 상실한 슬픔을 상연하는 것이 거짓된 위안만을 제공한다는 의미는 아니다. 상실감을 극복하기 위해 사람들에게 여러 종류의 심리학이나 치유술이 필요하듯이 이러한 서사들이 독자들에게 치유를 제공하는 것도 사실이다. 그러나 박완서가 「부처님 근처」에서 죽음에 대해 육친적 근친성의 형식으로만 감응하는 한 그 슬픔은 애도의 윤리, 다른 말로 하자면 "문학적 진실"에 이르지 못한다고 한 고백에 비춰보자면, 최근의 베스트셀러 작품들이 과연 이러한 의미의 "문학적 진실" 혹은 애도의 윤리를 가능하게 하는 것인지 의심스럽다.

그런데 이러한 슬픔의 육친적 형식이 소설의 본래 영역이라는 고평이 줄을 이어 제기되는 것을 보면, 오늘날 문학적 진실의 자리는 다른 곳에 있는 듯하다.[8] 30년도 넘

---

8. 유희석은 신경숙의 『엄마를 부탁해』를 들어 "피붙이 또는 살붙이들을 중심으로 동심원을 그리며 퍼져나가는 운명적 만남과 그런 만남으로 형성된 공동체의 진실이 소설이 다루는 본래 영역 가운데 하나라면 신경숙이야말로 그 공동체의 영역을 정성스레 지키고 가꾸는 우리 시대의 드문 작

은 먼 옛날 한 작가는 너의 죽음을 육친적인 근친성 속에서만 슬퍼하는 한 애도의 윤리, 타자의 타자성의 자리는 불가능하다고, 그리고 그 불가능을 가능하게 할 때에만 "문학적 진실"의 자리 역시 마련된다고 말했다. 그런데 오늘날 문학적 진실은 슬픔의 피붙이적인 형식이 소설의 본래적 형식이라는 그런 감각을 통해 만들어지고 있는 모양이다.

박완서가 "문학적 진실"이라고 표현한 것은 단지 문학적인 층위에 국한된 것이 아니라, 죽음에 대해 우리가 감응하는 방식에 대한 자기비판이자 문제제기였다. 그러나 오늘날 한국 사회에서 죽음에 감응하는 방식은 너무나도 배타적으로 피붙이의 슬픔에 고착되어 있는 듯싶다. 열전과 냉전은 도처에서 "욕된 죽음들"을 낳았고, 그 죽음을 애도하는 일조차 금지하였다. 금지된 죽음을 삼키고, 몸 안에서 울부짖는 죽음을 실감하며 사는 일은 생존에 대한 민감한 촉수만을 자극하고, 분단 체제의 주민들의 삶에 대한 감각은 생존과 번식에만 배타적으로 골몰하는 방향으로 주조되었다. 파괴되어 산산이 부서진 몸들을, 갈가리 찢어진 내 피붙이의 상실로 감각하는 죽음에 대한 감응의 실감

<hr />

가"라고 평가한다. 유희석, 「『엄마를 부탁해』론」, 『창작과비평』, 2009년 여름호, 265쪽.

은 이러한 냉전과 열전의 폭력적인 구조가 주조해낸 것이다. 하지만 바로 그렇기 때문에 죽음에 대해 피붙이의 상실이라는 슬픔의 형식으로만 감응할 수 있다는 것은 우리가 여전히 열전과 냉전의 도가니 속에 있음을 반증하는 것이기도 하다. 그러니, 엄마의 실종에 목이 메어 슬픔의 공동체의 일원으로 참석하는 일이 '인간 본연'의 일이라고 말하는 것이야말로, 근원적인 차원에서 폭력적이다. 이러한 죽음에 대한 감각이야말로 바로 전쟁 상태라는 경고의 사이렌을 울리면서, 생존만이 지상 과제라고 끝없이 사람들을 삶의 불확실함에 대한 불안에 몸서리치게 만들고, 이를 통해 열전과 냉전 체제의 폭력 시스템이 반복적으로, 수십 년간 지속되고, 재생산되게 하는 근원적인 요인이라 할 것이다.

그런 의미에서 우리가 부당한 죽음에 대한 애도의 윤리의 자리가 어떻게 구성 가능한 것인가를 묻고자 한다면 죽음에 대한 감응의 피붙이적인 형식을 인간 본연의 자연스러운 것으로 간주하는 죽음과 삶에 대한 해석의 규범을 문제시하고, 그런 해석의 규범을 정당화하는 해석 공동체의 암묵적 규약들을 심문에 회부해야만 할 것이다. 이때서야 비로소 애도에 있어서 타자성의 자리는 만들어질 수 있을 것이기 때문이다. 또한 죽음에 대한 피붙이적 형식의 애도가 열전과 냉전의 도가니에서 주조된 것이며, 이 냉전과 열전의 감각이 다양한 해석 공동체를 통해 승인되고 재생산되고 있다는 점에서, 애도의 윤리를 마련하기 위한 성찰은 폭력 비판의 관성적 구조를 넘어서는 일과도 밀접하게 결부되어 있다. 지젝의 표현을 빌자면 애도의 윤리란 공권력과 국가 폭력에 의해 저질러지는 주관적 폭력에 대한 비판만이 아니라 죽음에 대한 감각을 주조하는 객관적 폭력 — 상징적 폭력과 체계적 폭력을 내포하는 — 에 대한 사유의 시간을 통해서 빚어질 수 있는 것이다.9

애도, 우정, 공동체

슬픔을 감응하는 피붙이적인 형식의 폭력성을 고민하면서 애도를 윤리의 자리에서 구축하고자 하는 시도는 애도의 실패, 너의 죽음에 다가가지 못하는 불가능성에 대한 질문에서 시작되어야 할 것이다. 그런 점에서 "슬픔의 연

---

9. 슬라보예 지젝은 주관적 폭력을 "명백하게 식별 가능한 행위자에 의해 수행되는 것", 즉 우리가 통상적으로 정상 상태의 동요로 감지하는 폭력, 공권력의 남용, 학살, 살인 등을 지시하는 개념으로 사용한다. 반면 객관적인 폭력은 오히려 우리가 정상 상태라고 감지하는 상태에 내재된 것이다. 의미 부여와 같은 상징적 폭력과 체제 작동의 원리와 같은 체계적 폭력이 객관적 폭력이라는 범주에 내포된다. 이에 대해서는 Slavoj Žižek, *Violence*, Picador: New York, 2008, p. 4 참조.

대만으로는 아직 정치학이 아닌 것처럼 애도 역시 아직 적절한 정치학에 이른 것이 아니다."[10] 슬픔의 피붙이적인 형식은, 애도의 공동체를 근친적인 형제들의 세계로 구성한다. 슬픔이 익숙한 공동체를 정상화하는 과정은 이러한 기제를 따라 진행된다. 형제들의 공동체가 이른바 시민이라는, 사회 구성원의 다른 이름이라 할 때, 이 형제들의 공동체에서 피붙이적인 관계로 감지되지 못하는 이들이 폭도와 '반동'이라는 욕된 죽음의 이름으로 추방되는 일은 반복될 뿐이다. 사정이 이러할 때 우리가 애도를 통해 타자성의 자리를 마련하기 위해서는 형제들의 공동체가 아닌 다른 방식으로 너와 함께 하는 길을 찾아내야 할 것이다. 김영민은 상처와 슬픔의 연대, 정서적 애도를 넘어 체계와 창의적으로 불화하려는 산책, 혹은 정치적 주체화를 아무것도 공유하지 않는 '동무'들의 발걸음 속에서 구한 바 있다. 또 다른 이들은 '동무'의 길과 겹치고 어긋나는 어떤 길을 "불편한 공동체", "불편한 우정"이라는 이름으로 제안하기도 했다.[11]

공동체에서 추방당한 부당한 죽음에 대한 슬픔의 표

---

10. 김영민, 「슬픔의 정치학과 동무론」, 『오늘의 문예비평』, 2009년 가을호, 146쪽.
11. '6·9 작가선언', 이와 관련된 논의로는 진은영의 「조각의 문학」, 심보선의 「불편한 공동체 : 어떤 공동체의 발견」, 『문학과사회』 2009년 가을호.

명은 실상 나와 공동체의 자리, 그 관계를 되묻는 일이기도 하다. 이런 자기 심문의 구조가 없이는 애도는 오히려 추방당한 죽음에 대한 '우정을 표명하는 일'을 통해 형제애를 다시 무대에 올리는 기능을 수행하기도 한다. 나는 애도와 우정, 형제애의 해체와 재구축과 관련된 어떤 어려움들을 함께 논의하면서 글을 마치고자 한다. 애도와 우정사이의 갈등적인 딜레마가 연출되는 것은 단지 문학 공동체에 국한된 일은 아니다. 그래서 나는 마지막으로 우리는 어떻게 애도를 통해, 혹은 '우정'을 통해 형제들의 세계로 환수되지 않는 그런 길을 마련할 수 있을까에 대한 몇 가지 질문을 "불편한 우정"을 사례로 생각해보려 한다. 심보선과 진은영의 글은 이에 대한 많은 질문을 제기해주기도 한다. 다음과 같은 진술은 형제들의 세계로 회수되지 않는 우정의 세계를 만드는 아슬아슬한 줄타기가 실은 애도와 생존이라는 문제에 내포된 본질적인 어려움이라는 것을 보여준다.

이 불편한 우정은 실제성에 대한 싸움을, 그것과의 완전한 거부나 단절을 통해서가 아니라, 그 안에 거주하면서, 단순하고도 끈질긴 형태의 문학적 요청이 담긴 마주 봄을 그 위에 기입하면서 수행해간다. (중략) 이 불편한 우정의 공동체는 친구와 선후배로 엮이고 스승과 제자로 연결된 인격적 공동체. 언론과의 결탁과 명성의 높고 낮음 등의 이해관계로 구성된 이익집단, 그리고 이데올로기적 대의 아래 묶인 조직적 연대를 가로지르는 동시에 이 모든 이율배반을 끌어안으며 앞으로 나아간다.

'6·9 작가선언'이 우리에게 선사해주는 선물은 바로 이 불편함이 가져다주는 경험에 있다. 인맥과 학연과 명성의 실제성들을 무화시키는 한국 사회의 비참과 폐허 앞에서 우리 모두는 '아무 것도 아닌 자'로서 동등하게 서로를 마주본다. (중략)

우리는 질문을 던진다. 단 한 권의 책도 발행하지 않으면서 단 한편의 작품도 발표하지 않으면서 우리는 문학을 할 수 있는가? 이 벌거벗은 삶은 그 자체로서 문학적이 될 수 있는가? 여전히 생활과 직업에, 생계와 성공에 연연하는 우리는 이 질문들에 단호하고 분명하게 답할 수 없다. 하지만 예전보다 더욱 뚜렷하고 불편하게 우리 눈앞에 제시된 이 질문들을 우리는 외면할 수 없으며 외면하지도 않을 것이다.[12]

불편한 우정이란 표현은 니체를 빌어 진은영이 지칭한 것인데, 그 우정은 "우리에게 위로가 아니라 불편함을 주고 곤경에 빠뜨려 우리 자신의 벌거벗은 모습을 보여"준다.[13] 장-뤽 낭시Jean-Luc Nancy와 모리스 블랑쇼Maurice Blanchot를

---

12. 심보선, 「불편한 공동체 : 어떤 공동체의 발견」, 490~491쪽.
13. 진은영, 「조각의 문학」, 392쪽.

빌어 진은영과 심보선은 부당한 죽음에 대한 감응을 자기 완결적인 자아라는 사유와의 단절이자, 타자와의 조우로 정당하게 자리매김한다. 부당한 죽음에 대한 감응과 공적인 애도는 타자와의 조우의 불가능성이라는 진실을 환기한다.[14] "타자와의 예상치 못한 만남", 혹은 "일종의 타격이라고 불릴만한 마주침 속에서 인간 존재는 자신에게 이의를 제기하고 때로 자신을 부인하기도 한다." 그리고 이 불가능성의 가능성이 바로 "문학의 고유한 권리"가 된다.

그런데 이 불가능성을 가능하게 하는 그곳, 거기에는 문학의 이름으로 서명된 날인이 찍혀있다. 과연 이 불가능성을 가능하게 하는 그 곳, 문학의 장소는 어디를 지시하는 것일까? 이 문학이라고 서명된 '공동체'는 실제의 문학 공동체가 아닌 어떤 무엇인가? 그 실제의 문학 공동체란 심보선의 글에서도 표명된 바와 같이 "친구와 선후배로 엮이고 스승과 제자로 연결된 인격적 공동체. 언론과의 결탁과 명성의 높고 낮음 등의 이해관계로 구성된 이익집단, 그리고 이데올로기적 대의 아래 묶인 조직적 연대"에 다름 아니다. 그렇다면 공동체에서 추방된 죽음에 대해 '문학'의 이름으로 서명된 이 우정의 표명은 어떻게 이 형제애적 세

---

14. "우리가 타자에게 가닿을 수 없다는, 그 불가능성(어떤 의미에서는 금지의 절대성)은 진실이다."(같은 글, 396쪽).

계인 실제의 문학 공동체로 환수되지 않을 수 있을까?

진은영과 심보선의 글 곳곳에서 이에 대한 고민의 결을 확인할 수 있다. 그러나 공동체에서 추방된 죽음에 대한 애도로 구성되는 불편한 공동체는 '너'에게 가까스로 다가가기 위한 불가능한 시도를 수행하면서, '문학'이라는 실제의 형제애적인 공동체의 이름을 심문에 회부하지는 않는 것처럼 보인다. 오히려 불편한 우정은 이미 사라져 버린 문학의 아우라를 다시 지핀다. 이 다시 지펴진 문학의 아우라는 실제의 문학 공동체의 권력 관계와 형제애적인 결합을 '무화'시킨다. 공동체에서 추방된 죽음에 대한 우정의 표명이 실제의 정치적 결사들(정당과 단체로 대표되는)의 소진된 아우라를 다시 회생시키려는 우정의 무대가 되어버리는 것은 익숙한 장면이기도 하다. 물론 이 "불편한 우정"을 동지애를 과시하는 패거리들의 연대로 단순화해서는 안 될 것이다. 조영일이 비판했듯이 이러한 모순적 관계는 현재 한국 작가들의 이중적 태도와도 무관하지 않을 것이다. 조영일은 인터넷 비평 카페 〈비평고원〉에 올린 글에서 작가들의 시국 선언과 황석영에 대한 비판의 부재라는 두 현상을 두고 "현재 한국 작가들이 취하는 이중적 태도 ─ 국민을 학살하고 이 땅을 아우슈비츠로 만든 이명박 정부에 대한 '급진적 태도'와 그런 정부를 옹호한

선배 작가에 대한 '관대한 태도' ─ 는 도대체 어디서 오는 것일까?"라고 비판하였다.[15]

불편한 공동체와 형제들의 공동체 사이의 이 아슬아슬한 관계는 무엇보다 이 우정이 문학이 처한 생존의 위태로움이라는 위기의식과 밀착되어 있기 때문이다. 공동체에서 추방된 죽음(벌거벗은 삶)에 대한 감응은 문학의 생존의 위태로움(벌거벗은 삶)과 정서적으로 일체화되어 있는 것이다. "벌거벗은 삶"이 지시하는 대상은 심보선의 글의 시작에서, 그리고 '6·9 작가선언'의 시초에서 용산 참사 희생자로 상징되는 국가 폭력의 부당한 희생자들이었다. 그런데 앞의 인용문에서도 나타나듯이 글의 마지막에 이르면 "벌거벗은 삶"의 지시 대상은 '실제성' 속에서 생존해야 하는 '작가'로 변화된다("우리는 질문을 던진다. 단 한권의 책도 발행하지 않으면서 단 한편의 작품도 발표하지 않으면서 우리는 문학을 할 수 있는가? 이 벌거벗은 삶은 그 자체로서 문학적이 될 수 있는가?"). 한편 "벌거벗은 삶"은 불편한 공동체 속에서의 너와 나의 관계를 지칭하기도 한다("인맥과 학연과 명성의 실제성들을 무화시키는 한국 사회의 비참과 폐허 앞에서 우리 모두는 '아무 것도 아닌 자'로서 동등하게 서로를 마주본다.").

---

15. 소조(조영일), 「한국문학의 선언」.

즉 벌거벗은 삶(국가 폭력의 부당한 희생자와 그 죽음)에 대한 감응을 통해 '우리'는 서로를 곤경에 빠뜨리는 불편한 우정의 공동체를 만들게 되고, 그 우정을 통해 공동체의 구성원들은 "벌거벗은 존재"가 된다. 희생자와 그 죽음에 대한 감응의 주체는 그렇게 해서 모두, "벌거벗은 존재"가 된다. 그리고 이런 동일화(벌거벗음)를 통해 '우리'는 실제적 관계의 모든 위계와 실제적 생존과 관련된 작업들project의 군더더기와는 다른 "벌거벗은 삶"으로서의 작가, 혹은 문학이라는 공동체의 생존을 승인한다. 심보선의 표현을 빌자면 "문학과 공동체의 삶은 그렇게 조금씩 하나가 되어 갈 것이다." 물론 심보선이나 진은영이 논하는 문학적 요청이란 것이 "습관이나 문법, 혹은 관행적인 행위는 아닐 것"[16]이라는 점은 명백하다. 또한 이들의 문학적 요청이 "열린 채로 종결을 지향하는, 억압의 세련된 형태"[17]인 '책'과 같은 제도적 생존을 무비판적으로 승인하고 있는 것 또한 아니다. '6·9 작가선언'에 참여한 "불편한 공동체"의 친구들은 이 딜레마를 피해가는 하나의 시도로서, 보수 언론이 제정한 문학상의 예심 대상이 되는 것을 거부하였다. 공동체에서 추방된 죽음에 대한 애도를 통해 구성

---

16. 진은영, 「조각의 문학」, 393쪽.
17. 같은 글, 393쪽.

된 "불편한 우정"이 실제의 형제애적인 공동체로 환수될 것인가 아닌가 라는 문제는 이렇게 해서 이제야 막 심문에 회부되었다.

그러나 이 불편한 우정이 형제들의 공동체(실제의 문학 공동체)에 만연한 문학의 위기라는, 생존에 대한 불안감과 이에서 비롯되는 자기 연민에 쌓인 슬픔과는 다른 그런 슬픔의 표명이 될 수 있을지는 여전히 불투명하다. 공동체에서 추방된 죽음에 대한 우정이 정치의 위기, 혹은 종말이라는 이름하에 정치적 결사체들의 자기연민을 노골적으로 전시하는 것과는 다른, 그런 정치적 주체화의 길이 여전히 불투명한 것처럼 말이다. 또 이 우정의 이름으로 서명된 문학이라는 이름이, 문학이라는 서명을 통해 슬픔을 신성한 매물賣物로 내놓고 있는 실제의 문학적 공동체의 프로젝트들과 과연 어떻게 다른 길을 걸어갈 것인지도 아직은 모호하다. 죽음을 묻는 정치라는 서명이 실제의 정치적 결사체들의 이름을 다시 무대 전면에 올리는 프로젝트에 나란히 기입되어 있는 것처럼 말이다.

3장

슬픔과 주체성 정치

맨몸의 숭고와 '비판적 삶'의 종말

슬픔과 주체성 정치
맨몸의 숭고와 '비판적 삶'의 종말

위기와 가족 서사, 익숙함의 반복일까?

가족 서사의 귀환을 둘러싸고 논의가 뜨겁다. 위기의 시대에 가족 서사가 귀환하는 일이 이제는 익숙한 일이라 사실 논의의 패턴 역시 익숙하다고 하겠다. 가족 서사의 귀환이 보수주의로의 회귀와 이에 기반을 둔 상업주의의 소산이냐 아니냐 하는 논란이 이런 익숙한 논의의 중심에 있다. 사실 가족 서사와 위기의 관계를 논함에 있어서 논의의 대상이 되어야 할 것이 단지 어떤 서사의 특성에 대한 판단만은 아니다. 문학과 관련해서는 위기를 주로 문학의 위기라는 것으로 환원해 온 오래된 습성 때문인지, 가족 서사에 대한 논란도 결국 이 지점을 벗어나지 못하고 있다.

위기라는 시대 인식(혹은 집단 무의식)과 가족 서사의 귀환이 반복되는 것은 가족을 주체성을 상상하는 기본 단위로 인식해 온 근대적 인식 규범과 관련이 깊다. 가족에 대한 근대적 이념은 가족을 재생산의 기초 단위로 상상해왔다. 우리가 흔히 '위기'라고 부르는 국면은 주로 재생산의 위기(이때 재생산은 생물학적, 사회적, 문화적, 경제적, 정치적 함의를 각각 상이하게 내포한다)라는 문제와 관련된다. 그런 점에서 가족 서사와 위기의 관계를 논함에 있어서 중요한 논점은 가족 서사가 어떤 식으로든 체현하고 있는 그 시대의 재생산에 대한 감각과 그 변화의 문제이다.

또한 근대적 가족 이념은 인간적 결속tie의 기본 단위로 가족을 상상하게 만든다. 가족이 나의 원천origin이자 "나의 가장 나종 지니인 것"(박완서)으로 간주되는 것도 이러한 가족 이념에서 비롯된다. 따라서 가족에 대한 서사와 상상력은 이러한 인간적 결속에 대한 이념(및 재규정)과 연결된다. 그러므로 가족에 대한 서사는 결속의 단위가 되는 인간적인 것이 과연 무엇인가라는 질문과도 연결된다. 그런 점에서 한 시대의 가족 서사는 그 사회 구성원들에게 내재된 기원에 대한 인식과, 인간적 결속, 혹은 결속의 기준으로서 '인간적인 것'에 대한 이념을 살펴볼 수 있는 중요한 바로미터이기도 하다. 또한 가족 서사는 인간적 결속에 대한 이념과 결부되기에 가족에 대한 이념형, 상상, 재현 방식은 결속의 확장된 형태들에 대한 이념과 상상, 재현 방식으로도 줄곧 확장된다. 즉 가족이 민족을 상상하는 기본 단위가 된다거나, 사회, 공동체에 대한 상상과도 연계되는 것은 이 때문이다.

앞서 가족 서사가 특정 시대의 어떤 감각들, 이념들을 살펴보는 바로미터라고 했지만, 이러한 고찰이 사실 한 시대의 감각이나 이념을 총괄적으로 '진단'하는 것을 의미하는 것은 아니다. 베스트셀러 현상이나 촛불 집회와 같이 한 사회의 많은 구성원들이 개입되어서 만들어내는 현상들에 대한 분석은 항상 논의의 어려움을 내포한다. 이 현상들에 개입된 각 참여자들은 결코 같은 동기, 목적, 이유, 태도를 갖고 있지 않다. 따라서 사회구성원들이 집단적으로 개입된 현상들을 분석하는 일이 개별 존재들의 행위 양태에 대한 분석과 동일시되기는 어렵다. 그러나 각기 다른 요인들에서 비롯되었지만, 행위자들이 집단으로 어떤 현상을 구성할 때 그 구성된 행위들을 통해서 개별 행위자들이 전혀 이질적인 작용 요인에도 불구하고 왜 동일한 행동(책의 구매, 영화의 관람, 집회에의 참가와 같은)에 이르게 되는지를 고민해 볼 수는 있을 것이다. 이 글이 베스트셀러를 중심으로 논의를 전개하려는 이유 또한 여기에 있다.

최근의 가족 서사들에서는 가족과 노동을 생명과 돌봄의 기제로 규정하는 방식과 가족과 노동을 폭력의 원천이자 재생산 기제로 규정하는 방식이 대립적으로 존재하는 것으로 보인다. 후자에 더 가까운 것은 김숨의 일련의 작품이나 영화의 경우는 양익준 감독의 〈똥파리〉 같은 작품들이다. 봉준호 감독의 〈마더〉는 모성을 생명과 폭력의 경계에 배치하고 있다는 점에서 이러한 가족 서사의 대립적 분할의 지점을 징후적으로 보여준다. 그런 점에서 이 글은 이러한 가족, 노동, 생명, 폭력과 관련된 대립적이고 갈등적인 재현 양태를 고찰하기 위한 작업의 일환이지만 논의의 초점은 신경숙의 『엄마를 부탁해』에 두고자 한다. 이 글은 『엄마를 부탁해』를 둘러싼 논의를 바탕으로 위기의식과 상실감, 그리고 슬픔과 공동체성의 문제를 살펴볼 것이다. 위기와 가족 서사의 관계를 노동, 재생산, 공동체에 대한 감각이라는 차원과 결부시켜 고민하려는 것이 필자의 주된 목표이지만 일단 이 글에서는 『엄마를 부탁해』를 중심으로 이러한 고민의 단초를 제시해보고자 한다. 또한 『엄마를 부탁해』에 대한 선행 논의가 이미 축적된 상태인지라, 일단은 이러한 논의를 검토하면서 논의의 지평을 어떻게 확대할 것인가를 고민하는 데서 출발하고자 한다.

이러한 문제의식 하에서 이 글은 모성을 슬픔과 폭력이라는 의제와 연결해서 논할 것이다. 모성을 슬픔과 폭력이라는 의제와 연결하는 것이 너무 연결고리가 먼 개념들을 다루는 일처럼 보일지 모르겠다. 그러나 폭력violence이 "감당할 수 없게 되고, 또 억누를 수 없게 되는 인간의 격정과 속마음을 비유적으로 표현한 것"[1]이라는 정의와, 슬픔grief이 "자신이 통제할 수 없는 어떤 것을 겪으면서 자신이 자신과 하나가 아니라 자기 밖에beside oneself 있음을 알게 되는 순간"이자 그런 점에서 "박탈의 양태"[2]를 이해할

---

1. Raymond Williams, *Keywords*, Fontana Press, 1976, p. 330.(도미야마 이치로, 『폭력의 예감』, 손지연·김우자·송석원 옮김, 그린비, 2009, 45쪽에서 재인용.)

2. Judith Butler, "Violence, Mourning, Politics", *Precarious Life: The Power of Mourning and Violence*, Verso: London and New York, 2004, p. 28. (앞으로의 인용 쪽수는 영문판을 기준으로 표기한다. 국역본 역시 비교하여 참조했다. 국역본은 『불확실한 삶 : 애도와 폭력의 권력들』, 양효실 옮김, 경성대출판부, 2008). 주디스 버틀러는 슬픔이나 상실 그 자체가 아니라, 슬픔과 상실의 순간이 열어젖히는 이러한 "박탈의 양태"에 대한 이해를 통해서, 그리고 이러한 박탈의 양태가 바로 "내가 누구인가라는 질문의 근원에 놓인 문제"라는 것을 사유할 때 비로소 슬픔

수 있는 가능성이 열리는 순간이라는 정의를 염두에 둔다면 폭력과 슬픔을 서로 곁에 나란히 두고 사유할 수 있을 것이다. 이러한 논의를 전개하기 위해 일단은 먼저 문학과 관련되어 가족 서사의 귀환, 특히 신경숙에서부터 시작해 보자.

상실의 아우라

> 엄마를 잃어버리고 나니 모든 일에 답이 생기네.[3]

신경숙의 『엄마를 부탁해』는 엄마를 잃어버린 식구들이 엄마에 대한 사후적 진술과 기억을 통해 알지 못했던 엄마의 존재를 되새기는 이야기이다. 식구들이 진술하는 그간 알지 못했던 엄마의 진실 혹은 엄마의 존재에 대한 이야기는 너무나 익숙한 이야기들이다. 식구들은 엄마의 부재 후에야 엄마가 단지 엄마나 아내가 아닌 그녀(여성이

의 정치성이 개시된다고 논한다. 버틀러에 따르면 슬픔이 '내가 누구인가'라는 질문의 기저에 낯선 타자에 연루된, 박탈의 양태를 배치하기보다, 익숙함에 대한 애도에 차별적으로 할당될 때 그 슬픔은 폭력의 정당화로 이어진다.

3. 신경숙, 『엄마를 부탁해』, 창작과비평사, 2008, 130쪽. 이하 『엄마를 부탁해』에서 인용할 경우 쪽수만 밝힌다.

자, 자기만의 욕망을 지닌 존재)였다는 것을 알게 되거나, 엄마의 가족에 대한 헌신이 당연한 것이 아니었다는 점을 알게 되고, 엄마의 존재 자체가 가족뿐 아니라 모든 것을 살려내는 생명력을 지닌 것이었다는 점도 알게 된다. 그러나 이 모든 것은 한국 사회에 익히 알려진 '엄마에 관한 이야기' 혹은 '엄마에 대해 새롭게 쓰인 이야기들'의 반복일 뿐이다.[4]

그러나 『엄마를 부탁해』가 이러한 익숙한 이야기의 반복을 아무렇지 않게 할 수 있는 것은 엄마를 잃어버렸다는 이 소설의 전제, 즉 엄마의 부재 그 이후의 상황에 의해 정당화된다. 말하자면 『엄마를 부탁해』의 서사적 존립 기반은 바로 이 상황에서 비롯되며 모든 것은 이 상황으로 수

---

4. 류보선은 『엄마를 부탁해』의 엄마 이야기가 익숙한 이야기의 "차이 없는 반복"이 아니라는 점을 강조하면서, 엄마 속에서 '또 다른 여인'을 발견하게 되는 이러한 이야기 구조가 " '또 다른 요인'의 요소가 정형화된 '농경시대의 엄마' 상에 단지 보완되었고 외삽 되었을 뿐인데 그렇게 해서 탄생한 '엄마' 상은 천박한 경제제일주의와 그로 인해 발생한 사물의 주인공화와 인간의 사물화를 넘어설 수 있는 구체적 가능성의 의미를 획득하게 된다."고 평한다(류보선, 「'엄마'라는 유령들」, 『문학동네』, 2009년 봄호, 146쪽). 이에서 더 나아가 류보선은 "『엄마를 부탁해』가 문제적인 것은 모성을 서로가 서로를 죽이고 살게 만드는 교환 경제의 가속화를 막아 세우거나 교환 경제를 넘어선 또 다른 증여사회의 윤리적 계기로 충분히 설득력 있게 맥락화 시켰기 때문이다. 이 얼마나 놀라운 발견이자 발명인가." (149)라고 평한다. 모성을 생명의 원천으로 규정하고, 메마른 사회와 대비시키는 이런 논리야말로 전형적인 모성의 신화화이자 모성에 대한 이데올로기이다. 이에 대해서는 본문에서 다시 논하고자 한다.

렴된다. 그러니 진정 이 소설의 진실은 "엄마를 잃어버리고 나니 모든 일에 답이 생기네."라는 한마디에 압축되어 있다고 할 것이다. 엄마의 부재라는 상황적 절대성이 엄마에 관한 익숙한 이야기의 반복을 정당화하는 것이다. 『엄마를 부탁해』는 그런 점에서 실종 이후 남겨진 가족들이 엄마에게 보내는 헌사이며 그녀의 덕을 기리는 송시頌詩인데 이러한 헌사와 송시가 지니는 숭고함과 아우라가 정당화되는 것은 상실의 절대성과 회복에 대한 애절함에 의해서이다.

갑작스럽게 사라진 존재 뒤에 남겨진 자는 누구나 회한에 젖는다. 이 회한에는 자책의 감정이 뒤섞이지 않을 수 없다. 그런 의미에서 사라진 엄마에 대한 송시와 헌사에는 남아있는(엄마를 잃어버린 책임을 지닌) 가족들의 회한과 자책의 서사가 동반된다. 어떤 점에서 『엄마를 부탁해』가 놓인 징후적인 지점은 바로 이 상실과 부재라는 절대적 상황이 촉발시키는 남은 자들의 회한과 자책의 서사이다. 우리는 누구나 가족, 가까운 육친의 죽음 앞에서 슬퍼할 것이다. 그리고 애착의 대상이 상실될 때 촉발되는 슬픔은 우리가 미처 그 대상에 대해 잘 알지 못하고 있었다는 무지에 대한 자각으로 이어진다. 애도란 이러한 역학의 산물이기도 하다. 그런 점에서 『엄마를 부탁해』는 신경숙이 지속적으로 탐구했던 육친적 친밀성의 소중함과 그것의 소멸에 대한 안타까움을 담은 작품으로 볼 수도 있을 것이다. 그러나 문제적인 것은 『엄마를 부탁해』에서 이러한 육친적 친밀성이 우리가 잃어버린 공동체의 진실, 따라서 회복해야 할 공동체의 윤리로 규정되고 있다는 점이다. 엄마를 잃어버린 가족들의 회환과 자책은 상실의 슬픔을 절대화하는데 이러한 절대화는 주체성에 대한 새로운 배치와 결부된다. 특히 엄마를 잃어버린 자식들의 자책과 회한은 이들의 주체 위치에 대한 부정과 유죄 판결과 밀접한 관련을 맺는다.[5] 이러한 방식은 엄마의 세계를 잃어버린, 회복할 공동체로, 남은 자식(혹은 가족)의 세계를 기원을 잃어버린 존재들의 세계로 대립적으로 규정하는 방식에서 전형적으로 드러난다.[6]

---

5. 강유정은 『엄마를 부탁해』가 "엄마의 부재에 대한 남겨진 자의 애도의 형식을 띠고 있다."고 분석한 후 이러한 애도가 "신화적 모성"으로의 회귀와 결부되고 모성을 "숭고한 치유의 공간으로" 만든다고 비판하고 있다. 이러한 비판에 충분히 공감을 하면서도 "『엄마를 부탁해』에 그려진 가족에는 생산, 재생산, 계급의 문제는 빠져 있다."(강유정, 「돌아온 탕아, 수상한 귀환」, 『세계의 문학』, 2009년 봄호, 235쪽)라는 식으로 문제를 제기하는 것에는 선뜻 공감하기가 어렵다. 오히려 치유, 모성, 신화화 등을 통해서 『엄마를 부탁해』는 생산, 재생산, 계급의 문제를 다른 방식으로 전도하고 있다고 보는 것이 더 적절하지 않을까 생각한다.

6. 이러한 대립을 류보선은 『엄마를 부탁해』가 체현한 탈근대적 윤리라고 평가한다. 즉 "아들/딸들은 이제 소위 '출세한 촌놈'들이 되고, '엄마'는 아들/딸이 '촌놈'에서 벗어날 수 있도록 그야말로 초인간적인 헌신성을 보

맨 몸의 서사와 위기

배운 사람은 다 그러냐![7]

엄마가 길을 잃고 집으로 돌아오지 못하게 된 이유는 그녀가 이미 오래전부터 아팠다는 것, 그리고 가족들이 그것을 알면서도 관심을 기울이지 않았다는 것 때문이기도 하다. 그러나 무엇보다 엄마가 글을 모른다는 것이 가장 결정적이다. 엄마가 글을 모른다는 것을 식구들은 알면서도 짐짓 모른 체하거나, 아니면 아예 알아차리지도 못했던 것이다. 엄마는 평생 글을 모르는 까막눈으로, 글의 세계로 나아간 가족들과는 결국 다른 세계를 살고 있었던 것이다("불 꺼진 것만치로 캄캄하게, 평생을 캄캄하게.", 72쪽).

소설에서 엄마와 가족들의 세계는 이처럼 문자 이전의 세계와 문자의 세계로 나뉘는데 이러한 분할은 여러 지점에서 동일하게 반복된다. 문자의 세계로 나아간다는 것은 소설에서 출가, 출분, 탈향과도 상동구조를 지닌다. 즉 엄

여준다." (「'엄마'라는 유령들」, 145쪽). 이러한 식의 대립 구도가 탈근대적이라면, 이는 박정희에 대한 향수를 자극하면서 386세대를 기원을 망각한 '후레자식'으로 취급하는 오늘날 보수주의야말로 탈근대적이라 할 것이다.

7. 신경숙, 『엄마를 부탁해』, 63쪽.

마의 세계는 문자 이전의 세계이고, '시골'(고향 혹은 본가本家의 세계이다)이며, 그런 점에서 엄마가 평생을 지속했던 맨몸의 '일'은 이러한 세계의 전형적 상징이다. 또 이와 대비되는 문자의 세계는 도시나 도회, 고향 바깥의 세계이거나, 도회에 지은 집의 세계이다. (「또 다른 여인」에서 본가의 집과 다른 도시의 '똑같은 공간'이 엄마를 가족들의 집으로 되돌아갈 수 없게 했다는 진술이 명시적으로 이루어지기도 한다.) 출가 혹은 탈향한 세계 속에서 자식들의 '일'은 엄마의 '일'과 달리 이기적인 자기 욕망에 충실한 행위로 그려진다. 큰 딸의 소설 쓰는 일, 큰 아들의 회사일은 생명을 거두고 기르고 보살피는 엄마의 일과는 대비되는 일이다. 아이 셋을 기르는 둘째딸의 일이 그나마 엄마의 일과 유사성을 지니지만(엄마가 마지막 목소리를 둘째딸에게 남기는 것은 그런 점에서 우연이 아니다) 그것 역시 '헌신'과 보살핌의 세계와는 다르다.

엄마의 세계를 헌신과 보살핌으로 서사화하는 것은 익숙한 모성 이데올로기의 재연이다. 『엄마를 부탁해』에 체현된 이러한 익숙한 모성 이데올로기를 은폐하는 것은 앞서 말한 엄마의 부재라는 절대적 상황성과 함께 헌신과 보살핌을 모성의 가치가 아닌 '노동의 신성함'의 자리로 뒤바꾸는 방식을 통해서이다. 『엄마를 부탁해』의 징후적인 지점은 바로 이러한 헌신과 보살핌을 노동의 신성함으로 자리바꿈하고, 엄마를 잃은 가족들의 자책을 이러한 신성한 가치에 대한 향수로 탈바꿈하는 자리이다. 또 이러한 향수와 신성한 가치의 옹호는 무엇보다 공감의 요구, 즉 '문자 이전의 세계'에 대한 절대적 동일시에 대한 요청을 통해서 이뤄진다. 이는 일차적으로 엄마의 가족에 대한 헌신과 보살핌을 맨몸으로 일궈낸 생명의 세계로 표상하는 방식에 기반을 두고 있다. 엄마가 맨몸으로 땅을 일구고 생명을 길러내는 일, 그것이야말로 도시로 출향한 자식들이 상실한 진정한 엄마의 세계이다. 그리고 바로 이것이 엄마, 그녀가 체현한 가치인 신성한 노동의 세계이다. 즉 신성한 가치의 세계로서 노동이란 맨몸으로 자연과 일체화된 세계인 것이다. 거기에는 어떤 투쟁도 갈등도 자리 잡지 않는다.

엄마는 재봉질을 했고, 뜨개질을 했으며 쉴 새 없이 밭을 가꾸었다. 비어 있는 적이 없던 엄마의 밭. 봄이면 밭고랑엔 감자 씨를 모종하고 상추와 쑥갓과 아욱과 부추 씨를 뿌리고, 고추를 심고, 옥수수 씨를 묻어 두었다. 담장 밑엔 호박 구덩이를 파고 논두렁엔 콩을 심었다. 엄마 곁엔 언제나 깨가 자라고 뽕잎이 자라고 오이가 자랐다. 엄마는 부엌에 있거나 논에 있거나 밭에 있었다. 감자를 캐고 고구마를 캐고 호박을 따고 배추와 무를 뽑았다. 무엇이든 씨앗을 뿌리지 않으면 거둘 게 없다는 것을 보여주는 듯하던 엄마의 노동.[8]

아내의 손은 무엇이든 다 살려내는 기술을 가졌다. (중략) 텃밭에 씨를 뿌리면 다 솎아먹기도 벅차게 푸른 새싹들이 아우성을 치고 올라오고 감자를 거두고 나면 당근을, 당근을 거두고 나면 고구마를 쉴새없이 심어 수확하는 것도 아내였다. 가지를 모종하면 여름이 지나 가을까지도 보라색 가지가 지천이었다. 아내의 손이 닿으면 무엇이든 풍성하게 자라났다.[9]

이러한 맥락에서 노동은 자연과 일체화된 삶, 투쟁과 갈등을 모르는 삶이다. 또한 이러한 노동은 이기적인 욕망과는 거리가 먼, 헌신과 보살핌의 가치를 지닌다. 문자 이전의 세계인 엄마의 삶이란 그런 의미에서 이러한 노동의 함의를 전형적으로 나타낸다. 그리고 이 반대편에 서 있는 것이 도시의 삶, 고향 이후의 삶, 본가를 떠난 삶이다. 사정이 이러하니, 그녀의 자식들, 고향 이후의 세계, 문자의 세계를 살고 있는 이들에게 이러한 문자 이전의 세계, 본가의 세계, 맨몸의 세계는 이해 불가능한 세계이거나 문자의

---

8. 같은 책, 69쪽.
9. 같은 책, 161쪽.

세계로 진입하기 위해서는 떠나야만 하는 세계일뿐이었
다. 따라서 엄마가 사라진 지금, 남은 것은 문자의 세계에
서 이해할 수 없었던 그녀의 세계를 온몸으로 이해하는 것
이다. 그리고 이러한 이해는 문자의 세계, 도시의 논리로
는 불가능한 것이다. 그러니 엄마의 맨몸의 세계를 이해할
수 있는 방식은 문자 너머의 방식, 즉 온몸(공감!)으로만
가능하다.[10] 또한 그간 엄마의 세계를 이해할 수 없었던 이
유 또한 자식들이 문자의 세계 속에 '유폐'되어 있었기 때
문이다.

  이 세계는 무엇인가? 바로 이른바 농본적인 세계, 땅
을 일구고 생명을 길러냄으로써 삶을 길어낸다는 그 세계,
한국인들의 영원한 고향인 그 농본적인 세계이다. 그러나

---

10. 고봉준은 『엄마를 부탁해』가 공감에 기반한 감동의 문학의 전형이라고
  비판하면서 이를 일종의 위안의 소비라는 차원에서 논한다. 위안의 소비
  라는 현상 역시 이러한 가족 서사가 위기 시대에 귀환하는 중요한 요인이
  기도 하다. 고봉준의 논의에서 『엄마를 부탁해』에 대한 비판의 논점은
  오히려 가족을 "실상 '이상함'으로 가장한 '정상적' 관계"라고 정확하게 지
  적하면서 부재나 결핍은 이러한 가족 서사의 본질이지 문학의 본질이 아
  니라고 비판하는 지점이라고 보인다. 필자의 관점에서 보자면 이상함으
  로 가장한 정상적 관계로서의 가족이란 『엄마를 부탁해』가 상실을 절대
  화하고 소멸의 아우라를 극대화함으로써 익숙한 것들의 공동체를 마치
  낯설고도 새로운 존재들의 공동체인양 전도시키는 논리와 연계되어 있
  다. 고봉준의 논의는 주로 위기의 시대와 위안의 소비라는 차원에 논점
  이 놓여 있어서 가족 서사가 재현하는 공동체에 대한 이념과 재규정의 문
  제를 간과하고 있다는 점에서 다소 아쉽다. 고봉준, 「감동의 문학과 영감
  의 문학」, 『문학수첩』, 2009년 봄호, 35쪽.

『엄마를 부탁해』가 단지 고향에 대한 향수나 이에 동반된 모성 이데올로기를 반복하는 데서 나아가, 이를 노동의 신성함과 결부시키고 있다는 점을 기억해보자. 이 지점에서 『엄마를 부탁해』는 농본적인 세계에서의 노동의 가치, 혹은 노동하는 자의 가치라는 이념, 즉 농본주의적인 인민주의라는 익숙한 이념을 은근히 환기시킨다. 백낙청이 책의 뒤표지 추천사에서 『엄마를 부탁해』를 "확실한 성공작이지만 요즘 세상에선 거의 멸종 위기에 처한 희귀종 소설"이라고 평했던 것은 우연이 아니다. 이는 『엄마를 부탁해』가 이른바 한국의 진보주의의 성감대인 농본주의적인 인민주의의 판타지를 '희귀하게' 충족시켜 준다는 점과 관련된다. 또 '압도', '후회', '자책', 통한의 눈물의 공감("수화기 줄을 타고 흐르는 눈물은 그리고 우리에게도 온다."[11])과 같은 수사를 동반한 정홍수의 해설은 『엄마를 부탁해』가 이른바 농본주의적인 판타지를 어떻게 충족시켜 주는지를 보여준다. 또한 이러한 농본주의적인 판타지는 『엄마를 부탁해』를 옹호하는 평자들에게 공통적으로 나타나는 공동체에 대한 새로운 규정과도 관련된다. 이에 대해서는 조금 후에 논하도록 하자.

먼저 이러한 방식으로 노동을 표상하는 이데올로기는

---

11. 정홍수, 「피에타, 그 영원한 귀환」, 『엄마를 부탁해』, 284쪽.

과연 무엇일까? 그것은 노동을 문자 이전의 세계로, 갈등과 투쟁이 없는 맨몸의 합일의 세계로 규정하는 것이다.[12] 또 그 세계란 비판과 갈등과 투쟁으로 규정된 문자의 세계, 도시의 세계 이전의 세계(떠나온 세계라는 점에서)이자, 이후의 세계이다(돌아가야 할 세계라는 점에서). 그리고 『엄마를 부탁해』에서 이러한 시간성은 명백하게 '역사적'이고 '현실적'이다. 그리고 이러한 역사성과 현실성에 대한 환기는 자식들의 시간과 엄마의 시간의 차이를 환기하면서 엄마가 살아온 세계에 대한 인정과 그 역사성에 대한 인정을 요구하는 것으로 이어진다. 그렇다면 그 세계가 담고 있는 역사성과 현실성이란 무엇일까. 엄마의 세계, 농본주의적인 인민주의로 아로새겨진 이 판타지의 역사성과 현실성이란 바로 "먹고 사는 일이 젤 중했"던 시대, "가난하고 슬프"기만 했던 그 '시대'에서 구해진다.

저녁밥 지을라고 양석 꺼내려고 광에 갔는디 쌀독 바닥에 바가지가 닿을 때면 아이구 내 새끼들 낼 아침밥은 어쩐디야,

---

12. 최근의 가족 서사에서 가족, 노동을 생명과 돌봄의 의미로 재현하는 방식은 가족, 노동을 폭력의 원천으로 재현하는 방식과 갈등적으로 존재한다. 대표적으로 『엄마를 부탁해』와 〈워낭소리〉가 전자에 해당한다면, 김숨의 『철』이나 양익준 감독의 〈똥파리〉와 같은 독립영화는 후자의 방식을 따른다. 흥미롭게도 이들 작품은 공히 어미와 아비의 세계를 맨몸의 노동의 세계로 재현하는데 이에 대한 판단과 서사 방식에서는 큰 차이를 보인다.

가슴이 철렁 내려앉던 시절이니 부엌일이 싫고 자시고도 없었고나. 큰솥 가득 밥을 짓고 그 옆의 작은 솥 가득 국 끓일 수 있음 그거 하느라 힘들단 생각보다는 이거 내 새끼들 입속으로 다 들어가겠구나 싶어 든든했지야, 니들은 지금 상상도 안될것이다마는 그르케 양석이 떨어질까봐 노심초사하던 시절이 우리 시절이네. 다들 그러고 살았다. **먹고 사는 일이 젤 중했어.**[13]

생각해봐. 엄마는 상식적으로 한 사람이 할 수 있는 일을 하면서 살아온 인생이 아니야. 엄마는 엄마가 할 수 없는 일까지도 다 해내며 살았던 것 같아. 그러느라 엄마는 텅텅 비어갔던 거야. 종내엔 자식들의 집 하나도 찾을 수 없는 사람이 된 거야. (중략) 언니는 나보고 요즘 젊은 엄마 같지 않게 특이하다고 했지만, 내게 조금은 그런 면이 없지 않지만, 언니, 아무리 그래도 나는 엄마처럼 할 수 없어. (중략) **나는 내 아이들에게 엄마가 해준 것처럼 할 수 있나.** 한 가지는 알아. 나는 엄마같이 못해. 할 수도 없어. (중략) 엄마는 꿈을 펼쳐볼 기회도 없이 시대가 엄마 손에 쥐어준 가난하고 슬프고 혼자서 모든 것과 맞서고, 그리고 꼭 이겨나갈밖에 다른 길이 없는 아주 나쁜 패를 들고서도 어떻게든 최선을 다해서 몸과 마음을 바친 일생이었는데. 난 어떻게 엄마의 꿈에 대해서는 아무런 생각도 해본 적이 없었을까.[14]

---

13. 신경숙, 『엄마를 부탁해』, 75쪽(강조는 인용자).
14. 같은 책, 262쪽(강조는 인용자).

자식들을 위해 모든 것을 바친 엄마의 삶, 그런 엄마의 삶을 이해하지도 닮아갈 수도 없는 자식들이 할 수 있는 일이란, 그러니, 고백뿐이다. 그러나 이는 자기 내면을 토로하고 성찰한다는 의미의 고백과는 거리가 멀다. 오히려 『엄마를 부탁해』에 장을 달리하고, 인물을 달리하며 표명되는 고백은 실종 이후 남은 자들, 혹은 실종에 책임을 져야하는 자들의 고해성사에 가깝다. 헌신과 보살핌으로 일관한 엄마의 삶이 사위어가는 자리 앞에 남은 자식들이 할 수 있는 일이란 고해성사뿐일지 모른다. 『엄마를 부탁해』가 지니는 대중적 호소력은 이러한 자리에서 비롯된다. 그러나 동시에 『엄마를 부탁해』는 또 다른 맥락에서 대중적 '호소력'을 지닌다. 그것은 엄마의 세계가 사라진 자리에 남은 '우리 모두는 유죄'라는 유죄 판결에 대한 집단 무의식, 혹은 '자식들'에게 고해성사를 요구하는 이 시대의 집단 무의식과도 상통하는 문제일지 모른다. 그렇다면 이 시대의 집단 무의식이란 무엇일까? 이를 확인하기 위해서 『엄마를 부탁해』와 마찬가지로 대중적 호응을 받았던 〈워낭소리〉를 함께 비교해보자.

어머니-자연과 노동 : 생존의 신성함과 비판의 종언

앞서 논한 바와 같이 『엄마를 부탁해』의 경우 실종된 어머니에 대한 다양한 회고와 애도의 가장 중요한 부분은 엄마가 행한 평생의 노동을 생명을 기르는 신화적인 의미로 형상화하는 대목이다. 여기서 엄마의 노동이란 밭을 갈고 씨를 뿌리는 전형적인 농본적인 세계로서 생명과 돌봄과 같은 생산과 재생산의 의미로 신성화된다. 반면 이 엄마의 세계(엄마의 품)에서 길러진 자식들은 대처로 나가살고 있지만, 자신들의 기원(생명과 돌봄)을 망각한 자들이다. 또 작품의 주된 화자인 큰딸은 소설이라는 예술 노동에 종사하지만, 그녀의 노동은 생명과 돌봄의 의미와는 거리가 먼 것으로 그려지고, 결혼과 출산의 세계와 이질적인 큰 딸의 세계는 전형적으로 재생산이 결여된 삶으로, 어머니의 세계와 대비된다.

〈워낭소리〉 역시 마찬가지로 늙은 암소를 동반자로 삼아 평생 대지를 갈고 대지와 하나가 되어 살아가는 아비의 세계는 신성한 생명과 돌봄의 의미로 형상화된다. 또 자연 다큐멘터리적인 작품 구성에 따라 늙은 아비의 노동은 모든 것을 품고, 생명을 키우는 원천인 자연과 하나가

된 삶으로 그려진다. 즉 늙은 암소와 늙은 아비, 그리고 모든 것을 품고 키우는 생명의 원천인 자연은 어머니-자연 mother nature의 의미로 생명의 원천이 된다. 반면 대처로 나간 자식들은 이러한 어머니-자연의 세계를 이해하지 못하는 삭막한 도시의 인간이자, 어머니-자연의 품, 자신들의 기원을 망각한 존재로 그려진다. 즉 『엄마를 부탁해』와 〈워낭소리〉에서 엄마와 자연은 분리불가능하고, 이에 따라 노동은 어머니-자연의 의미와 결합된다. 엄마의 노동이 생명과 돌봄의 의미로 그려지는 것은 이와 관련된다.[15]

〈워낭소리〉에서 가장 인상적인 대목이 고통을 참으면서 온 몸으로 땅을 기다시피 하면서 농사일을 수행하는 할아버지의 모습이었다는 것은 잘 알려진 사실이다. 다큐멘터리 〈워낭소리〉는 이렇게 묵묵히 노동을 반복적으로 수행하는 할아버지의 삶을 늙은 소와 유비시키면서 할아버

---

15. 이런 식의 의미 연관은 엄마/자연/노동을 등가의 관계로 놓음으로써 모성을 자연적이고 운명적인 것으로 규정한다. 이는 전형적인 모성에 대한 이데올로기이기도 하다. 또한 여기서 엄마/자연/노동이 동질적인 연관 속에 놓임으로써 노동 자체가 자연의 범주로 환원되고 이러한 노동 속에 현실의 갈등과 대립이 자리 잡을 여지는 삭제된다. 이들 작품에서 엄마-아비의 노동이 생명과 돌봄의 의미로 재현되는 것은 이와 같이 노동의 자연화, 모성의 자연화에서 비롯된다. 『엄마를 부탁해』에 대한 논란은 모성의 신화화에 초점이 맞춰져 있지만, 중요한 것은 이와 같은 모성의 자연화와 여기 동반되는 노동의 자연화라 할 것이다. 또 『엄마를 부탁해』가 엄마를 통해서 제시하는 새로운 공동체의 윤리란 이처럼 모성의 자연화와 노동의 자연화를 토대로 정립된 것이다.

지의 고통에 찬 노동을 마치 자연 다큐멘터리처럼 보여준다. 늙은 소와, 오지에 가까운 산골과 할아버지의 노동을 재현하는 카메라의 방식에는 어떤 차이도 없다. 〈워낭소리〉에서 할아버지의 노동은 자신의 제한된 생존의 조건을 극복하기 위한 투쟁의 일환으로 재현될 수도 있었을, 그리고 그러한 가능성 또한 담고 있다. 그러나 그러한 가능성은 자연의 일부, 맨몸으로 땅과 하나가 되는 할아버지의 신체를 자연화 하는 카메라의 시선 앞에서 봉인된다. 무엇보다 이러한 방식은 할아버지의 맨몸의 노동과 소와의 유대 관계를, 대처에 나가 고향을 잠시 '방문'하는 자식들의 세계와 대척점에 놓는 분할에 의해 고착된다.

〈워낭소리〉에서 자식들 역시 대처로 나가, 이제 더 이상 온몸으로 자연과 일체가 되는 그런 고향의 세계를 상실한 자들이다. 그들은 그 '자궁'에서 나왔으나 자신의 기원을 망각한 자들이다. 『엄마를 부탁해』나 〈워낭소리〉는 근본적으로 이러한 분할에 입각해 있다. 재현되는 것은 잃어버린 세계이지만, 그 소멸 앞에, 그 소멸의 아우라에 압도당함으로써 요구되는 것은 남은 자식들의 고해성사이다. 이런 서사 구조 하에서 오늘날의 자식들이란 자신의 기원을 망각한 채 아비의 세계에 대해 끝없이 논평을 가하는 그런 존재들이며, 이 잃어버린 파라다이스, 혹은 돌아갈 수 없는, 소멸하고 사라지는 세계 앞에서 눈물로 고해성사를 하는 것 외에는 아무 일도 하지 말아야 할 존재들이다.

『엄마를 부탁해』를 옹호하는 논자들이 페미니즘적 비판을 미리 배제하고, 차이의 윤리와 해방을 논하는 관점을 불편해하는 태도를 감추지 않는 것은 이러한 점에서 더불어 생각해 볼만하다. 예를 들어 유희석은 "비평의 생명이 '비판'에 있다고는 하지만 자의적인 도식을 설정하여 거기에 작품을 짜맞추고 재단하는 읽기에는 동의하기 어렵다."고 논한다. 비평가라면 누구나 동의할 수 있는 원론적인 이야기이다. 그러나 비판(혹은 도식적 비판)에 대한 '비판'의 근거가 '성찰의 감동'으로 제시되고 성찰의 감동을 근거로 비판을 다음과 같이 규정하는 방식은 전혀 동의할 수 없다. 유희석은 고봉준이 『엄마를 부탁해』를 영감의 문학이 아니라 감동의 문학이라고 비판한 부분을 예로 들면서 "위반과 차이, 전복을 말해야만 겨우 반응하고 그 외의 모든 것을 보수로 치부하는 관성"이자 "'습관적인 정서'의 산물"이라고 비판한다.[16] 이러한 태도는 비평, 차이, 습관을 같은 범주로 설정하고, 이 반대항에 감동, 생명 같은 범주를 설정하는 전형적인 방식이다. 이러한 분할을 통해서 비판과 차이란 이미 오래된, 과거로부터 반복적으로 수행한

16. 유희석, 「『엄마를 부탁해』론」, 269~270쪽.

어떤 것이지만, 이미 시효가 만료된 것으로 규정되고, 이제 필요한 것은 감동, 생명에 대한 새로운 인식(그리고 이에 근거를 둔 문학적인 것에 대한 재규정)이라는 식의 인식의 '전환'이 발생한다.

이런 맥락에서 〈워낭소리〉나 『엄마를 부탁해』라는 텍스트를 둘러싼 주체성 정치의 국면은 비판을 부정하고 대신 생존의 숭고함을 내세우면서, 386 책임론이나, 세대론적 인정투쟁(실크 세대론 등)을 새로운 정체성 정치로 제기하는 대중 정치의 패러다임과도 밀접한 관련을 지닌다.[17] 또 이는 이른바 "민주화 이후", "잃어버린 10년"과 같은 수사학에 내포된 '시간 의식'과도 맞물려 있다. 이러한

---

17. 최근 정체성 정치를 둘러싼 이런 국면과 관련해서 생각해 볼 때 『엄마를 부탁해』에 대한 비판을 주로 세대적인 차원으로 환원하는 논의 또한 문제적이라고 생각한다. 강유정은 가족 서사의 귀환을 문제 삼으면서 이를 과도하게 세대적 차이로 환원하려는 경향을 보인다. 이러한 세대적인 차이에 대한 강조가 강유정 자신의 의도와 달리 1990년대의 신세대 문학론의 한계를 되풀이할 위험성이 있다는 점에서도 문제적이지만, 2000년대 작가들과 1990년대 작가들의 차이가 과연 서사 기법, 문학 스타일과 같은 차이를 통해 규명될 수 있는가 하는 점이다. 즉 오늘날, 강유정이 비판해마지않는 "언니들" 역시 10년 전 바로 그 세대적 차이를 자기 기반으로 출발한 작가들이었다는 점 또한 간과할 수 없는 문제이다. 즉 현재 2000년대 작가들이 궁극적으로 보수화되고 제도화된 기성 작가들과 어떤 차별적 의미를 지닐 것인가 하는 점은 이들 작가들의 문학 스타일에서 발현되는 것이 아니라, 문학 제도, 문화자본 등과 자신의 작가로서의 위치를 어떻게 조율하고 배정하면서 자신의 주체 위치를 설정하고 정립하고 수행하느냐에 따라 실현될 것이기 때문이다.

대중 정치에서 발현되는 주체성 정치는 비판과 해방에 대한 요구를 이미 지난 과거의 것(따라서 현재에서는 부적절한 것)으로 치부하고, 맨몸의 생존술로 다시 시작하자는 '부탁'을 내포한다. 이러한 주체성 정치는 단지 대중 정치 차원에서 뿐만 아니라 위기에 직면한 이들의 집단적 불안감과도 결부된다. 많은 사람들이 '비판의 시대'를 이미 지난, 우리가 다 겪어본 그런 경험으로 간주하고, 이제 우리에게 필요한 것은 '비판'이 아니라 '포용'이고 '삶의 논리'라는 '인식의 전환'을 감행하고 있는 것으로 보인다. 『엄마를 부탁해』를 옹호하는 논자들이 페미니즘적인 비판에 대해서 '그런 식의 비판은 우리가 이미 다 알고 있는 것'이고, 지금 필요한 것은 '삶', '문학'에 대한 무언가 근원적인 태도라고 인식의 전환을 수행하는 것 또한 이러한 위기 시대의 심리학과 밀접한 관련이 있다고 보인다. 또한 문학장에서의 이러한 인식의 전환은 '문학의 위기', '문학의 생존'이라는 문제와 배타적으로 결부되어 있다는 점에서 더욱 맹목적이다.

그렇다면 이렇게 고해성사를 요구하는, 그것도 가족 서사라는 진부한 문법으로, 어미, 혹은 아비라는 신성한 이름으로 수행되는 고해성사에 대한 요구가 함의하는 것은 과연 무엇일까? '비판의 시대'를 '여전히' 살고 있고, '비판'에 눈멀어 생존의 신성함에 맹목이었기에, 그런 의미에서 '우리 모두'는 유죄일까? 여기서 진보 시대의 이후, 혹은 진보의 종말을 합리화하는 세대 책임론, 그러한 세대론적인 인정투쟁 구도의 전도된 형태를 다시 확인하는 것은 과도한 일은 아니라고 생각된다. 자식들에게 밥을 먹이는 것이 신성한 가치로 승화되고, 이러한 '신성한 가치'를 부정한다는 이유로 '자식들'을 기원을 망각한 존재로 유죄 판결을 내림으로써 도래한 것이, 바로 지금, 한국의 '종말론적인' 풍경이 아닌가?[18] 그리고 이는 단지 보수집단이나 '대중'에게만 각인된 징후가 아니라, 진보를 살았다는 사람들, 그들에게조차 각인된 집단 무의식인지도 모른다. 그래서 우리 모두는 유죄라는 고해성사를 통해서 일종의 집단적 대속행위를 수행하고자 하는 병리적 증상이 충만한 시대, 그것이 맨몸으로 뼈가 부서지도록 노동하는 어미와 아비의 삶에 먹먹해지는 가슴을 쓸어안으며 "삶이란 무엇인가"를 되뇌는 낭만적이고, 농본주의적인 노스탤지어 속에서 작동하는 우리 사회의 위험 증상은 아닐까 생각된다.

---

18. 이러한 식의 아비와 자식 관계에 대한 재규정은 IMF 이후 급격하게 대두한다. 이는 여러 차원에서 나타나는데 이러한 변화는 '과거'에 대한 인식과 재현 방식을 교정(revision)하고 이를 통해 현재의 공동체를 재정립하는 역할을 수행한다. 이에 대해서는 권명아, 「환멸과 생존 : 협력에 대한 담론의 역사」, 『식민지 이후를 사유하다』, 책세상, 2009, 참조.

『엄마를 부탁해』와 〈워낭소리〉에서 노동은 자연과 하나가 되어, 생명을 길러내는 행위이지만, 그러한 의미의 노동의 신성한 가치는 현실 속에서 소멸되어 가는 세계 속에서만 발견된다. 그런 점에서 『엄마를 부탁해』와 〈워낭소리〉에서 노동의 신성함은 소멸의 아우라를 통해 극대화되고, 그러한 소멸의 아우라를 극대화시키는 것은 고통 받는 어미와 아비의 신체를 통해서이다. 앞서 이러한 서사 방식이 진보의 종말이라는 특정한 시대감각에 따른 집단적인 정서의 소산일 수 있다는 진단을 한 바 있다. 이는 또한 이른바 금융위기 시대, 세계와 맨몸으로 다시 대면해야 한다는 위기감의 출현과도 밀접한 관련이 있다. 문학이나 영화, 드라마 등에 걸쳐 다양한 서사의 지평에서 맨몸의 서사가 출현하는 것도 이러한 맥락과 관련이 있다.

슬픔과 주체성 정치

〈워낭소리〉와 『엄마를 부탁해』는 모두 근래 들어 이 례적으로 독자와 관객(비평가까지 포함하여)의 심금을 울린 작품으로 평가된다. 이러한 현상이 단지 작품의 신파적 성격이나 값싼 위안을 소비하게 만드는 문화산업의 논리에서 비롯되는 것만은 아니다. 문제의 초점은 사람들이 『엄마를 부탁해』, 〈워낭소리〉와 같은 작품을 통해 슬픔의 공감대를 나누는 현상이라 하겠다. 주디스 버틀러의 말을 빌려 논하자면 "슬픔은 정치적 공동체의 복합적 질서에 대한 감각을 제공한다."[19] 즉 슬픔은 많은 부분 공동체와 정치의 문제를 내포한다. 그러나 슬픔 그 자체가 정치적인 것은 아니다. 그런 점에서 슬픔과 애도의 정치학을 살펴보는 것은 이러한 공동체의 복합적 질서에 대한 감각을 탐색하는 일이다.[20] 그렇다면 『엄마를 부탁해』에서 상연 display되고 있는 슬픔은 과연 어떤 것일까?

『엄마를 부탁해』는 익숙한 육친인 엄마의 상실 앞에 망연자실한 자식들의 애도를 통해 상실의 절대성과 소멸의 아우라를 극화劇化하고, 이러한 극화에 의해 정당화되는 공동체에 대한 특정한 이념을 담고 있다고 할 것이다. 또한 이러한 공동체의 이념은 상실의 절대화와 소멸의 아우라에 의해서 슬픔을 공동체의 근간으로 만든다. 그런데 이때의 슬픔은 과연 무엇일까? 아주 낯익은 존재들을 잃어버린 슬픔을 극화시킴으로써 익숙함과 비슷함을 공동체의

---

19. Judith Butler, "Violence, Mourning, Politics", p. 22.
20. 그런 점에서 금융위기 시대, 보수정권의 회귀와 맞물린 고(故) 노무현 대통령에 대한 애도 열기 역시 이런 점에서 고찰될 필요가 있다. 이에 대해서는 2장의 논의를 참조하기 바란다.

이념으로 새롭게 규정하는 이러한 서사 방식은 다분히 문제적이다. 그러나 『엄마를 부탁해』에 대한 극찬은 이러한 특성이 문제적이라기보다 신경숙의 절창이자 윤리라고 평한다.

『창작과 비평』 봄호에 게재된 글에서 유희석은 신경숙의 『엄마를 부탁해』를 비판하는 논의에 대해 불편한 심기를 감추지 않으면서 다음과 같이 자신의 감동의 근거를 제시한다.[21]

> 피붙이 또는 살붙이들을 중심으로 동심원을 그리며 퍼져나가는 운명적 만남과 그런 만남으로 형성된 공동체의 진실이 소설이 다루는 본래 영역 가운데 하나라면 신경숙이야말로 그 공동체의 영역을 정성스레 지키고 가꾸는 우리시대의 드문 작가가 아닐까 하는 생각도.[22]

위의 구절은 어떤 점에서 『엄마를 부탁해』의 특성을

---

21. 유희석은 『엄마를 부탁해』에서 드러나는 "피붙이들이 부르는 죄의식의 합창"이 모성의 의미를 망각한 "무감각에 대한 자기반성"을 촉구한다는 점에서 『엄마를 부탁해』의 높은 문학적 성취이자 "성찰적 감동"의 근원이라고 평가한다. 흥미로운 것은 『엄마를 부탁해』를 옹호하는 대부분의 평론가들이 이처럼 자신의 감동 체험을 고백하는 심정토로를 적극적으로 수행하고 있다는 점이다. 『엄마를 부탁해』에서 고해성사는 작품 내적 차원에서뿐 아니라, 외적인 차원에서도 '부탁'되고 있는 것이다.
22. 유희석, 「『엄마를 부탁해』론」, 265쪽.

명확하게 제시한다. 『엄마를 부탁해』에서 모성의 진실, 엄마를 잃어버린 가족들의 애도의 수사학 등은 근본적으로 공동체에 대한 특정한 재현 방식으로 이어진다. 이 공동체란 "피붙이 또는 살붙이들을 중심으로 동심원을 그리며 퍼져나가는 운명적 만남과 그런 만남으로 형성"된 것이다. 그리고 『엄마를 부탁해』는 시대착오의 위험을 감수하면서도 이 공동체를 "지키고 가꾸는" 일을 수행하고자 한다. 그런데 공동체를 이런 식으로 규정하고, 재현한다는 것은 어떤 의미일까? 『엄마를 부탁해』에서 재현된 이러한 공동체성을 평자들은 "탈근대적 윤리"(류보선)[23], "예술의 몫"(신수정), "한국 문학의 대표적인 성취의 사례"인 "사실주의 전통에 뿌리를 둔 작품"(백낙청)[24]이라고 평가한다. 즉

---

23. 류보선, 「'엄마'라는 유령들」, 136쪽.

24. 백낙청, 「문학이 무엇인지 다시 묻는 일」, 『창작과비평』, 2008년 겨울호, 22쪽. 이 글에서 백낙청은 『엄마를 부탁해』에 대한 구체적 평가를 하지는 않는다. 또한 '사실주의 전통'에 대한 기술은 리얼리즘과 사실주의의 차이와 그 차이를 주장하는 것의 '피로함'을 표출하는 대목과 결합되어 있어서 사실주의 전통 자체를 리얼리즘의 성취로 보는 것은 아니다. 그러나 사실주의 전통을 "한국문학의 대표적인 성취 사례"로 들고 있고 그 중 하나로서 『엄마를 부탁해』를 놓고 있다. 이글에서 백낙청은 이전의 논의의 연장에서 『외딴 방』에서의 "글쓰기에 대한 뛰어난 성찰"을 여전히 강조하고 있다. 신경숙은 신수정과의 대담에서 글 쓰는 사람으로서의 자의식을 두드러지게 강조하는데(신경숙·신수정 대담, 「엄마는 한 세계 자체였다」, 『문학동네』 2009년 봄호.) 이러한 자의식은 백낙청의 고평에 대한 상호조응적인 답변처럼 보인다.

『엄마를 부탁해』에서 재현된 공동체성은 전통, 공동 기억 이라는 규정 하에 윤리의 지위와 예술 본연의 몫을 대표하는 것으로 평가된다. "피붙이 또는 살붙이들 중심"의 철저한 근친성을 토대로, 완벽한 자기동일성의 법칙에 따라 ("동심원을 그리며 퍼져나가는") 구성되는 운명공동체(운명적 만남과 그런 만남으로 형성되는), 이런 공동체에 대한 감각은 그야말로 으스스한 느낌조차 준다. 그러나 『엄마를 부탁해』를 옹호하는 논의에서 이러한 공동체는 윤리이자, 예술 본연의 몫으로 구체화된다.

> 『엄마를 부탁해』는 모성의 성스러움을 기술과 이윤의 사회가 가져온 메마른 고독을 넘어 마주 보는 공동체를 만들 수 있는 윤리로 제시한 소설이며, 그러므로 '어머니라는 표상'에 관한 한 대단히 혁신적인 작품이다.[25]

---

25. 류보선, 「'엄마'라는 유령들」, 136쪽. 류보선의 논의는 작가의 창작 의도와 이에 대한 진술을 거의 그대로 수용하고 있다. 류보선이 『엄마를 부탁해』의 높은 문학적 성취라고 규정하는 것은 대부분 작가 스스로 진술하는 창작 의도를 그대로 이어받아서 평가한 것이다 (작가의 창작 의도는 다음의 대담에 진술되어 있다. 신경숙·신수정 대담, 「엄마는 한 세계 자체였다」). 『리진』을 거쳐서 『엄마를 부탁해』로 이어진 행보나, 엄마의 향토어에 대한 진술, 엄마의 실종에서 시작되는 작품 구성, 어머니라는 호칭을 버리고 엄마라고 부르는 순간 형식이 결정되었다는 점, 다른 곳이 아닌 서울에서 엄마가 실종되는 사정, 자식들의 참회, 미학주의자인 엄마라는 '놀라운 발견' 등 류보선의 평문의 핵심 사안은 모두 작가 자신의 창작 의도에 대한 대담 내용과 정확하게 조응한다. 이러한 조응은 참으로 놀랍다.

철두철미하게 근친성, 자기동일성으로 규정된 운명 공동체는 여기서 "모성의 성스러움", "마주보는 공동체의 윤리"로 제시된다. "이처럼 근친성과 자기동일성으로 규정된 운명 공동체라는 공동체에 대한 이념이 얼마나 폭력적이고 배타적인지에 대해 아주 오랫동안 '우리'가 고민해오지 않았던가?"라고 묻는 것은 여기서 아마 의미가 없을 것이다. 오히려 이러한 식의 공동체에 대한 이념을 옹호하는 논리의 이면에는 타자성의 윤리, 차이의 윤리에 대한 피로감, 거부감이 놓여 있기 때문이다.26

또한 『엄마를 부탁해』를 옹호하는 평자들은 공히 이 작품에 대한 슬픔의 공감대를 토로하기를 주저하지 않는

---

26. 『엄마를 부탁해』를 옹호하는 논자들은 공히 이 작품의 성취를 제대로 이해하기 위해서 페미니즘과 같은 관점은 부적격하거나, 부적절하다는 논의를 전제로 한다. 그 근거는 사실 정확하게 제시되지 않는다. 예를 들면 유희석은 『엄마를 부탁해』가 "근대화과정에서 두 얼굴로 분열된 엄마를 하나의 사회적 존재로 성찰하기를 요구한다."는 점에서 높은 성취를 보여준다면서 다음과 같이 논한다. "또한 근대의 양면성과 불가분하게 얽힌 엄마의 질곡에 대한 통찰이 근대 탈피의 적극적인 모색으로 이어질 수밖에 없다면 "엄마는 알고 있었을까"라는 물음을 페미니즘 담론에만 의지해서 해소할 일도 아닐 것이다. 근대를 주도한 남성 자신이 해방과 억압의 굴레에 (어떤 면에서는) 여성보다 더 얽매여 있기에 그렇다."(유희석, 「『엄마를 부탁해』론」, 285쪽) 물론 페미니즘 시각 역시 비판의 대상이 될 수 있다는 점에서 이러한 논의가 그 자체로 문제가 될 수는 없을 것이다. 그러나 페미니즘을 부적절한 논의로 배제하는 것은 이러한 논의가 근친적인 공동체성을 옹호하기 위해, 타자성, 윤리와 같은 문제를 매우 기이하게 전도시키고 있기 때문이다. 이러한 전도는 공동체성을 익숙함과 근친성으로 환원하는 논리와도 상통하는 것이다.

다. "매번 읽을 때마다 가슴이 미어지"고 "눈물 없이는 읽을 수가 없는"[27] 작품이라는 신수정의 토로는 전형적이다. 이러한 태도에는 비평의 윤리라는 문제도 결부된다. 그러나 한편 이는 『엄마를 부탁해』에서 드러나는 슬픔, 상실, 애도, 그리고 이를 통해 규정되는 공동체에 대한 감각이라는 것과 긴밀하게 관련된다. 이러한 공동체에 대한 감각과 이와 관련이 깊은 정체성 정치는 앞서 논한 바와 같이 현재 이른바 금융위기 시대의 특정한 시대감각과도 관련이 깊다.[28]

---

27. 신경숙, 신수정 대담, 「엄마는 한 세계 자체였다」, 122쪽.
28. 이 책의 다른 장들에서 논의하고 있지만, 나의 주된 관심은 이른바 IMF 이후 위기 국면, 혹은 위기 담론의 만연과 금융위기 시대의 연속과 단절 등에 대해서이다. 특히 민주화, 민주화 이후, IMF 이후에서 금융위기 시대까지 위기와 몰락에 대한 만연한 공포가 이 시대에 드리우는 어두운 그림자들과 증상과 징후들에 대한 고찰이 필자의 주된 관심이다. 특히 여기서 가족 서사, 혹은 가족 로망스는 위기감을 통해 구축되고 재구축되고 혹은 탈구축 되는 다양한 주체성의 서사를 살펴볼 수 있는 중요한 대상이라고 할 것이다. 민주화 이후라는 시간 감각에서 출발한 이명박 체제는 금융 위기라는 새로운 국면으로 진입했다. 민주화를 "잃어버린 10년"이라고 부르는 보수 진영과 참여정부라는 명칭 하에 국가 권력에 합류함으로써 '진보의 이념'을 실현하고자 했던 진보 진영의 '실패와 오류' 들이 지금 현재 민주화 이후와 금융 위기의 시대에 만연한 어떤 시대정신의 기저를 이루고 있는 징후들이 아닐지. 그런 점에서 "잃어버린 10년"은 단지 보수주의의 수사만이 아니라, 진보 진영 자체도 내면화한 이데올로기이자 시대정신일지도 모른다. 진보 진영의 과거에 대한 낭만적 노스탤지어와 보수주의의 복고적 향수가 '불행한 조우와 일치'를 보이는 것이 이 시대의 위험한 증상은 아닌가 하는 질문이 이 책을 관통하는 문제의식이다.

『엄마를 부탁해』는 육친성의 상실이라는 설정 하에 익숙한 이름들, 누군가의 가족인 그들을 상실한 슬픔을 상연한다. 그리고 이러한 슬픔의 서사는 사람들을 매혹시키고, 두려움과 슬픔의 감정을 불러일으킴으로써 강력한 동일시를 생산한다. 이러한 서사들은 나를 집으로 데리고 가서 그곳에 편하게 머무르라고 유혹한다. 그리고 익숙한 공동체에 다시 귀환할 것을 '부탁한다.' 앞서 여러 차원에서 살펴본 것처럼 『엄마를 부탁해』는 익숙함, 상실, 애도, 노동과 공동체의 이념을 특정한 방식으로 재현함으로써 익숙한 것, 가까운 것들의 친밀함을 슬픔의 기원(원천origin)으로 만든다. 이러한 재현 방식을 통해 익숙하고 가까운 것들이 슬퍼할만한 존재가 누구인가를 판단하는 기준점이 된다. 이러한 식으로 익숙한 것, 비슷한 것의 가까움을 공동체의 준거로 다시 확인하게 하는 슬픔의 서사에 대해서 주디스 버틀러는 슬픔의 탈정치화라고 규정한 바 있다. 이런 맥락에서 『엄마를 부탁해』에서 상연되는 슬픔, 그리고 그 슬픔에 공감하면서 비슷한 것들의 가까움으로 공동체의 이념을 재규정하고 이를 윤리로 제시하는 논의는 매우 문제적이다. 따라서 이러한 문제설정, 재현의 정치에 대해서 가해져야 할 질문과 비판의 초점은 상업주의나 값싼 위안, 한국문학의 종말[29]과 같은 것에 국한될 수는 없다. 오히려 진정으로 가해져야 할 질문은 "친숙한 것을 인간의 삶을 애도할만한 것으로 만드는 기준으로 삼을 때 우리가 치르는 대가는 도대체 어떤 것일까?"[30]하는 점이다.

그런 점에서 『엄마를 부탁해』를 옹호하는 논의들이 전통, 공동기억, 예술의 몫, 한국 문학의 전통을 다시 의제에 올리고, 이를 통해 익숙한 것에 의해 규정되는 공동체의 이념을 윤리의 차원으로 제시하며, 이러한 익숙한 공동체의 이념에 준하여서 삶이 무엇인지, 문학이 무엇인지를 다시 물어야 한다고 '부탁'하는 현상은 매우 위험한 현상이

---

29. 조영일은 "신경숙의 신작을 놓고 통속소설 이상의 가치를 부여한다는 것은(다시 말해 비평할 만한 작품으로 삼는다는 것 자체가) 한국 문학의 부활이라기보다는 몰락을 의미한다."라고 비판한다. (조영일, 『한국문학과 그 적들』, 도서출판b, 2009, 277쪽) 이 책에서 조영일의 관심이 주로 문학 시스템에 대한 고찰과 문단 문학 비판이라는 점 때문인지는 모르지만, 조영일은 『엄마를 부탁해』를 비판하면서 그에 값할만한 작품 해석을 제시하지 않는다. 그렇다면 통속소설이라고 규정하고, 비평의 대상으로 삼을 필요가 없다고 규정하면 그만일까? 통속소설은 비평의 대상으로 삼을만 한 가치가 없는 것인가? 그러나 조영일이 자신의 관심 대상이 문단 문학만이 아니라 다양한 비문단 문학이라고 제기하고 있다는 점에서도 이는 다소 모순적이다. 조영일은 서문에서 자신의 비판이 문단권력론의 반복으로 규정되는 것에 대해 아쉬움을 토로하고 있다. 필자 역시 조영일의 논의가 문단권력론의 재판이라고는 생각하지 않는다. 그러나 문단 문학의 주요 작품에 대한 조영일의 비판은 비판에 값할만한 해석에 근거하기보다, 개인적인 호불호를 토로하고 이에 입각해서 작품을 규정한 후 '가치가 없다.'라고 판단하는 방식을 반복한다고 보인다. 이러한 식으로 작품을 재단한 것이야말로 문단권력론의 한계였다. 그런 점에서 작품에 대한 조영일의 비판 태도는 문단권력론의 반복처럼 보이기도 한다.
30. Judith Butler, "Violence, Mourning, Politics", p. 38.

다. 이러한 식의 논리의 연쇄는 슬픔의 차별적 할당[31]에 기반을 둔 대중 정치가 지니는 위험성을 전형적으로 보여준다. 익숙한 것을 슬픔의 원천으로 간주하고 이러한 식의 슬픔에 대한 공감을 인간 본연의 윤리로 제시하는 것은 역으로 익숙하지 않은 것을 슬퍼할 대상으로 사유할 필요성 자체를 박탈하는 것이다. 익숙한 것의 슬픔을 옹호하는 논리가 피붙이 중심의 운명 공동체에 대한 옹호로 '자연스럽게' 이어지는 논리 구조는 바로 이러한 위험성을 정확하게 보여주는 사례이다. 그런 점에서 익숙한 것을 슬픔의 원천으로 간주하는 서사는 필연적으로 공동체를 "공통의 인식론적 토대와 문화적 기반"을 중심으로 사유하고, 이러한 사유를 자연적인 것으로 만들게 된다. 익숙한 것을 슬픔의 원천으로 만드는 서사는 비록 그것이 익숙함의 낯설음을 무지와 자책의 형식으로 고백할지라도 본질적으로 낯선 것과 결부되어 있는 그런 가까움, 차이의 가까움the proximity of difference에서 비롯되는 불안을 야기하지 않는

---

31. 주디스 버틀러는 문화적, 공적 재현의 틀 속에서 슬픔의 서사는 누가 애도할만한 인간인지를 결정하는 규범이 작동하는 중요한 장이라고 판단한다. 공적으로 허용되는 애도, 문화적으로 대량 소비되는 애도는 익숙한 존재들을 애도할만한 인간을 결정하는 판단 기준으로 만들면서, 낯선 타자들을 애도할만한 존재로서의 인간 범주에서 삭제한다. 이를 버틀러는 슬픔의 차별화된 할당이라고 정의하였다. "Violence, Mourning, Politics", p. 37.

다.[32] 아니 『엄마를 부탁해』와 관련된 관점들에서도 나타나듯이 오히려 이러한 슬픔의 서사는 낯선 타자의 가까움과 거기서 비롯되는 불안을 억압하려는 충동과 결부되어 있다. 따라서 『엄마를 부탁해』가 슬픔을 상연하면서 부탁하는 '엄마'는 비슷한 것들의 가까움으로 구성된 운명 공동체, 그것의 다른 이름이다. 사정이 이러하다면 내 옆에 서 있는 낯선 타자를 공동체와 인간, 슬픔의 서사에서 내쫓는 일을 수행하지 않고서는 이러한 엄마에 대한 부탁을 수락하는 일은 불가능할 것이다.

돌아오는 것, 혹은 돌아갈 수 없음의 '불안'

글을 시작하면서도 밝혔듯이 이 글의 주된 목적은 가족 서사와 위기를 재생산, 노동, 공동체 등에 대한 감각의 변화와 연계해서 살펴보는 것이다. 이 글에서는 이와 관련

---

32. 주디스 버틀러는 비슷한 것의 가까움이 아니라 낯선 것의 가까움을 통해서 우리는 비로소 공통의 인식론적 토대나 문화적 기반에 의해서만 정의되는 그런 공동체가 아닌, 언제나 공통의 인식론적 토대와 문화적 기반에 의해서만 정의되지는 않는 그런 공동체, 혹은 그런 공동체에 대한 새로운 결속에 내가 벼려질 수 있다고 논한다. "Violence, Mourning, Politics", p. 38.

된 보다 총괄적인 논의를 본격적으로 진행하지는 못했다. 이 주제에 대한 짧은 단상을 제시하면서 글을 마무리하고 자 한다. 『엄마를 부탁해』, 〈워낭소리〉, 〈마더〉, 〈똥파리〉, 『철』그리고 가족 서사와는 다소 다르지만 박찬욱 감독의 〈박쥐〉에 이르기까지 이 작품들은 매우 상이한 특성을 보이지만 자식들이 거세된 존재로 재현된다는 공통성을 보인다. 여기서의 거세는 단지 상징적 차원에서뿐 아니라 생물학적 재생산의 불가능성이라는 차원과 보다 밀착되어 있다.

〈박쥐〉의 마지막 장면은 이 점에서 인상적이다. 쾌락과 폭력이 구별 불가능한 탐닉의 시간을 산 이후 두 남녀는 '속죄'와 '구원'을 위해 자신들의 더럽혀진 신체를 '폐기'한다. 이러한 구원과 속죄의 제의는 엄마가 지켜보는 가운데 진행된다. 엄마는 죄지은 자식들의 희생양이자, 그들의 속죄의 증인이지만, 그녀는 옴짝달싹 할 수 없다. 이 죄지은 자식들이 엄마를 '무능력'하게 만들어버렸기 때문이다. 〈박쥐〉에서 아이를 낳고, 노동을 하는 것은 바로 이 엄마의 세계에 국한된다. 자식들은 생물학적 재생산과 노동의 세계(엄마)로부터 나왔지만, 그 세계로 돌아가지 않고, 쾌락과 폭력이 구별 불가능한 탐닉의 세계에 침잠한다. 그리고 그 귀결점은 존재의 폐기이다. 이런 구조는 이른바 바

타이유Georges Bataille가 논한 에로티즘의 영역이 열리는 인간적 순간과도 결부된다.

그러나 〈박쥐〉에는 에로티즘의 차원과 속죄에 대한 강박관념이 복잡하게 연결되어 있다. 즉 자식들의 세계는 한편으로는 생물학적 재생산과 노동에 '구속된' 어미의 세계와는 다른 세계로 탈주하려는 강한 지향성을 내포하지만, 이 지향이 자기 폐기(그리고 이에 동반되는 죄의식)라는 경향성과도 연계되어 있다. 위에서 언급한 작품들에도 이러한 경향은 공통적으로 발견된다. 이러한 경향은 생존과 생물학적 재생산, 자기 보존, 그리고 이에 근거를 둔 '성장'의 이념으로 구축된 '어미' 세대의 논리에서 이탈하려는 탈주의 욕망과, 그 세계로 돌아가지도 못하고, 그렇다고 자신들의 탈주의 욕망을 설명할 다른 언어도 갖지 못한 '자식들'의 불안을 징후적으로 보여주는 것은 아닐까?

이러한 차원은 가족 서사가 상징적으로 내포하는 번식, 재생산, 노동, 주체성의 재배치, 혹은 사회적 결속에 대한 이념의 변화와 관련해서 고민거리를 던져준다. 그렇다면 이러한 서사적 특성과 한국 사회에서 가족 서사와 위기의 관계를 규정했던 여러 요인들의 변화와는 어떤 관련이 있을까? 한국 사회에서 가족 서사와 위기는 밀접한 관련을 맺는다. 여기서 무엇보다 위기란 무엇인가라는 질문이 필요할 것이다. 가족 서사와 관련이 깊은 위기란 단지 근대 사회에 만연한 위기감각 같은 것이 아니라, 전쟁 상태(세계 대전이나 내전)의 체험과 밀접한 관련이 있다. 전쟁 상태란 무엇인가? 존재가 절멸, 즉 생물학적, 사회적, 문화적 재생산의 파국에 도달한 상태를 말한다. 이런 절멸의 위협 앞에서 가족이 호출되는 이유는 가족이 재생산의 기초 단위로 간주되기 때문이다.

이 맥락은 여러 차원이 있는데, 전쟁 상태와 같이 재생산 가능성이 총체적으로 위협에 처할 때 가족은 거의 '동물적' 차원에서 종족 보존의 마지막 보루로 간주된다. 전쟁 이후 베이비붐과 같은 인구 폭발은 이러한 종족 보존의 보루로 가족이 차지하는 위치를 전형적으로 보여준다. 또 사회적 재생산이 위협에 처했을 때(사회적 인정투쟁의 빈번한 실패와 같은) 가족은 사회적 영역에서 불가능한 재생산을 개인적 차원에서 대리 보상하는 기제로 호출된다. 여기서 삭막한 사회와 따뜻한 가족의 품과 같은 이분법이 도출된다. 그래서 오랜 동안 한국 사회에서 가족 이야기는 서사 층위에서 부친 살해나 죽음 충동, 존재의 자발적 폐기와 같은 주체 소멸의 충동이 지배적으로 드러날 지라도 궁극적으로는 이러한 재생산에 대한 욕망이나 강박 관념을 대리적으로 보상하거나, 상징적으로 해소하는 역할을 해왔다.

한국 전쟁 이후 한국 사회에서 가족 이야기는 베이비
붐과 같은 인구 폭발과 성장 이데올로기, 가족주의라는 트
라이앵글을 주축으로 생산되었다. 이러한 트라이앵글은
생물학적 재생산, 경제적 재생산, 사회적 재생산이라는 각
각의 층위에 상응하는 것으로, 그 층위는 다르지만, 일종
의 한국인의 '번식'의 기제로 작용해왔다. 번식과 재생산이
동일한 차원일 수는 없지만, 한국 사회에서 재생산은 성장
이데올로기와 같은 이념이 전형적으로 보여주듯이 동물적
생존의 에너지로 충만한 번식의 기제와 다를 바 없었다.

위기와 가족 서사라는 쌍이 오래된 관성처럼 되돌아온
것으로 보이지만, 실상 최근의 위기와 가족 서사의 관계에
는 이전과는 다른 균열점이 존재한다. 가장 중요한 변화는
앞서 논한 번식의 트라이앵글을 이루고 있던 생물학적 재
생산 영역의 극단적 변화이다. 생물학적 재생산 영역의 변
화의 극단은 출산율 세계 최저와 자살률 세계 최고라는 형
태로 나타났다. 통계적으로도 이러한 변화는 IMF 이후 특
징적으로 나타난 현상이다. 출산율이라는 개념 자체가 인
구 통제적인 관점에서 나온 발상이기에 이런 현상은 출산
거부(자발적이든, 비자발적이든)라고 규정하는 것이 정확
하다. 근대화 이후 줄곧 국가의 통제 영역이었던(그리고

그것이 폭력적이고도 '효율적으로' 관철되었던) 출산 문제에 이제 더 이상 국가의 통제도 (혹은 당근조차도) 효력을 발휘하지 못한다. 자살 문제 역시 마찬가지이다. 이런 현상이 한편으로는 신체에 대한 자기 결정권이라는 인식의 확대라는 점과 관련된다면, 다른 한편으로는 생물학적 재생산에 대한 어떤 집단적 '거부', 혹은 존재의 자발적 폐기라는 이질적이고 복잡한 문제와 결부된다. 또 출산 거부와 자살은 자기 신체, 혹은 재생산, 혹은 생명에 대한 자기 결정권이라는 자율성의 문제와도 관련되지만, 동시에 노동의 재구조화라는 차원과도 연결되어 있다.

이명박 정부의 집권과 이의 기반이 된 사회의 보수화, 그리고 경제 발전에 대한 환상, 또 이와 연계된 맨몸으로 다시 시작하자는 생존의 신화의 귀환 등의 현상을 보면, 한국 사회는 다시 과거로 돌아간 것처럼 보이기도 한다. 또 이러한 현상들이 익숙한 성장 이데올로기의 반복처럼 보이기에 성장 이데올로기, 가족 이야기, 위기의 익숙한 연동 구조가 재연되는 것처럼 보인다. 그러나 실상 가족 이야기와 위기의 중요한 축을 이루는 생물학적 재생산의 차원에서는 현격한 변화가 도래하고 있다. 오늘날 가족 서사와 위기는 성장, 생존과 같이 자기보존에 몰두하는 이념과 연동되었던 이전의 방식과 달리 삶에 대한 자기 결정권과 자기 폐기라는 복합적이고 이질적인 경향과 더욱 밀접한 연계를 맺는 듯하다. 일련의 작품들에서 생물학적 재생산과 노동, 성장의 세계에서 이탈하려는 경향이 자기 폐기와 죄의식의 측면과 이질적으로 공존하는 양상은 이러한 번식의 트라이앵글의 붕괴와도 결부되는 것은 아닐까? 즉 오늘날 위기와 가족 서사는 생존과 생물학적 재생산, 자기 보존, 그리고 이에 기반 한 '성장'의 이념으로 구축된 '어미' 세대의 논리에서 이탈하려는 탈주의 욕망과, 그 세계로 돌아가지도 못하고, 그렇다고 자신들의 탈주의 욕망을 설명할 다른 언어도 갖지 못한 '자식들'의 불안을 징후적으로 보여주는 것은 아닐까?

그렇다면 이처럼 불안에 싸인 자식들이란 누구일까? 이미, 어미와는 다른 삶을 살고 있고, 어미의 세계로 돌아갈 수는 없지만 나 자신의 삶의 방식, 그것을 설명한 언어를 갖지 못한 '나'들, 자신의 삶의 방식을 정치화할 수 있는 실천의 이론을 갖지 못한 나들이 바로 그 자식들이 아닐까? 그런데 이 어미-자식의 분할 구조는 이미 어떤 심연을 가리키고 있다. 그 심연에는 자신의 삶을 너무나 수미일관한 정당성의 언어로 체계화했던 일목요연한 '정치적 삶', 이른바 '386 세대' 혹은 '민주화 세대'라고 불리는 집단적 정체성이 있다. 오늘날 이미 어미와는 다른 삶을 살고 있지만, 자신의 삶을 정치화할 언어를 갖지 못한 '자식'들은 어미라는 과거만을 갖고 있는 것이 아니라, "엄마처럼 살지 않을 거야."를 수미일관하게 외치던 어떤 '정치적 삶'을 또한 과거로 갖고 있다. 아니, 그런 '정치적 삶'을 과거로 만드는 시간성 속에서 어미-자식의 서사는 다시 쓰이고 있다. 그렇다면 이런 '정치적 삶'을 다시 회복하는 것이 최선일까? 자기 삶을 정치화할 수 있는 언어를 갖지 못한 '자식'들의 자기 서사가 혼란과 불안과 분열에 휘감겨 있다면, 반대로 이 일목요연한 자기 정당성에 입각했던 '정치적 삶'은 그저 심연에 가라앉아 있다. 자신이 방향을 상실했다는 의식조차 상실한 채. 이 심연은 건너야 하는 무엇일까, 들여다봐야 하는 거울일까, 아니면 나 자신의 몸, 그것과 분리되지 않는 몸들일까? 세대론적 인정투쟁의 위험성을 가까스로 비껴가면서 이 심연을 사유하는 일 또한 이 글이 미처 다 해내지 못한 과제이기도 하다.

4장

무한히 정치적인 외로움

반려와 어소시에이션의 발명을 위하여

닮아 있다.

탈냉전 이후 한국 사회에서 제국의 판타지는 말 그대로 국경의 개방 및 영토의 실제적인 이동의 경험과 밀접한 관련을 지닌다. 한국 전쟁 이래 냉전의 지정학적 구도에 갇혀서 한반도의 남쪽이라는 제한된 영토를 벗어날 수 없었던 한국인들에게 탈냉전이야말로 '세계'를 몸소 만나고 실감할 수 있는 계기였다. 또한 탈냉전과 민주화의 경험, 경제 호황 등이 맞물리면서 1990년대 후반에서 근 10년간 한국 사회는 민족적, 국가적 자부심과 이에 기반한 제국의 판타지가 낙관적 형태로 팽배한 모습을 보였다. 이는 영화, 드라마, 자동차에서 첨단 기술과 같은 '메이드 인 코리아'의 상품들 뿐 아니라, '한민족 루트route'나 한글에 대한 자부심 등 온갖 형태의 '메이드 인 코리아'에 대한 판타지로도 이어졌다. 1990년대 말과 2000년대의 한국 사회는 IMF 경제 위기로 인한 불안감과 문화 민족주의에 대한 열광이 서로 등을 맞대고 공존하고 있는 형국이었다. 특히 경제 위기는 문화적 자부심을 통한 대리 만족에 대한 보상 심리를 더욱 부채질하였다. 따라서 지난 십년간의 제국의 판타지가 주로 문화 민족주의와 쌍을 이루고 구성된 것 또한 이러한 사정과 관련이 깊다.

그러나 최근 몇 년 사이 이러한 '메이드 인 코리아'의 판타지는 한계선에 봉착했다. "千萬觀客(천만관객) 블록버스터"[2]라는 캐치프레이즈 하에 "아시아 영화를 제패하고 할리우드 영화를 공략하자!"[3]는 기치로 '메이드 인 코리아'의 세계화에 선봉에 섰던 한국 영화의 전성기는 이제, "한국 영화의 권불십년"[4]이라는 향수로만 남았다. 권불십년權不十年 화무십일홍花無十日紅이라는 한탄은 한국 영화의 상황에만 국한된 것은 아니다. 신한국에서 한류 열풍까지 탈냉전 이후 국민적 자부심과 이에 동반한 문화민족주의가 결합된 '아시아를 넘어 세계로'라는 구호로 상징되는 제국의 판타지는 이제 만개를 지나 떨어진 꽃이 되었다. 현재 한국 사회는 이처럼 만개했다 스러져버린 제국의 판타지의 끝자락을 붙잡고, 비관과 낙관 사이를 오가는 절충적 타협의 국면을 보여주고 있다.

---

2. "千萬觀客 블록버스터"란 한자와 영어를 조합한 조어로, 이러한 조어 원리에는 "아시아를 넘어 세계로"라는 기치가 그대로 담겨있다.

3. 정성일, 「김기덕 감독, 처음으로 세상을 긍정하다」, 『말』, 2004년 4월, 184쪽. 2004년에 한국 영화는 외적으로는 세계 시장 재패의 기염을 토하고 있었지만, 이미 내적으로 한계점에 도달했었다. 정성일은 이 글에서 한국 영화 붐은 독점 자본주의와 민족주의의 기만 이외의 아무 것도 아니라고 비판하고 있다. 이에 대한 대안으로 당시 제시된 것이 다문화주의, 혹은 문화 다양성에 대한 논의였다. 이 시기 문화계에서도 다문화적 실천이 그 자체로 해방적인 의미를 지니는 것으로 간주되는 경우가 많았다. 그러나 다문화적 실천이란 그자체로 해방적이거나 정치적인 것은 아니다. 이에 대해서는 권명아, 『식민지 이후를 사유하다』 참조.

4. 「영화 제작자 10인에게 묻다」, 『씨네 21』, 762호, 2010년 7월 13일.

열린 세계를 향한 희망과 낙관은 한편으로는 새로운 세계에 대한 무한한 동경과, 가능성에 대한 과도한 열망을 낳았다. 그래서 지난 십년간 만개한 제국의 판타지는 낙관의 에너지와 열망의 과잉이라는 양가성 사이를 맴돌고 있었다. 반면 이러한 꽃이 지고 난 후, 열린 경계는 사방에서 다시 닫히고, 경계를 넘고 또 넘어도 세계로 향한 문은 열리지 않는다. 사람들은 경계를 넘어 발길을 옮기지만, 더 이상 경계 너머에 새로운 영토는 없다. 오히려 경계를 넘는다고 생각한 순간, 다시 만나는 것은 익숙한 게토들이다. 탈냉전의 역학에 의해 새로운 영토가 열리면서, '한국인'들의 삶의 반경, 혹은 심상지리는 가깝게는 아시아, 넓게는 세계라는 모호한, 그러나 무한한 영역으로 넓게 퍼져나가는 것처럼 보였다. '메이드 인 코리아'의 울림은 한반도라는 좁은 공간을 넘어, 널리 널리 퍼져나갈 것처럼 보였다. 한류 열풍이나 '메이드 인 코리아'에 대한 자부심은 이처럼 메아리와 같이 퍼져나가는 원심력적인 운동 속에서 움직였고, 이러한 원심력적인 운동에는 탈영토화의 개방적 운동성과 영토를 확장하고자 하는 제국의 판타지가 이율배반적으로 작동하고 있었다. 그러나 이제 꽃은 지고, 메아리는 그쳤다. 대신 사람들의 동선은 다시 닫힌 영토들 내에 갇혀버리고, 열린 공간에 대한 동경 대신에 닫힌 공간에서의 폐쇄 공포가 사회에 팽배해있다. 이제 메아리는 그치고, 발목을 잡는 불행의 소용돌이만이 남은 것일까? 메아리와 소용돌이는 모두 존재를 둘러싼 원형적이고 나선형적인 운동의 성격을 지닌다. 전자가 '나'를 중심으로 외부로 뻗어나가는 상승과 확산의 에너지를 지닌다면, 후자는 '나'를 중심으로 내부화하는 몰락과 하강의 에너지를 지닌다. 2010년 현재, 한국 사회에서 제국의 판타지는 이런 메아리와 소용돌이, 두 운동 사이의 전환점에 놓여 있는 것처럼 보인다. 한류 열풍이나 문화민족주의 등 지난 십년간 한국 사회를 풍미한 제국의 판타지에 대해서는 많은 논의들이 있었다. 따라서 이에 대해 다시 논의를 부연하는 것보다는 최근의 변화에 초점을 맞추는 것이 유용할 것이다.

안녕하십니까! 아시아 : 메이드인 코리아의 판타지와 몰락

1995년, "예전 같으면 어림도 없었을 하늘, 즉 중국의 하늘을 지나고, 몽고의 하늘을 지"[5]나 중년의 사내가 중앙아시아에 도착한다. 그가 처음으로 '하늘이 열린' 이 먼곳까지 오게 된 것은 중앙아시아의 들판에서 전해져온 어떤 '인사' 때문이다.

소년은 멀리 중앙아시아의 들판을 바라보며 무엇인가 깊은 생각에 잠깁니다. 그러다가 그 동쪽 들판을 향해 외쳤습니다.
"안녕하십니까! 이 말은 우리 민족 말입니다!"
그러자 야생 양귀비 꽃밭이 먼저 수런거렸습니다. 숲 속의 들고양이들이 귀를 쫑긋거리고 쳐다보았습니다. 커다란 까마귀들이 전나무 가지를 치고 날았습니다. 들판 저쪽에서 사막쥐들이 이리 뛰고 저리 뛰었습니다. 돌소금이 하얗게 깔린 사막으로는 큰 바람이 일고 있었습니다. 천산에서 빙하가 우르르르 무너지는 소리가 들렸습니다.
소년의 말은 다시 한 번 크게 울렸습니다.
"안녕하십니까! 이 말은 우리 민족 말입니다!"[6]

"안녕하십니까!" 중앙아시아의 고려인 소년/소녀가 "우리 민족 말"로 건넨 인사에 꽃밭은 수런거림으로 응답하고, 그 수런거림에 반향하여 숲속의 들고양이는 응시로, 까마귀는 날갯짓으로, 사막쥐들은 달음질로 화답한다. 또

---

5. 윤후명, 「하얀배」, 『1995 이상문학상 수상 작품집』, 문학사상사, 1995, 29쪽.
6. 윤후명, 「하얀배」, 27~28쪽.

이러한 모든 만물의 응답과 반향은 사막에는 바람을 일으키고, 천산의 빙하도 이에 응답해서 울리는 소리를 전한다. 이런 울려퍼짐sonority과 응답response의 메아리는 하늘이 새로이 열리고, 제 각각의 국경에 가로막혀 있던 존재들이 맨 처음, 서로를 만나는 순간, 그 순간의 떨림과 설렘과 희망을 고스란히 담고 있다. 이렇게 멀리, 저 멀리, 퍼져나가는 반향과 응답은 "외부 세계에의 동경과 그 구제의 표상일 하얀배"(55쪽)의 상징과 밀착하여 낯선 타자와 국경을 넘어 대면하는 그 첫 순간의 무구한 동경과 순박한 떨림을 그대로 전해준다. 그런 점에서 「하얀배」는 국경을 넘어 낯선 타자와 조우하던 그 순간의 무구한 낙관의 세계, 그리고 그에 담긴 낭만적 동경의 세계를 고스란히 보여준다. 또 그 무구한 낙관의 세계와 낭만적 동경의 세계는 반향과 응답으로 공명하는 서로 간의 주고받는 '인사'의 메아리로 충만한 모습이다. 이런 메아리가 단지 동경이 아니라, 현실이 된다면 그것이야말로 바로 서로 간의 공감response과 타자에 대한 응답책임responsibility으로서의 윤리가 충만한 삶에 다름 아닐 것이다. 만물을 향해 울려 퍼지는 저 순진무구한 인사에는 우리가 당신, 그 낯선 타자를 만났을 때의 희망과 가능성에 대한 낙관적 믿음이 고스란히 투영되어 있다.

그러나 그 순진무구한 인사는 "우리 민족 말"로 건네질 때, 반향과 응답을 얻는 것이다. 중앙아시아의 들판의 소년/소녀의 인사는 들판의 꽃과 숲속 동물들에게, 천산의 호수에게, 사막의 바람에게는 어떤 언어로라도 전해질 수 있지만, '우리'에게 전해지기 위해서는 "우리 민족 말"로 말해져야(들려져야) 한다. 그러니 이 순진무구한 인사는 실상 낙원의 아담의 말과 같은 천진성을 지닐 수가 없다. 이미 이 인사의 순진무구함은 만물이 아닌 인간의 세계로 전해지기 위해, 바벨탑과 국경을 넘어, 아니, 1937년과 1995년이라는 시간의 축을 통과해야만 한다.[7]

화자인 나는 편지의 주인공 류다가 소년인 줄 알았으나, 중앙아시아에 도착해서야 류다가 여성에게만 쓰이는 이름이라는 것을 알게 된다. 화자는 이 무식함에 대해서 "국제화, 세계화 시대에 그야말로 낯뜨거운 노릇이 아닐 수 없었다."(39쪽)라는 반성의 소회를 적고 있다. 이처럼 낯선 인종적 타자와의 조우에서 한국인은 그들의 이름의 뜻을 알게 되고, 다른 종족말의 단어를 배워간다. 반면 상

---

7. 편지의 주인공 류다는 1937년 구소련에서 중앙아시아로 강제 이주당한 고려인의 자손이다. 「하얀배」에서도 화자가 되풀이 지적하다시피 1995년의 시간에서 "이제 그와 같은 역사적 사실에 놀라움을 느낄 사람은 없을 것이다. 그 쪽으로 갔던 사람들이 이구동성으로 '아, 1937년!'을 외쳐서 우리의 시선을 끈 것도 벌써 몇 년이 흘러 있었다."(「하얀 배」, 32쪽).

대편의 인종적 타자는 생존을 위해 한국어를 배우고 있다. 화자에게 낯선 종족의 말을 배우는 것은 세계화에 걸맞은 타인종에 대한 예의라면, 류다와 그의 가족들에게 말을 배우는 일은 생존을 위한 일이다. 그러니 서로의 말을 배우는 동기의 이러한 차이는 이미 이들의 만남이 비대칭적인 관계일 수밖에 없음을 의미한다.

> "그러니 지금 할 일이라곤 우리 모두 민족 말을 잘 배우는 수밖에 없군. 그런 수밖에 없다."
> 아버지는 마지막으로 그렇게 말했습니다. 소년은 그 말이 가슴에 우즈베키스탄 사람들의 칼처럼 겨누어지는 듯했습니다.[8]

소련의 국경 안에서는 소련 말을, 소련이 해체된 후에는 다시 지배 민족의 말을 배워야 했던 이들은 이제 마지막으로 "우리 민족 말"을 배워야 한다. 그러니 이들에게 말은 곧 국경이며, 말을 배우는 것이 국경 안에서 살아남는 방법이다. 한 번도 지배자의 언어가 되어보지 못한 언어 사용자로서의 한민족이라는 종족, 그것이 소년의 운명이다. 그러나 화자가 거듭 강조하듯이 화자가 중앙아시아의

---

8. 윤후명, 「하얀배」, 27쪽.

고려인들에 대해 하고자 하는 이야기는 "아, 1937년!"으로 시작하는 약소민족의 고통에 찬, 그러나 "이제 알려질 만큼 알려져 낡은 이야기"는 아니다. 오히려 화자가 '말 배우는 소년'에 대해 궁금한 이야기는 "외부 세계에의 동경과 그 구제의 표상일 하얀 배"처럼 그 소년이 들판을 향해 건네는 인사말에 담긴 동경과 꿈에 관한 것이다. 그 동경과 꿈에 대한 이야기를 공유함으로써, 소년과 나는 마치 '하나'가 된 것 같은 일체감을 느낄 수 있기 때문이다.[9]

화자가 류다와의 설레는 만남에서 알게 되는 이야기는 실상 류다의 이야기가 아니다. 그 이야기는 "외부 세계에의 동경과 그 구제의 표상일 하얀 배"에 대한 나의 동경과 꼭 닮아 있는 어떤 동경의 세계에 대한 이야기이다. 외부 세계에 대한 나의 동경은 고국에서도 낯선 타향처럼 좀처럼 정처를 찾지 못한 나의 삶의 외로움의 소산이라 할 때, 중앙아시아의 들판에서 울리던 메아리는 나의 외로움의 파문에 다름 아닌 것이었다. 그래서 나는 나의 외로움의 파문을 따라, 국경을 넘어, 중앙아시아의 벌판에서 또 다

---

9. "중앙아시아의 들판에 홀로 나가서 개양귀비와 들쥐들을 향해 우리말 "안녕하십니까"를 외치는 소년을 만나지 않고 누구를 만난단 말인가. 뒤늦게 고백하건대 간밤에 가물가물 잠이 들 즈음 그 소년이 바로 나일수도 있다는, 혹은 나일지도 모른다는 엉뚱한 생각이 선잠 속의 꿈결에서인 듯 내 머리를 스치고 지나간다고 느꼈었다."(「하얀배」, 36쪽).

른 나인 소년/소녀 류다를 만나게 되는 것이다. ("중앙아시아의 산 속 비경秘境이 나만의 방처럼 나만의 공간으로 주어진 것이었다. 나는 그 안으로 들어가 숨을 것이다.")[10]

「하얀배」는 탈냉전 이후 국경이 열리고, 새롭게 하늘이 열린 시점에서 경계를 넘어 낯선 타자와 조우하는 시대의 심상지리를 선명하게 보여준다. 또 그렇게 처음 조우한 낯선 인종적 타자가 중앙아시아의 고려인이라는 점 또한 의미심장하다. 낯선 땅 중앙아시아에서 같은 '민족'인 류다가 "우리 민족 말"로 건네 오는 인사, 그리고 그 인사에 화답하는 나의 월경越境. 만물의 반향과 응답을 얻어 멀리 멀리 세계로 뻗어나가는, "우리 민족 말"로 건네는 인사에 담긴 그 순진무구한 낙관의 세계는, 국경을 넘어 새로운 세계와 낯선 인종적 타자를 만나는 것에서 새로운 가능성을 발견하던 시대의 낭만적 열정과 동경이 내포되어 있다. 세계화, 아시아의 한류 열기에 대한 한국인들의 열광에도 이러한 낭만적 열정과 동경은 고스란히 담겨 있다. 동시에 이 순진무구한 동경의 세계에서 낯선 타자와의 만남을 '나'와 '너' 사이의 인사와 응답으로 이뤄진 아름다운 메아리로 상상하는 낭만적 이상화를 발견하는 것은 어렵지 않은 일이다. 그러나 그 상호 응답을 가능하게 하는 인사가 실상

---

10. 윤후명, 「하얀배」, 45쪽.

은 "우리 민족 말"로 말해질 때만이 수행될 수 있는 것이라는 점에서 그 인사는 '네이티브 스피커'에게는 품위 있는 예절의 문제이지만, 누군가에게는 생존을 건 절체절명의 일이 된다는 비대칭적 관계 속에 있는 것이다.

낯선 중앙아시아 들판에서 메아리쳐 울리는 "안녕하십니까!"라는 인사는 아시아로, 세계로 울려 퍼져가는 '메이드 인 코리아'에 대한 동경과 열망의 구조와 닮아 있다. 만물의 반향을 얻고 세계로 퍼져나가는 "안녕하십니까"라는 '우리 민족 말'의 메아리는 '메이드 인 코리아'의 반향에 대한 낙관적 동경이 만들어내는 심상지리를 그대로 보여준다. 물론 이는 작가나 작품 자체에 내포된 제국의 판타지를 문제시하는 차원에 국한되는 것은 아니다. 오히려 작품이 곧 그 시대의 거울이라는 차원에서 「하얀배」는 탈냉전이라는, 국경이 열린 바로 그 시점에서 한국인이 국경을 넘어 새로운 세계를 '동경하고 열망하던' 구조를 고스란히 투영하고 있는 것이다.

중앙아시아의 들판에서 '한국'을 향해 "안녕하십니까!"를 외치던 소년과 그 소년의 인사가 전하는 파문이 국경과 하늘이 처음 열리던 시점에서의 월경과 타자와의 조우에 대한 낭만적 동경의 소산이었다면, 그로부터 10년 뒤 소년의 인사에 답하는 존재는 없다. 아니 소년의 인사에 답해야 할 '신화적 공간'은 박제가, 키치가 되어 있다.

"안녕?" 창문에 매달린 코끼리는 여전히 말이 없다. 무심한 눈길로 먼 곳을 쳐다볼 뿐. 일곱 개의 코를 가진, 퍼체우라에 은사로 화려하게 수놓인 그 코끼리는 원래 신들의 왕 인드라를 태우는 구름이었다고 한다. "그래서요?" 창문에 퍼체우라를 달다가 그 이야기를 들은 나는 흥분해서 아버지를 재촉했다. "어느 날 창조주 부라마가 '세계의 알'을 깨뜨리면서 코끼리의 격이 낮아져 그만 우주를 떠받치는 기둥이 되었단다." 나는 눈을 질끈 감았다. 아버지는 슬쩍 내 안색을 살폈다. "어차피 그건 힌두교 신화일 뿐이야. 신이 깨뜨린 알이란 없어." 순간 못대가리에서 미끄러져 엇나간 망치가 아버지 손톱을 찧었다. 손톱 끝에 침을 바르고 통증을 참던 아버지는 떨어진 못을 찾으려고 두 손을 뻗어 바닥을 더듬었다. 문득 아버지가 코끼리처럼 여겨졌다. 구름보다 높은 히말라야에서 태어나 이곳, 후미진 공장 지대에서 살아가고 있으니 ⋯⋯.[11]

"안녕?" 조선족과 네팔인 사이에서 태어나, 반은 '메이드인 코리아'인 소년은 유창한 한국어로 인사를 건네지만, 그 인사에 화답할 '정령에 가득 찬' 만물은 없다. "투명하고 생생한 햇빛, 푸른 티크나무 숲, 눈 덮인 안나푸르나, 잔잔

11. 김재영, 「코끼리」, 『코끼리』, 실천문학사, 2005, 20~21쪽.

하게 물결치는 페와호, 그리고 사탕수수를 빨아먹으며 웃고 있는 아이들 …… "[12]처럼 서로에게 화답하는 정령이 넘치는 만물과 신성한 자연과 원초적인 삶은 이제 해마다 갈아치우는 달력 그림에 불과하다. 이제 소년의 인사에 화답할 다정한 '한국인'도 신성하고 원초적인 세계도 존재하지 않는다. 소년의 삶의 반경은 단지 "이 곳, 후미진 공장 지대"를 벗어날 수 없다. 「하얀배」의 소년/소녀 류다의 인사는 자신의 삶의 반경을 넘어, 멀리멀리 울려 퍼지지만, 「코끼리」의 소년의 말은 "이 곳, 후미진 공장 지대"의 밖으로 결코 전달되지 않는다. 소년에게 "외부 세계에의 동경과 그 구제의 표상"은 달력 그림처럼 키치에 불과하다. 동경이 키치가 된 것과 마찬가지로, '메이드 인 코리아' 역시 키치와 다를 바 없다.

난 …… 태어난 곳은 있지만 고향이 없다. 한국에 네팔 대사관이 없어 아버지는 혼인신고를 못했다. 그래서 내겐 호적도 없고 국적도 없다. 학교에서조차 청강생일 뿐이다. 살아있지만 태어난 적이 없다고 되어 있는 아이 …… .[13]

월경越境을 통한 새로운 삶의 가능성이라든가, 타자와

12. 같은 책, 9쪽.
13. 같은 책, 23쪽.

의 조우를 통한 새로운 세계에 대한 동경어린 꿈, '메이드 인 코리아'의 판타지도 모두 키치가 되어버린 시대에 소년에게 주어진 것은 하릴없이 "이 곳, 후미진 공장 지대"를 질주하는 일 뿐이다. 소년은 달려도 달려도 "이 곳"을 벗어날 수 없다. 즉 제한된 반경 내에서 시민권은 없이 생존만이 허락된 소년의 삶은 게토에서의 삶과 다르지 않다. 이제 소년에게 게토 너머의 삶은 없다. 아버지처럼 돌아가고픈 고국도 없으며, 태어난 곳은 고향이 될 수 없다. 따라서 소년에게 "이 곳"에서의 삶은 네팔말로 하자면 "외에 빠진 삶"이다. 외란 네팔말로 소용돌이를 뜻하는 것으로 한 번 빠지면 나올 수 없는 깊은 수렁에 다름 아니다. '메이드 인 코리아'에 대한 판타지와 그 몰락은 만물의 응답과 반향 속에 저 멀리 멀리 울려 퍼지던 소년의 "안녕하십니까!"라는 인사의 메아리에서, 누군가의 응답도 듣지 못한 채 게토를 맴도는 소년의 '소용돌이' 속에 빠진 삶 속에 인상적으로 투영되어 있다.

1995년과 2005년, 십년 사이에 국경을 넘어서 낯선 타자와 조우하는 방식에는 변화와 연속성이 존재한다. 가장 큰 변화는 월경에 대한 판타지와 타자에 대한 낭만적 동경, 그리고 '메이드 인 코리아'의 신화가 모두 키치로 전락했다는 점일 것이다. 그러나 동시에 변하지 않은 것도 있다. 특히 낯선 타자를 외롭고, '정처 없는' 존재로 그려내는 방식은 신화가 키치가 된 후에도 여전히 반복되고 있다. 또 다른 경우는 「코끼리」와는 달리 낯선 타자를 자연화하고 신화화하는 방식인데, 이는 「하얀배」에서 인종적 타자를 천마, 하얀배, 호수와 같은 신화 속 존재나 원시적인 자연과 동일화하는 방식에서도 특징적으로 나타나는 현상이다. 특히 이러한 방식은 한국 사회에서 낯선 인종적 타자와 처음 대면할 때 반복적으로 등장하는 재현의 관습이라 할 것이다.

알전구들이 매달려 있어서 전체적으로 밝은데다 초록색 풀들이 네모반듯하게 자라나서 보기에도 좋았다. 그리고 누가 심어놓았는지 어른 손바닥만한 크기의 비타민이며 상추, 고추 같은 것들이 예쁘게 크고 있었다. 또 공터 한켠에는 어른들 몇이 들어가 목욕을 해도 될 정도로 커다란 고무 물통이 놓여있었는데 초록색 호스에서 나온 물이 가득 차 있었다. 순간 그곳은 공사가 막 시작되기 전의 공터가 아니라 초록 카펫이 깔린 무대처럼 보였다. 그리고 거기서 동남아 여자가 춤을 추고 있었다. 여자는 배와 엉덩이를 크게 돌리며 허리에 손을 얹고 제자리에서 뱅글뱅글 도는 춤을 추고 있었고, 삐에로 남자는 커다란 검은색 드럼통 안에 들어가 얼굴만 내밀고 있다가 춤추던 여자가 머리를 물속으로 밀어 넣으면 다시 들어갔다 나오는 일을 반복했다. 그들이

노는 모양을 쳐다보고 있으려니까 웃음이 저절로 나왔고 '바보들'이라는 말이 떠올랐으며 그렇게 밤은 흐르고 시간이 갔다.[14]

손에 손을 이어잡으십시오/발로 박자 맞춰 춤을 춥시다/토토타무타무/타무타무토토타무

시빌의 젊은이들이여/자바의 아가씨들이여/손에 손을 잡으면 새 날이 밝아온다/아시아에 아침이 온다/토토타무타무/타무타무토토타무

우랄에 깃발꽂고/ 바이칼에 푸울을 만듭시다/손에손을 맞잡으면 새날이 밝아오는/태평양의 아침해가 솟아오릅니다/토토타무타무/타무타무토토타무

박자를 맞춥시다 박자를 맞춥시다/인도의 코끼리 아저씨 앞에서/고비사막의 기다란 목을 가진 낙타군 앞에서/바다 표범씨가 보낸 편집니다요 캥거루씨 앞으로/토토타무타무/타무타무토토타무[15]

"빌라에 사는 것들"로 통칭되는 동남아시아인들이 말하

---

14. 강영숙, 「갈색 눈물방울」(『문학과 사회』, 2004년 겨울호), 『빨강 속의 검정에 대하여』, 문학동네, 2009, 205쪽.
15. 주요한, 「손에 손을」, 『국민문학』, 1권 1호, 1941년 11월.

는 것을 들어본 사람은 없다. 마찬가지로 "빌라에 사는 것들"이지만 정체를 알 수 없는 수상한 동남아시아인들에게 관심조차 없는 여자는 실연의 상처와 반복되는 실어증, 영어 학원에서의 봉변 등 난관에 빠져 밤을 지새우다가 우연히 동남아시아인들의 '밤의 축제'를 엿보게 된다(「갈색 눈물방울」). 위의 장면은 여자가 동남아시아인들의 새로운 면모를 '발견'하는 장면으로, 이 발견 이후 그녀에게 동남아시아인들은 비가시적이고 존재감이 없던 침묵하는 존재에서, 상처를 서로 치유해주는 '친구'가 된다. 그런데 그녀가 동남아시아인들을 '발견'하게 된 계기는 이 낯선 인종적 타자가 단지 쓰레기통을 뒤지고 다니는 수상한 존재가 아니라 천진함을 지닌 존재라는 인식의 전환을 통해서이다. 동남아시아인들이 알록달록한 불빛이 켜진 초록의 '들판'에서 물장난을 치고, "뱅글뱅글 도는 춤"을 추며 함께 노는 장면을 목격하면서 그녀는 이들의 카니발적인 천진난만함 속에서 자신과 같은 외로움을 감지하고, 그들의 상처에 관심을 갖게 된다. 그러나 이처럼 동남아시아인들을 '우리' 문명화된 세계와는 다른 원시적 열정으로 가득한 카니발적인 천진난만함의 세계로 그려내는 것은 관습화된 재현체계의 산물이다. 그런 점에서 "이제 알려질 만큼 알려져 낡은 이야기"일 수 있지만, 1937년에도, 1995년에도, 2005

년에도 한국인들은 인종적 타자와 처음 만나는 순간, 그들을 친구로 발견하게 되는 순간, 언제나 이런 방식의 재현을 반복한다. 인종적 타자는 '우리'에게 발견되기 위해서, 일단 신화와 카니발 속의 순진무구한 존재가 되어야 하는 것이다.

주요한의 시「손에 손을」은 동남아시아를 점령한 일본의 '성전'聖戰을 축하하기 위해 바쳐진 시이다. 이 시는 남방이라는 새로운 세계, 낯선 인종적 타자와의 만남이 당시의 조선 작가에게 어떻게 신비롭고, 축제에 가까운 희열로 표상되었는지를 보여준다. 이렇게 남방을 원시적 리듬에 내포된 카니발적인 천진함으로 표상하던 방식은 당시 조선의 담론 공간에서 횡행하던 유행이었다. 그리고 이러한 재현의 프레임이 형성된 것은 남방이라는 새로운 영토가 '열리고' 그 새로운 세계 속에서 '반도'라는 제한된 위치를 벗어날 수 있을지도 모른다는 식민지 조선인의 열망과 기대감 때문이었다. 또한 제국의 힘도 갖지 못하고, 대만이나 만주처럼 제국의 식민지로서 지정학정 중요성도 갖지 못했던 식민지 조선의 주체 위치 속에서 남방인이라는 낯선 인종적 타자는 '메이드 인 조선'(인종적으로나 문화적으로, 그리고 경제적으로도)의 우월함을 아시아와 세계에 증명해줄 수 있는 하나의 역사적 계기처럼 간주되었다.

물론 「갈색 눈물방울」이 이와 같은 일제 시기의 제국의 판타지를 반복하고 있다는 과도한 비판을 하려는 것은 아니다. 다만 우리가 자연스럽게 간주하고 있는 어떤 재현의 관습들에는 인종적 타자와 만남과 헤어짐을 반복했던 역사가 고스란히 내포되어 있다는 점을 지적하고 싶을 뿐이다. 한 평자는 「갈색 눈물방울」이 타자의 슬픔과 이에 대한 고통의 연대를 상투화하는 여타의 작품들과 달리 인종적 타자를 재현함에 있어서 놀라운 성취를 보여주었다고 평한 바 있다. 즉 「갈색 눈물방울」이 "'나'와 '나'의 고통 사이에, 아픔과 망각 사이에, '나'와 '갈색 눈물방울' 사이에, 모국어와 외국어 사이에 가로막혔던 문턱"을 허무는 기적을 보여주는 작품이라는 평가이다.16 그러나 인종적 타자에 대한 이러한 관습적인 재현을 반복하는 작품이 어떻게 그런 기적을 수행할 수 있을까 하는 의문은 여전히 남아 있는데, 문제는 「갈색 눈물방울」의 경우 이러한 관습화된 재현 방식 자체에 대해서 그다지 회의하고 있지 않다는 점이다.

관습화된 재현 방식을 넘어서는 일은, 사실 여러 어려

---

16. 복도훈, 「문턱에 대하여」, 『눈먼자의 초상』, 문학동네, 2010, 306쪽. 복도훈의 이 글은 「유머와 기적, 환대와 사랑」(『실천문학』, 2006년 여름호)과 이를 부분 개작한 글(『문학마당』, 2007년 여름호)을 다시 수정한 글이다.

운 난제들을 안고 있다. 또 관습화된 재현 방식과 '타협과 절충'을 시도한다고 해서 그것이 관습화된 재현 정치의 이 데올로기에 내재된 타자에 대한 폭력성을 그대로 반복하고 있는 것도 아니다. 오히려 절충과 타협을 독자들이 읽어낼 수 있게 만드는 것이 역으로 익숙한 재현의 관습의 경계를 자각하게 만드는 효과를 불러일으킬 수도 있기 때문이다. 따라서 문제는 '경계를 넘어서 어떻게 타자와 만날 것인가.'라기보다, '내 안에 있는 익숙함과 어떻게 결별할 것인가.'라는 차원에 놓여 있다.

안녕, 외로운 타자들 : 낯익음의 정치적 함의

고독과 외로움에 가득 찬 얼굴 표정을 클로즈업 하는 화면. 그 화면에 담긴 것이 허름한 옷차림의 동남아 여성인 경우와, 동성애자인 젊은 한국 청년인 경우, 어떤 쪽이 한국 관객들을 더 불편하게 만들까? 뭐 당신은 어느 쪽이든 그다지 상관없다고 할지 모르겠다. 그러나 이른바 '대다수 한국 관객'들에게는 둘 다 불편하기는 마찬가지이지만, 전자 쪽이 조금 더 불편한 모양이다. 2010년 개봉해서 500만이 넘는 관객을 동원한 영화 〈의형제〉(공식 추산은

542만으로 2010년도 상반기 한국 영화 최고 흥행작으로 기록되었다)는 혈연적인 것과 형제애[17](영화의 영문제목은 "Blood brother"이다)와 관련해 흥미로운 생각거리를 제공한다.

〈의형제〉는 북한에서 버림받은 공작원 지원(강동원)과 국정원에서 파면된 한규(송강호)가 서로 적대적인 관계에서 형제애로 전환되는 과정을 다양한 장르 문법을 오가며 흥미롭게 구성하였다. 특히 이 영화는 냉전과 이주라는 상황 속에서 변화하는 형제애의 문법을 대중의 눈높이에서 적절하게 절충하면서 흥행과 비평 모두에서 성공한 사례라 할 것이다. 특히 여기서 '새터민'과 동남아 이주 노동자, (가족과 직장이라는) 삶의 근거를 상실한 한국인 가장들이 서로 쫓고 쫓기는 관계로부터 상호 연대적인 관계로 전환되는 과정은 대중의 취향과 정치적 올바름 모두를 만족시키는 적절한 절충점들을 마련하고 있다. 즉 이런 방식은 휴먼 다큐멘터리와 같은 적절한 대중적 공감대와 '적대에서 연대로'라는 정치적 올바름의 자세 역시도 이 영화가 잊지 않고 있다는 적절한 메시지를 전달한다.

---

17. 잘 알려져 있다시피 프랑스 혁명의 주요 이념인 자유, 평등, 박애에서 박애(fraternity)는 형제애라는 의미를 내포한다. 만인의 호혜평등의 원리로서 박애의 이념은 그 출발에서나 내포에서나 형제애라는 합의와 밀접한 관련을 지닌다.

〈의형제〉에서 서로 쫓고 쫓기는 '생계형 공작원'과 이주 노동자, 실직한 가장의 동선은 참으로 흥미롭다. '소용돌이'가 게토화 된 삶의 문학적 표상이라면, 〈의형제〉의 추격 장면은 그것의 영화적 스펙터클에 해당한다. 한규가 지원과 '그림자'를 쫓아가는 추격 장면에서 이들이 움직이는 동선은 재개발의 쓰레기와 무너진 잔해로 가득 차 있는, '주민'들은 모두 이주한 텅 빈 동네를 따라 이어진다. '뉴타운 개발' 현수막이 내걸린 뒷골목, 재개발로 폐허가 된 채, 모든 것은 '공사 중'이다. 쫓기는 자와 쫓는 자의 동선은 모두 폐허와 폐허 사이, 개발 쓰레기 더미들 사이에서 그려진다. 이들의 동선은 길가에 내동댕이쳐진 살림살이와 주민이 이주한 후 셔터가 내려진 상가 거리들 사이를 벗어나지 못한다. 물론 '그림자'는 이 동선을 벗어나 시야에서 사라지지만, 지원과 한규는 버림받은 채 결국 그 곳에 숨어든다. 지원이 남과 북 양쪽의 추격을 피해 도망 다니다가 결국 한규의 거처에 머물게 되듯이, 이들의 '도주'의 반경은 제한적이다.

베트남 여성을 '잡기' 위해 지원과 한규가 벌이는 추격 장면 또한 이처럼 제한된 삶의 반경을 넘지 못하는 게토의 주민들 사이에서 위계가 무너지는 일종의 카니발적인 순간을 인상적으로 그려내기도 한다. 베트남 여성과 지원과 한규는 복잡하게 얽혀있는 골목들을 따라 뱅뱅 돌다가 서로가 서로의 꼬리를 물고, 추격하는 자가 추격당하는 자를 앞서 달려가는 형국이 되어버린다. 이는 이주 노동자와 생계형 공작원과 실직한 가장이 그들의 인종적 차이와 이념적 차이에도 불구하고 결국 같은 자리를 맴도는, 게토화된 삶의 반경을 넘지 못하는 존재들이라는 점을 인상적으로 보여준다. 물론 이러한 인상적인 장면은 관객들에게는 이전에 보지 못한 추격 장면의 신기하고 새로운 스펙터클로서 소비될 여지가 충분하다. 영화 역시 이러한 추격 장면을 게토화 된 삶이라는 이들이 움직이는 동선과 존재의 반경의 문제로 정치화하기 보다는 스릴과 유머를 결합한 흥미로운 스펙터클로 절충하고 있기도 하다.

그런데 「코끼리」의 소용돌이와 〈의형제〉의 추격 장면을 통해 생각해보아야 할 것은 게토화 된 삶의 반경을 넘지 못하는 존재들의 만남은 실상 제한된 삶의 반경이라는 현실적인 조건에 의해 이미 주어진 것이라는 점이다. 즉 '우리'와 '그들'은 '우리'의 호의와 우정의 연대를 통해서 서로 만나게 되는 것이 아니라, 게토의 주민이라는 현실적인 조건에 의해 만날 수밖에 없는 것이다. 게토라는 반경 안에 있기에 '우리'와 '그들'의 만남은 필연적이고 현실적인 것이다. 즉 다문화주의의 수사가 말하듯, 우리는 우정을 통해서만 그들과 만날 수 있는 것이 아니다. 실상 우리는 그들과 같은 게토 내에 거주하므로 그들과 만날 수밖에 없다는 현실적 요인들 때문에 '우정'이 필요한 것이다.

베트남 이주 노동자와 '탈북자', 실직 가장은 결국 모두 같은 게토의 주민이지만 이들 주민들에게 '외로울 수 있는 자격'이 동등하게 주어지지는 않는다. 외로움은 냉전의 벽을 넘어 '형제'를 이어주는 끈이 되지만, 인종적 타자들은 여전히 형제애의 스펙터클의 배경을 장식한다. 북한에서 버림받고 '생계형 공작원'이 된 지원을 묘사함에 있어서 영화는 무엇보다 체제로부터 버림받고, 가족의 품에 돌아갈 수 없게 된 채 그저 살아남기 위해 하루하루를 견뎌야 하는 지원의 외로운 내면을 전달하는 데 주안점을 둔다. 지원과 한규는 결국은 바로 서로의 외로움을 발견하게 됨으로써 적대적 관계에서 형제애적인 관계로 변화되게 된다. 이는 〈의형제〉가 '감상적인 것'의 층위에 주안점을 두고 직조되고 있다는 점과도 관련된다. 이념이나 '체제수호'와도 무관한 비인간적인 살인마로 묘사되는 인물인 '그림자'는 시종일관 지원과 한규를 '감상적인 것들'이라고 비난한다. 이는 영화 전체의 성격을 상징적으로 드러내는 지점이다. 즉 영화는 냉정한 냉전의 현실이나, 고향을 등져야하는 이주자들이 당면한 현실의 냉혹함보다는 '인간적인' 차원(영화에서 지원이 줄곧 강조하는 바), 특히 감성적인 차원에 주안점을 두고 있다.

외로운 타자로서 지원과 한규 사이의 정서적 연대의 과정은 〈의형제〉가 그려내는 '인간적인 형제애'의 주요한 지점이다. 여기서 지원과 한규 사이 인간적인 형제애를 매개하는 중요한 역할을 하는 것이 베트남 이주 노동자들이다. 그러나 지원과 한규가 서로의 외로움을 발견해나가는 과정이 영화 전개에서 매우 중요한 감정선을 그려내고 있는 것과 달리 베트남 이주 노동자들은 그러한 내면이 없는 존재들로, 그저 이름도 내면도 없는 집단화된 양태로만 그려진다. 이러한 점에 대해서는 평자들의 비판 또한 제기된 바 있다. 이에 대해 장훈 감독의 논평은 매우 흥미롭다. 감독 역시 베트남인들이 "조직 폭력배처럼" 그려진 것이나, "한규와 지원의 감정 변화를 영화적으로 부각하기 위한 필요 때문에 그들을 대상화한 건 아닌가"하는 아쉬움이 계속 남는다고 자평하고 있다. 특히 영화 전반에 걸쳐서 이러한 결과가 나온 것은 애초의 촬영 본에서는 베트남 이주민들의 내면과 고독을 클로즈업한 여러 장면들이 있었지만 모니터 시사회 참석자들의 불편한 반응들 때문에 모두 삭제하고 결국 원경 숏만 남게 되었다는 것이다.

그는 〈의형제〉의 모니터 시사 당시 반응에 놀랐다고 했다.

베트남 여성 뚜이안이 동생과 재회하거나, 집 나간 외국인 아내가 돌아와 아이를 안고 있는 정서적 장면까지도 불편해하는 사람들이 있었다고 했다. "외국인들을 큰 화면으로 보는 것 자체를 부담스러워했던 것 같다. 뚜이안의 표정을 타이트하게 잡은 숏들이 있었지만 결국 최종 편집 단계에서 원경 숏으로 대체했다. 국내 외국인의 감정과 느낌도 주인공들의 감정만큼 잘 전달하고 싶었는데, 모니터 반응을 보며 내 바람만큼 잘 안됐던 것 같다. 적정선에서 자르긴 했지만 여전히 아쉽다."[18]

감독의 말 중, "외국인"이나 "국내 외국인"이라는 모호한 규정은 정확하게는 동남아시아 이주 노동자라 할 것이다. 관객들은 국내에 있는 백인이 영화에서 클로즈업되는 장면에 대해 동일한 불편함을 토로하지는 않기 때문이다. 즉 동남아시아 이주 노동자들이 재현됨에 있어서 "정서적 장면"이나, "감정과 느낌"이 담긴 클로즈업, "큰 화면" 전체를 가득 채운 동남아시아 노동자의 얼굴은 "불편"하고 "부담"스러운 것으로 간주된다. 따라서 영화에서 동남아시아 노동자들을 담아내는 프레임은 감정이 담긴 얼굴과 클로즈업 대신 몹 신mob scene과 원경 숏이 주를 이루게 되었다

---

18. 김용언, 「이런 다이내믹한 장르 영화를 보았나」, 『씨네 21』, 2010년 2월 29일. 인용은 글 본문 중 감독 인터뷰이다.

는 것이다.

이처럼 어떤 프레임들은 '사람들'을 불편하게 하고, 다른 프레임들은 상식선에서 받아들일만한 것으로 간주된다. 특히 특정한 정체성 집단들, 인종적으로나 성적으로 차이가 있는 집단들을 재현하는 프레임은 오랜 세월에 걸쳐 형성된 역사성을 지니고 있기에 쉽게 바뀌기 어렵다. 따라서 이러한 프레임, 즉 어떤 대상을 재현하거나 담아내는 관습적 문법들이야말로 우리가 의식하지 못하지만, 우리의 일상적 삶 속에 어떻게 역사성이 스며 있는지를 보여주는 대표적인 사례이다. 예를 들어 우리가 어떤 장면을 보면서 어색하고 불편하게 느낄 때 그런 감정의 역사적 연원을 모두가 곱씹어보는 것은 아니다. 특정한 프레임에 대한 문자 그대로의 불편한 느낌은 사람들에게 어떤 '자연스러운 감정이나 정서, 느낌'처럼 간주되기에 그 역사성을 생각하기 어려운 경우가 많다.[19] 〈의형제〉와 같이 고독하

19. 타자에 대한 폭력을 정당화하는 관습화된 프레임에 대한 비판은 주디스 버틀러가 수잔 손탁을 새롭게 해석하면서 제기한 폭력 비판 이론의 주요한 방법론이다. 주디스 버틀러는 "우리 미국인들"은 "왜 자살 특공대에 대해서 도덕적 혐오감과 공포심에 휩싸이는 것일까? 반면 왜 '우리'는 국가가 후원하는 전쟁 행위에 대해서는 이와 같은 동일한 도덕적 혐오감과 공포심을 느끼지 않을까"라는 질문을 통해 익숙한 프레임과 감응, 그리고 타자에 대한 응답책임 윤리에 대해서 논한다. 이러한 감정양태(affect)는 자살 테러범의 산산이 파괴된 신체에 대해서 슬픔이나 상실감보다는, 오히려 적이 제거되었다는 안도감을 느끼게 되는 것과도 관련된다. 자살 테러

고 외로운 타자들 사이의 연대의 필요성을 감각하게 만들고, 정서적 유대가 지닌 정치적 올바름의 문제에 대해 고민을 하는 영화의 경우조차도, 관객들에게 상식선으로 간주된 특정한 프레임의 압력은 동남아시아 노동자와 같이 계급적, 인종적 타자들을 관습적인 방식으로 재현하는 관성을 넘지 못하게 하는 요인이 되곤 한다.(물론 이러한 한계는 감독을 비롯한 영화 제작자들의 '타협'과 절충의 산물이라는 것 또한 명백하다.)

그리고 여기서 말하는 상식선으로 간주된 특정 프레임이란 실상 동남아시아인들을 근대적인 개인과는 다른 '야만적 타자'로 간주해 온 식민성의 산물이다. 즉 동남아시아인들이 내면과 감성을 지닌 표정 있는 존재로 그려지지

범과 국가가 후원하는 '일반적인' 전쟁에서의 '군인'의 죽음은 원론적인 차원에서 둘 다 폭력에 의해 희생된 죽음이며 그런 점에서 모두 슬퍼하고 애도할만한 대상이 되어야 할 것이다. 그러나 실제적으로 우리는 전장에서 희생된 군인의 죽음에 대해 슬퍼하고 상실감을 느끼지만, 자살 테러범의 죽음에 대해서는 동일한 상실감을 느끼지 못한다.

이는 두 집단, 즉 국가에 의해 지원되는 공적 군대의 군인과, 이슬람 자살 테러범을 재현하는 해석의 프레임과 밀접한 관련을 갖는다. 우리는 이미 관습화된 재현의 프레임을 통해서 이러한 인종적 타자의 신체를 '우리를 위협하는 낯선 타자'로서 감각하고 있다. 인종적 타자가 나의 안전을 위협하는 낯선 타자로 반복적으로 재현될 때 이들의 파괴된 신체는 어떠한 슬픔도 불러일으키지 못한다. 이에 대해서는 Judith Butler, "Survivability, Vulnerability, Affect", *Frames of War: When is Life Grievable?*, Verso: London · New York, 2009, p. 41.

않는 것은 식민주의적 사유의 전형적인 산물이다. 이른바 '근대적인 고독한 개인'이란 내면과 이름을 가지고, 특이성을 지닌 존재로서 식별 가능한 표정을 지닌 존재로 간주된다. 그러나 이러한 고독한 개인은 근대인 모두에게 할당된 역할이 아니라, 이른바 문명화된 지역의 특정 주체의 몫으로 할당되어왔다. 또한 한국은 1940년대 일본의 동남아시아 점령에서 비롯된 대동아 공영권의 지도에 포섭됨으로써 이러한 식민주의적 사유를 통해서 동남아시아와 처음으로 조우하게 되었다. 즉 한국인의 동남아시아와의 조우는 그 역사적 출발점에서부터 식민화된 사유와 표상체계에 의해 매개되었다.[20] 그리고 표정도 내면도 없으며, 따라서 고독하거나 외로울 수도 없는, 그런 타자로서의 동남아시아와의 만남은 2010년에도 그리 크게 달라지지 않았다. 물론 한국인들의 의식이나 사유 속에서는 동남아시아의 인종적 타자에 대한 입장은 1940년대와는 비교가 안 될 정도로 변화되었다. 그러나 앞서 동남아시아의 인종적 타자를 재현하는 관습의 예에서도 볼 수 있듯이 인종적 타자로서 동남아시아인들을 그려내는 프레임은 여전히 식민성의 관습과 흔적을 반복하고 있다고 할 것이다.

---

20. 이에 대한 자세한 논의는 권명아, 『역사적 파시즘 : 제국의 판타지와 젠더 정치』, 책세상, 2005를 참조.

앞서도 논한 것처럼 특정 존재를 재현하고 해석하는 프레임은 해당 사회가 걸어온 역사와 현재의 삶의 습속에 의해 구성되고 재구성된다. 따라서 관습화되어서 당대 사람들에게 '자연스럽고' 익숙한 것으로 간주된 프레임을 해체하거나 이탈하는 일이 그리 쉬운 것은 아니다. 그렇다면 결국 〈의형제〉와 같이 절충적이고 타협적인 프레임을 반복하는 것은 어쩔 수 없는 일일까? 물론 독립영화나 단편영화의 경우 〈반두비〉나 〈로니를 찾아서〉와 같이 이러한 관습적 프레임을 이탈한 경우들을 적지 않게 볼 수 있다. 그렇다면 대형 블록버스터나 대중적 취향을 고려할 수밖에 없는 문화 생산물의 경우는 결국 이러한 관습화된 프레임을 벗어날 수 없을까?

이 점에서 〈의형제〉와 유사하게 관습화된 프레임 속에 '절충적이고 타협적'인 방식으로 낯선 타자를 들여온 경우를 주말 드라마 〈인생은 아름다워〉에서도 발견할 수 있다. 〈인생은 아름다워〉는 주말 드라마로서는 이례적으로 동성애를 본격적으로 다루어서 뜨거운 이슈를 만들어내고 있다. 〈인생은 아름다워〉가 동성애를 다루는 방식에 대해서도 다양한 논의가 제기되고 있는데, 논란의 핵심은 드라마에서 동성애자를 다루는 방식이 김수현 식의 전형적인 가족 드라마의 프레임을 반복하는 지점에 놓여있다. 제주도의 낯선 풍광과 습속, 성적 소수자와 동성애 커플과 재일 교포 여성 조아라(장미희)와 채영(유민)이 가족 구성원으로서 중요하게 배치되는 등 〈인생은 아름다워〉는 김수현 식 가족(이른바 전형적인 한국 가족)의 프레임을 유지하면서도 구성원family과 가정home의 구성에 있어서 혼성성을 높이려 한 의도가 명확히 보인다. 그런 점에서 〈인생은 아름다워〉에서의 동성애를 다루는 방식을 '가족이라면 무엇이든 받아들일 수 있다'는 가족주의의 익숙한 반복으로 평가할 수도 있을 것이다. 그러나 〈인생은 아름다워〉에서 익숙한 프레임에 낯선 타자를 들여오는 방식은 〈의형제〉와는 조금 다른 지점에서 그 '절충'의 효과를 발휘하는 것으로 보인다.

무엇보다 〈인생은 아름다워〉가 어떻게 김수현 식 가족 드라마의 프레임을 그대로 유지하면서 낯선 타자를 들여오는지는 동성애 커플이 담기는 프레임들에서 전형적으로 드러난다. 경수와 태섭 두 커플의 관계는 김수현 드라마의 트레이드마크라 할 한국의 전형적인 가족 관계의 프레임 속에 담긴다. 그들은 하루 일과를 마치고 집에 돌아와 식탁 앞에 앉아서 오순도순 차를 마시고, 양가 집안의 일들로 티격태격하고, 무엇보다, 여느 가족 구성원들과 마찬가지로 침대머리에서 말다툼을 벌이다 잠자리에 든다.

김수현 드라마에서 다정한 가족이 담기는 전형적인 프레임들, 음식을 만들어서 나눠먹으며 가족 간의 친밀감을 공유하는 부엌, 가족 관계의 사소한 일들과 고민거리를 나누고, 이를 통해 부부간의 내밀한 소통이 이뤄지는 부부 침실의 프레임 속에 고스란히 경수와 태섭이 담기는 방식이 발휘하는 특별한 효과는 무엇보다 인상적이다.

신혼부부의 알콩달콩한 침실을 재현하는 김수현 식 가족 드라마의 프레임 안에 경수와 태섭이 자리하면서, 이들의 섹슈얼리티와 성 정체성은 음란함이나, 반사회적 의미가 아닌 누구나가 가질 수 있는 관계로 그려진다. 특히 이들의 은밀한 사생활의 장소인 침실은 경수와 태섭이 짊어져야만 하는 외로움을 유일하게 나눌 수 있는 공간으로 설정된다. 사회적으로는 물론이거니와 가족들에게도 인정받지 못한 채 고립되어 외로운 나날을 보내는 경수와, 가족 내에서는 커밍아웃을 했지만, 여전히 존재론적 불안을 일상으로 안고 살아야 하는 태섭, 그들에게 침실은 서로의 관계를 보장받을 수 있는 유일한 공간이 된다. 그러니 이러한 유일한 위로의 공간조차 허용되지 않는다면 얼마나 잔인할 것인가? 〈인생은 아름다워〉(김수현 작, SBS)는 이런 점에서 김수현 식의 가족 드라마의 프레임 안에 동성애적 관계를 들여오면서, 이들의 관계를 인정하지 않는 것이 얼마나 잔인한 것인지를 효과적으로 역설한다. 그래서 동성애자인 이들 역시 당신들이나, 우리들처럼 외로운 존재인지라, 그들에게는 연인이 필요하고 가족이 필요하다. 당신은 그렇지 않은가라고 묻는다.

물론 이러한 방식은 동성애와 같은 소수자의 주체 위치와 이에 대한 인정을 한국 사회의 관성화 된 가족 중심주의의 프레임 안으로 제한한다는 점에서 가족중심주의를 반복한다는 한계를 내포한다. 그러나 한편으로는 〈인생은 아름다워〉는 이전의 김수현 드라마와는 조금 다른 차원에서 가족 그 자체보다는 삶의 불안함과 외로움을 함께 할 수 있는 반려伴侶, association 21로서의 관계란 무엇인가에 대

---

21. 반려란 동반자(a companion)나 친구(partner) 나아가 감정을 나누는 교감관계(an associate)를 함축한다. 반려란 한국에서는 합법적 결혼관계나 가족관계에 놓인 사이를 주로 지칭하지만, 반려 동물처럼 교감을 나누는 관계의 의미로도 사용되고 있다. 김영민은 더 나아가 반려를 가족, 연인과 같은 익숙한 관계의 프레임과는 다른 "말과 살을 나누는" 관계를 내포하면서도 이를 넘어 아무것도 공유하지 않는 동무라는 새로운 관계를 지칭하는 용어로 사용하기도 한다 (김영민, 『사랑, 그 환상의 물매』, 마음산책, 2004 참조). 나는 여기서 의도적으로 반려의 의미를 감정을 나누는 관계라는 차원과 함께 사회 구성의 새로운 원리로서의 어소시에이션(association)의 함의와 결부시켜서 논하고 있다. 어소시에이션의 개념적 함의는 다양하지만, 최근의 논의는 주로 이행양식으로서, 인간들 간의 새로운 결속의 양식으로서의 어소시에이션의 가능성에 대해 관심이 모아지고 있다. 이때 기존의 권력관계에 대항하는 어소시에이션의 구성은 "모든 개인들의 자기 통치 능력의 강화, 자기 자신들이 결합한 사회적 힘들의 자각과 조직이 필요하다."(이득재, 「맑스와 어소시에이션, 그리고 혁명」, 『문화과학』 60호, 2009년 겨울호, 88쪽).

해 더 많은 질문을 던지는 것으로 보인다. 인생 막바지에 다시 합친 조부모나, 재혼 가정인 부모, 동성애 커플과 중년의 커플(재일 교포 여성과 한국 남성으로 이뤄진) 등 드라마의 주된 관계는 외로움과 불안함을 함께 하는 반려 관계에 대한 질문을 각기 짊어지고 있다.

〈의형제〉나 〈인생은 아름다워〉는 각기 다른 방식으로 불안하고 외로운 인생길에서 나와 다르지 않은 당신을 만나는 것의 소중함을 이야기하고 있다. 이러한 질문은 피상적인 정치적 올바름이나 소수자의 연대를 외치는 것보다 삶의 근원적 의미에 더 다가간 것일지 모르겠다. 그러나 한편으로 내가 당신을 필요로 하는 것이 나의 외로움 때문이라면 결국 내가 당신에게서 발견하는 모습은 나의 외로움의 투사인 것이 아닐까? 혹은 내가 외로움이라는 공통분모를 당신에게서 발견하지 못한다면, 우리는 서로 닮은 존재들로서의 관계를 맺을 수 없지 않을까? 당신이 나의 외로움과는 완전히 다른 외로움을 갖고 있다면, 혹은 당신

물론 김수현의 〈인생은 아름다워〉가 이런 의미에서의 반려에 대한 질문을 수행하고 있다는 것은 아니다. 다만 반려에 대한 질문을 결혼관계나 가족관계의 차원이 아니라 새로운 어소시에이션과 자기 통치성이라는 차원에서도 사유해 볼 필요성이 있다는 점을 지적하고자 할 뿐이다. 또 외로움과 반려, 타자와의 만남이라는 문제를 이렇게 자기 통치성과 해방의 실천으로서 사유할 때 교감과 응답윤리라는 문제는 타자에 대한 윤리의 문제에 한정되지 않고, '나'를 해방하는 삶의 정치 차원과도 연결될 수 있다.

과 내가 서로의 외로움을 발견할 수도 이해할 수 없는 절대적인 타자라면 어떻게 될 것인가? 〈의형제〉나 〈인생은 아름다워〉에서 보이는 것처럼 당신과 나는 외로운 존재라는 점에서 서로 다르지 않고, 그렇기에 우리는 닮아 있으며, 서로 닮아 있는 한, 함께 갈 수 있다는 우정과 연대와 상호 인정의 문법은 인간적인 차원에서 매우 소중하고 진실하지만, 어쩌면 '우리'의 희망사항인지도 모른다. 나와 다르지 않은 존재를 이해하고 인정하고 나아가 우정을 나누며, 서로를 환대하는 일은 어렵지 않기 때문이다. 문제는 나와 당신, 아니 당신이라는 이름으로 대면할 수도 없는 타자들은 나와 같지도 않으며, 서로 같은 외로움을 앓고 있는 존재도 아니기 때문이다.

그래서 우정과 환대, 혹은 상호 인정이라는 차원에서 어려운 것은 바로, 외로움이라는 알리바이를 넘어서는 일인지 모른다. 1937년에도, 1995년에도, 2010년에도 우리는 낯선 타자, 특히 낯선 인종적 타자와 만날 때 극도로 외로운 존재였다. 외롭지 않기 위해서 당신을 원했고, 외롭지 않기 위해서 '가족'을 원했고, 외롭지 않기 위해서 '세계'를 원했다. 그렇게 '나'는 당신과 만난 것이 아니라, 내 안에 있는 외로움, 그것을 당신에게서 발견한 것일 뿐이다.

무한히 '정치적인' 외로움 : 반려, 혹은 발명되어야 할 어소시에이션

> 그리고 이 친구는 더 이상 말을 잇지 못했다. 'lonely'라는 게 무엇인지는 알고 있지만, 다만 한국어로 어떻게 말하는 것인지 알지 못해서. 하지만 그게 무슨 상관이겠는가. 나는 가만히 우리가 흔히 볼 수 없는 숲과 잠에서 깬 아이와 사원의 기둥처럼 늠름한 다리를 가진 코끼리를 바라보고 있다가 혼자 중얼거린다. 저는 외롭습니다. 그게 아니라면, 저는 고독합니다. 그것도 아니라면 저는 쓸쓸합니다. 그것도 아니라면 마치 눈이 내리는 밤에 짖지 않는 개와 마찬가지로 저는 …… .[22]

외로움, 그렇다. 언제나 외로움이 문제였는지 모르겠다. 외로움loneliness을 근대적 개인의 고독solitude과 구별하는 한나 아렌트Hannah Arendt의 논의를 따르자면 외로움은 존재의 기반을 만들어줄 관계를 상실한 무사회적 고립자의 정서 상태이다. 무사회적 고립자로서, 외로운 존재들은 친구도, 가족도 사회관계도 상실한 채 단절된 삶 속에 유폐되어 있다. 게토란 이러한 정서 상태의 건축학적, 공간

---

22. 김연수, 「모두에게 복된 새해―레이먼드 카버에게」(『현대문학』, 2007년 1월), 『세계의 끝 여자친구』, 문학동네, 2009, 141쪽.

적 상응물이라 할 것이다. 한나 아렌트에 따르면 게토와 홀로코스트, 그리고 유럽인들의 '외로움' 사이에는 역사적이고, 정치사회적인 연관성이 존재한다.[23] 더 이상 새로운 변화의 가능성을 찾을 수 없다고 생각했던 유럽인들은 닫힌 공간에 갇혀 있다는 불안감과 폐쇄 공포증에 휩싸여 있었는데, 1차 세계 대전 이후의 이러한 유럽인의 심리적 상황이 새로운 영토를 통한 혁신에 대한 열망을 낳고 이것이 2차 세계 대전의 동력으로 이어졌다는 분석이다. 저 멀리 아시아로, 세계로 뻗어나가는 메아리가 울려 퍼지지 않고 게토화 된 폐쇄된 삶의 반경을 맴도는 오늘, 우리의 삶이 만들어내는 외로움이라는 정서의 만연 상태는 그런 점에서 징후적인지도 모른다.

그러나 이런 비관적인 전망과는 달리 내가 너에게서 발견하는 외로움, 혹은 너에게서 나와 같은 외로움을 발견하려는 노력은 타자를 괴물이 아닌 인간으로서 대하기 위한 정치적 올바름을 수행함에 있어서 중요한 일이기도 하다. 우리의 실제 삶에 있어서 낯선 인종적, 성적 타자를 괴물이 아닌 '인간'으로 발견하고 인정하는 일조차도 아직은 꿈에 불과하니 말이다. 체제의 배타적 경계를 넘어서 남북

---

23. 이에 대해서 필자는 파시즘, 가족주의 등에 관한 일련의 글에서 줄곧 논의를 해왔다.

의 주민이 새로운 형제애적인 관계를 맺고, 성적, 인종적 소수자들이 서로의 안식처를 구할 수 있는 다문화적 가족을 만들고 인정하는 일조차도 아직은 '영화에서나 가능한' 일이니 말이다. 그런 점에서 다양한 소수자들이 서로의 외로움을 나누고, 괴물이 아닌 인간으로 대접받을 수 있는 보호고치로서 '다문화 가족'을 인정하는 일은 당면한 현실적 차원에서 여전히 중요할 것이다. 또한 다문화 가족의 소중함과 가치를 계몽하는 노력의 의미를 냉소적으로 가치 절하하는 것도 무책임한 일일 것이다.

그러나 당면한 현실적 문제들에 대한 실천적 함의에 국한하지 않고 낯선 타자들과 함께 하는 삶, 그 공존과 응답책임의 윤리라는 점을 생각해 볼 필요도 있을 것이다. 인종적으로든 성적으로든 계급적으로든 낯선 타자란 사실 "나의 외로움이 너를 부를 때" 친구가 되어 출현하는 그런 존재가 아니다. 타자가 낯선 것은 결코 '친구'처럼 낯익은 관계가 될 수 없기 때문이다. 또 타자에 대한 폭력을 폭력으로 감지할 수 없는 것 역시, 그가 친구로도, 혹은 나와 같은 존재로도 감지될 수 없기 때문이다. 주디스 버틀러도 지적하고 있듯이 어려움은 '친구'로서의 타자가 아닌, 나의 생명, 나의 삶 자체를 위협하는 적대적인 타자, 그 낯선 타자와 과연 공존할 수 있을 것인가라는 질문에 답하는 일이다. 타자에 대한 폭력을 비판하고 감응과 응답책임의 윤리, 그리고 공존의 삶을 사유하기 위해서는, 나와 닮은 친구로 낯선 타자를 환원하는 사유와 표상 체계 그 자체의 한계를 사유해야만 할 것이다. 내가 낯선 타자에게서 나와 닮은 외로움을 발견하는 것이 당신의 고통에 민감하게 반응하고 교감하는 일일 수는 있지만, 동시에 이러한 우정의 문법 속에서 낯선 타자는 친구라는 이름으로 나와 닮은 존재로 동일화 되어야만 한다. 그래서 외로움을 나누는 우정의 연대라는 문법 속에서는 차이의 발견이 동일화라는 악순환의 고리로 환원될 위험성이 항존한다. 물론 이러한 우정의 연대는 외로움의 발견을 통해 서로간의 차이를 넘어 불안과 외로움이라는 인간의 보편적 층위에 타자를 세움으로써 보편성으로서의 연대의 문법을 만들어낼 수도 있을 것이다.

우정의 문법에 내포된 이러한 양가성과 딜레마는 다문화 가족의 인정이라는 서사에도 고스란히 담겨 있다. 즉 다문화 가족은 가족이라는 익숙한 프레임을 통해 낯선 타자를 익숙한 '가족'의 모습으로 바꾸어 놓음으로써 이들을 '받아들일 수 있는' 존재로 재구성하지만, 이는 타자의 낯섦 자체를 제거함으로써 타자의 타자성을 삭제하는 일이 되기도 하기 때문이다. 마찬가지로 최근 한국 사회에서 급

부상하고 있는 다문화 교육은 국민 국가 구성원 내의 인종적 혼종성의 증가에 따라 인종적 소수자에 대한 상호 인정의 방법을 국민 교육 차원에서 시행해야 하는 실천적 필요성을 지니고 있다. 그러나 현재 한국 사회에서의 다문화 교육은 서로간의 문화의 이해라는 방식을 취하고는 있지만, 근원적으로는 국민으로의 동화同化라는 문법을 전형적으로 반복하고 있다. 즉 다문화 교육이란 국민 동화 교육의 다른 이름이기도 하기에, 여기서 다문화적 인정은 실상 동화의 메커니즘에 종속되어 있는 것이다.

동일화의 폭력을 반복하지 않는 우정, 가족이라는 관계가 아니어도 맺을 수 있는 반려의 관계, 국민으로 동화되지 않아도 국경 안에서 거주할 수 있는 권리의 인정. 우정과 반려와 주권성의 문제는 그저 추상적인 차원에서가 아니라, 우리 삶에 있어 해결해야만 하는 근원적 문제로 연결되어 있다. 자기 주권성을 획득하지 못하는 한 우정도 반려도 불가능하다. 반대로 우정과 반려가 없이 자기 주권성, 새로운 정치 역시도 불가능한 것이다. 그래서 삶의 근원적인 외로움과 불확실성 속에서 우정을 나눌 수 있는 반려 관계를 만드는 일은 주권성을 구성하는 통치의 방식을 변화시키지 않는 한 불가능하다. 그런 한에서 우리의 외로움은 한없이, 정치적인 것이다. 단, 그 외로움이 주권성과 우정, 반려를 가능케 하는 새로운 관계 구성 원리association를 발명할 수 있을 때만이 무한한 정치성을 얻을 것이다.

외로움이 발생하는 맥락은 이 글에서 논한 지점보다 훨씬 복합적이다. 이 글에서 논한 외로움은 사회 구조 속에서의 '나'의 위치, 삶을 기획하고 구상할 수 있도록 우리가 움직이는 반경, 그리고 낯선 타자와 조우하는 순간, 혹은 조우의 계기들과 관련이 많다. 무엇보다 이 외로움은 역사적인데, 이는 이 외로움이 식민화, 냉전, 탈냉전과 세계화라는 역사의 어떤 계기들에 접속되어 있기 때문이다. 그래서 이 외로움이라는 정서 상태affect에는 주체 위치와 통치성, 그리고 정치적인 것과 역사적인 것이 아로새겨져 있다. 그래서 외로움은 단지 어떤 감정의 무늬에 불과한 것만은 아니다. 외로움은 주체 위치와 통치성, 정치적인 것과 역사적인 것이 어떤 인격화된, 살아 숨 쉬는 존재의 (존재론적인 것이 아니라) 삶의 무늬로 아로새겨진 형태가 아닐까. 아직 많은 질문이 남아 있다. 다만 이 글에서는 '외로움'을 길잡이 삼아서, 역사라는 것, 혹은 윤리라는 것을 먼 과거의 사건이나 추상적 덕목으로 설파하는 것보다, 오늘, 여기서 살아 숨 쉬는 사람들의 삶의 무늬 속에 아로새겨진 것으로서 살펴보고자 했다는 점에 대해서만 부연하도록 하자. 그래서 역사성을 사유하는 것이 오늘, 우리의 삶의 윤리, 혹은 삶의 정치를 사유하고 실천하는 일에 다름 아니라는 점 또한 이 글을 통해 생각해보고자 하는 문제 중 하나이다.

우리의 매일 매일의 삶에서 우정과 환대와 다문화 가족을 인정하는 덕목은 실천적 함의를 여전히 지니고 있지만, 우리가 진정 정치적인 것으로서의 응답책임과 윤리의 문제를 사유하기 위해서는 우정과 환대, 다문화가족의 꿈을 넘어선 관계, 그 새로운 관계를 발명해야만 한다. 장-뤽 낭시는 민주주의는 항상 새롭게 발명되어야 하는 것이라고 했지만, 새롭게 발명되어야 하는 것은 민주주의만은 아니다. 아니 외로움을 나누기 위한 새로운 관계의 발명이야말로 발명되는 것으로서의 민주주의의 다른 판본이라 할 것이다.

5장

사랑의 담론과 정치적인 것

근원회귀의 반복인가 신인류의 생산인가

5장

사랑의 담론과 정치적인 것

근원회귀의 반복인가 신인류의 생산인가

사랑, 그 오래된 새로움의 도래

'사랑의 담론', "이 담론은 아마도 수많은 주체들에(누가 그걸 알 수 있단 말인가?) 의해 말해져 왔을 것이다. 그러나 어느 누구에 의해서도 보호받지는 못했다. 그것은 주변의 언어들로부터 버림받았다. 또는 무시되고, 헐뜯어지고, 웃음거리가 되어왔다."[1]

사랑의 담론, 그것은 너무나 많이 말해져 왔다. 왜 새삼 이 시점에서 사랑의 담론을 논의하는가. 혹자는 '정치적인 것과 문학의 관계를 논함에 있어서 사랑의 담론이 무슨 상관인가'라는 '정당한' 의구심을 품을지 모르겠다. 약간의 지루함을 참아주신다면, 나는 다시 바르트로 돌아가고자 한다. 바르트는 자신이 사랑의 담론을 논하는 이유가 "사랑의 담론이 지극히 외로운 처지에 놓여 있다는 사실을 인식한 데에서 비롯되었다."고 밝힌다. 또 사랑의 담론은 "권력에서 단절되었을 뿐 아니라, 그 메커니즘(과학, 지식, 예술)과도 단절된 것이다."라고 밝힌다. 그런데 바로 이렇게 '외로운 처지'에, 또 '단절된' 처지에 놓여 있기에 사랑은 어떤 "긍정의 장소"가 된다.[2]

오늘날 '사랑의 담론'은 어떤가? 오늘날 사랑의 담론은 바르트가 말한 바처럼 그렇게 외로운 처지에 있지는 않은 것 같다. 또한 권력에서 단절되기보다, 사랑과 권력, 사랑과 정치는 어느 때보다 더 결부되고 있다. 물론 이는 많은 부분 테리 이글턴의 표현을 빌자면 "푸코와 라깡이 맨 처음 자신들의 타자기 앞에 앉게 된 이래"[3] 진행된 일이라 할

---

1. 롤랑 바르트, 『사랑의 단상』(*Fragments d'un Discours Amoureux*, 1977), 김희영 옮김, 동문선, 2004, 12쪽.
2. "이렇듯 하나의 담론은 모든 군생 집단 밖으로 추방당하여 스스로의 힘에 의해 비실제적인 것 안으로 표류하게 되면, 그때 그것은 긍정의 장소가 — 비록 미미한 것이긴 하지만 — 되는 수밖에 없다. 요컨대 이 긍정은 바로 여기 시작하는 책의 주제이다." 롤랑 바르트, 같은 책, 12쪽.

것이다. "그들이 타자기 앞에 앉게 된 이래" 사랑, 과학, 지식, 예술의 관계도 역시 긴밀하게 결부되어 논의될 수 있게 되었다. 그럼에도 불구하고 오늘날, 사랑의 담론은 여전히 '외롭다.' 사랑의 담론의 절실함을 말하는 사람은 누구나 사랑이 외로운 처지에 놓여있다는 '위기'에 대한 환기로 말을 건넨다. 알랭 바디우에 따르면 "사랑이 늘 다시 발명되어야 하지만, 이와 동시에, 사방에서 위협받고 있기에 보호되기도 해야 한다."[4]

사랑의 담론은 언제나 외로움을 조건으로 생산된다. 사랑할수록 외로워진다는 게 만고의 진리인 것처럼 말이다. 그러니까 외로움이라는 것이 사랑의 담론이 다시 도래할 수밖에 없는 필연성의 실재적 조건이라는 데 동의하는 것이 아니다. 달리 말하면 현재 사랑의 담론이 자신을 구닥다리의 무엇이 아닌 새로운 것으로 정당화하기 위한 증명 요건으로 외로움이 기능한다는 것이다. 즉 사랑의 담론이 오늘날 자신의 새로움을 증명하는 원천은 외로움에서 구해진다는 말이다.

인류 역사상 사랑만큼 많이 말해진 것도 없으련만, 이

3. 테리 이글턴, 『이론 이후』, 이재원 옮김, 도서출판 길, 2010, 15쪽.
4. 알랭 바디우, 「위협받는 사랑」, 『사랑의 예찬』, 조재룡 옮김, 도서출판 길, 2010, 15쪽.

시점에서 유독 사랑이 문제적으로 떠오르는 이유는 무엇일까? 그것은 그저 오래된 이야기의 반복에 불과한 것은 아닌가? 재발명이라는 레테르letter 역시 그런 혐의를 가리기 위한 치장일 뿐인 것은 아닌가? 게다가 사랑이 보편적 사랑(진리라든가 윤리와 같은 층위를 함축하는)이라는 차원에서 다시금 떠오르는 시점에서 이 사랑은 무엇인가 논란을 유발하지 않을 수 없다. 또한 백발의 맑스주의자 신사들이 사랑의 사도가 되어 도래하는 풍경에 어떤 이들은 다소 어리둥절할지도 모르겠다. 이 신사들은 우리를 그동안 잊고 있던(혹은 누군가의 잘못된 인도로 폐기시켜버렸던 그런) 근원적 세계로 이끌고 가서, 새로운 '인류'로 재탄생시켜줄 것이라며, 사랑의 선언을 감행한다. 근원으로 돌아가서 새로운 미래를 창출한다. 무언가 입맛이 당긴다. 그러나 이 사랑의 서사는 참으로 많이 들어본 레퍼토리가 아닐까? 그것은 재발명된 사랑에 의해 가능해진, 어떤 도래할 세계가 아니라, 사랑의 담론이 본래적으로 갖고 있는 흔한 레퍼토리의 반복일지 모른다. 사랑의 서사는 항상 근원적 세계로의 이끌림(열정)을 통한 재생산(사랑이란 인간에게 종의 재생산을 위해 생물학적으로 프로그램화된 것이라는 점에서5)의 욕망을 토대로 한다.

---

5. 이종영, 「사랑의 개념」, 『사랑에서 악으로 : 권력의 원천에 대한 연구』, 새

그러나 사랑이 결국 원초적 사랑의 반복이라는 명제를 인정하지 않는다고 하더라도, 사랑은 반복의 운명을 피하기 어렵다. 새로운 사랑의 얼굴 속에서 잊고 싶은 과거의 아픈 사랑의 흔적을 문득 발견하게 되듯이, 반복은 사랑 속에 있는 지옥이다. 그렇다면 우리는 이 노신사들의 사랑의 선언을 그저 반복되는 사랑의 악몽쯤으로 치부하면 될까?

이렇게 도래한 사랑이 윤리, 주체화, 정치적인 것과 관련해서 과연 어떤 길을 내어줄 것인지, 이를 판단하는 문제는 아직은 매우 어려운 일이다. 그러나 여기서는 이와 관련하여 사랑의 담론이 근원적인 것과 새로움 사이, 종말론적인 퇴행적 에너지와 신인류 생산이라는 긍정적 에너지 사이를 오가는 위험 속에서 위태롭게 출현하는 중이라는 점에 집중해보려 한다. 그리고 어떤 점에서 현재 정치적인 것, 문학, 윤리와 관련해서 사랑의 담론은 바로 이러한 위험성 속에서 출현 중이다. 그러나 모든 사랑은 위험이라는 에너지로 열정을 불태우는 것이다. 말인즉, 위험성

물결, 2004, 41쪽. 이종영은 사랑을 종의 재생산을 위한 생물학적 프로그램이라는 차원으로 규정하면서, 사랑이 원초적 사랑의 반복에 불과한 것이라는 라깡의 견해를 비켜서려고 한다. 뒤에서도 살펴보겠지만, 오늘날 사랑의 담론이 새로운 정치적 주체화의 생산적 토대가 될 것인가 하는 문제는 바로 이 사랑의 담론이 반복과 재생산과 어떻게 관련을 맺느냐 하는 점을 해명하는 일이기도 할 것이다.

의 에너지를 통해서만 사랑은 불타오른다.

바디우도 그림을 그리고 있듯이 오늘날 사람들은 사랑의 열정을 잃어버리고 무관심하고 냉담하며, 사랑의 위험 대신 안전한 사랑을 소비하고 싶어 한다. 열정과 냉정 사이, 위험과 안전 사이, 사랑은 언제나 이 사이를 오간다. 그러니 사랑은 잃어버린 열정을 되찾는 유일한 길이며, 안전한 장벽 대신 너에게로 열린 위험한 길을 내주는 유일한 방법이다.

그러나 이런 질문도 하고 싶다. 오늘날 모든 인류의 삶이 열정의 자리를 대체한 무관심하고 안전한 사랑의 소비 때문에 고통 받고 있는 것일까? 아니, 이런 질문을 하는 게 낫겠다. 즉 사랑의 담론에 열정이 아닌 고달픔이 차지할 자리는 과연 있는 것일까? 사랑에 동반되는 고통이나 외로움과 고달픔은 다르다. 사랑이 고달픔이라는 표현은 사랑이 열정과 같은 심리적, 증상적인 기제의 연장이 아니라, 매일 매일의 노동으로부터 그 표현을 찾을 수밖에 없는 어떤 그런 삶의 존재로부터 비롯되는 게 아닐까? 그렇다면 이 모든 사랑의 담론으로부터는 그런 고달픈 사랑에 대해 어떤 표현을 얻을 수 있을까? 이 질문에 대해 약간의 대답과 인용을 찾아가는 길이 이 글의 소용이다. 모든 사랑은 반복이거나, 인용일터, 이 글 역시 그 인용의 운명을 벗어나기는 어려울 듯하다.

이 글에서는 사랑에 관한 몇 편의 에세이와 몇 편의 소설을 이리저리 교차시켜보면서 이 사랑의 담론이 공유하는 어떤 것, 혹은 서로 다른 어떤 것들을 그려볼 것이다. 사랑과 정치적 주체화의 관계, 특히 문학적인 것이 여기서 차지하는 바의 함의와 관련해서는 다양한 논의가 필요하다. 따라서 이 글의 논의는 사랑의 담론이 정치적 주체화를 위한 새로운 논의에서 차지하는 함의를 축소하거나 부정하려는 취지와는 무관하다. 다만 이 글은 사랑의 담론을 새로운 정치적 주체를 생산할 수 있는 윤리적 가능성이 내장된 장소로 호출하기 위해 검토해야 할 기본적인 전제들을 살펴보는 데에 그 목적을 두고 있다. 또 이 글에서는 『소립자』와 『1Q84』에서 사랑의 담론이 혁명, 윤리, 주체화와 관계 맺는 양상을 비교 검토하고자 한다. 『소립자』는 68혁명의 함의와, 68혁명적인 것의 몰락을 주제로하고 있고, 『1Q84』는 '전공투' 세대의 정치적 주체화와 그러한 혁명의 가능성이 '몰락'한 시대에서 윤리와 정치적 주체화는 어떻게 가능한가를 묻고 있다. 또 두 작품은 모두이 가능성을 사랑의 담론이라는 무한성의 형식 속에서 구하고 있다. 잘 알려져 있다시피 한국에서 4월 혁명과 그 몰락의 과정 역시 사랑의 담론, 혹은 사랑과 배신의 형식을 통해서 탐구된 바 있다.[6] 오늘날 이데올로기가 종언하고, 이론이 종언하고, 혁명의 시대도 함께 종언을 고했다는 위기감도 새삼스러운 시대에 사랑의 담론은 바로 이 종언의 시대감각 속에서 부상하고 있다. 따라서 사랑의 담론을 통해 정치적 주체화의 새로운 문법을 창출하기 위해서는 바로 이러한 종언의 시대감각과 사랑의 담론의 상관관계와, 그 역사적 특이성을 고찰할 필요가 있다. 이 글에서 『소립자』와 『1Q84』를 주요 분석 대상으로 선정한 것은 이러한 맥락과 관련된다. 또 한국에서 혁명과 실패, 그리고 여기서 부상하는 사랑의 담론의 성격이 가장 원형적으로 발생한 것은 4월 혁명에 대한 서사들에서이다. 4월 혁명과 사랑의 담론의 관계를 규명하기 위해서는 무엇보다 동시대 전세계적으로 발생한 여타의 혁명과 사랑의 담론의 관계를 비교 고찰할 필요가 있다. 이 작업은 매우 방대한 참조를 필요로 하는 것이기에 이 글에서는 이러한 문제의식 하에 『소립자』와 『1Q84』를 여타의 사랑의 담론과 비교해서 고찰하는 것에 논의를 국한하고자 한다.

사랑에 유능한 것은 철학이나 이론이기 전에 예술의 영역, 특히 소설적 산문의 영역이었다는 바디우의 조언

---

6. 이에 대해서 필자는 「죽음과의 입맞춤 : 혁명과 간통, 사랑과 소유권」(『문학과사회』, 2010년 봄호)에서 자세하게 고찰한 바 있다.

을 참조하면서, 철학과 소설의 짝지음, 그리고 사랑과 소설의 짝지음, 그 진리 공정의 짝지음이 어떠한지 살펴보도록 하자.

사랑의 조건들 : 종말의 절실함과 변방의 고달픔

사랑을 정치적 주체화와 새로운 윤리 구성의 중요한 조건들로 구성하는 논의는 다양하게 진행되고 있다. 따라서 이 글에서 그러한 논의의 윤곽을 전체적으로 그려보는 일은 불가능하다. 그러나 사랑과 정치적인 것과 관련된 논의의 지형과 입장이 다양한 터라 몇몇 논자의 입론에 대한 편의적인 차용으로 사랑과 정치적인 것을 둘러싼 문제들을 깔끔하게 정리하는 방식도 다소 위험한 일이라고 생각된다. 따라서 여기서는 먼저 사랑과 정치적인 것에 대한 몇몇 논자들의 논의의 논점과 그 관점의 차이들을 간략하게 정리하면서, 사랑의 담론을 논의하기 위해 짚고 넘어가야 할 논제들, 혹은 조건들을 몇 가지 살펴보고자 한다.

여기서는 알랭 바디우와 테리 이글턴, 그리고 김영민과 이종영의 논의들을 서로 비교하면서 간략히 정리해나가고자 한다. 바디우와 이글턴의 사랑의 담론에는 종말하는 철학, 종말하는 이론에 대한 강력한 문제제기가 내포되어 있다. 그러나 다른 한편으로 사랑이 새로운 윤리의 자리로 떠오르는 것은 바로 이러한 종말하는 세계가 내뿜은 '파괴적' 에너지 덕분인지도 모른다. 사랑이 윤리라는 이름을 얻게 되는 것은 어쩌면 철학과 이론이 종말해 버린 그 자리에, 그 그라운드 제로ground zero의 자리에서야 가능해지는 것인지 모른다. 종말하는 세계에 대한 안타까움과 절망의 에너지가 강한만큼, 사랑에 대한 절실함도 강하다. 이글턴과 바디우의 논의는 이러한 종말의 에너지와 사랑의 절실함으로 충만하다. 바디우의 신간 제목이 『사랑예찬』인 것이 전혀 어색하지 않듯이 말이다. 그러나 김영민과 이종영의 사랑의 담론에는 종말의 에너지도, 사랑의 절실함도 없다. 이들의 논의는 사랑에 대해 공히 다소간, 비판적이고, 일정한 거리를 두며, 사랑을 지배의 최종심급(김영민)이나 권력의 원천이라는 자리에서 분리시킬 수 없다고 본다. 달리 말하자면 사랑에서 새삼 희망을 발견하지는 않는다.

"세상의 중심에서 사랑을 외치다."라고 했던가. 이 표현은 참으로 흥미롭다. 어쩌면 사랑을 외칠 수 있는 것은 바로, 세계의 중심에서밖에 가능하지 않은 일인지도 모른다. 세상의 중심에 서 있는 이글턴이나 바디우의 사랑의 외침과 비교할 때, 변방의 사랑의 담론은 뜨겁지 않고 왠지 애달프고, 고달프다. 이는 변방에 대한 어떤 낭만적 이상화나, 혹은 유럽산 이론에 대한 '존재론적' 거부감과는 좀 다른 문제가 아닐지. 이들이 서 있는 세계, 그 세계가 곧 사랑의 차이를 만드는 것인지 모른다. '오늘날'의 상황에 대한 테리 이글턴의 진단을 통해 먼저 이들이 바라보는 세계의 풍경을 살펴보자.

> 그렇지만 오늘날 우리는 한때 고급 이론이라고 하던 것이 한바탕 휩쓸고 지나간 시기, 그러니까 알튀세르, 바르트, 데리다 같은 사상가들의 통찰력을 바탕으로 풍요롭게 성장해 왔지만 어떤 의미에서는 그 통찰력에서 훌쩍 벗어나게 된 시대에 살고 있다.[7]

테리 이글턴은 페미니즘, 차이의 정치학, 탈식민주의, 욕망 이론, 문화 이론, 사회주의 등 모든 이론이 이제 실효성을 잃어버렸다며 '이론의 종말'을 선언한다. 다소 길지만, 종말의 풍경이 상세하게 묘사되어 있기에 한 번 들여다보자.

---

7. 테리 이글턴, 『이론 이후』, 14쪽.

그럼 새로운 시대에는 도대체 어떤 형태의 신선한 사유가 필요할까?

이 질문에 답할 수 있으려면 우리가 지금 발 딛고 있는 곳의 재고 품목을 조사해 봐야한다. 구조주의, 마르크스주의, 포스트구조주의, 그리고 이와 비슷한 갖가지 사상들은 예전에 그랬던 것과는 달리 이제 더는 섹시한 화젯거리가 아니다. 오늘날 섹시한 것은 섹스 그 자체 밖에 없다. 학계라는 거칠고 거친 바닷가에서는 프랑스 철학을 향한 관심이 프렌치 키스를 향한 매혹에 자리를 내주었고, 몇몇 문화연구 집단은 중동의 정치보다는 자위행위와 다를 바 없는 자신들만의 정치에 훨씬 더 매력을 느끼고 있으며, 사회주의는 사도마조히즘에 굴복해버렸다. 문화연구를 공부하는 학생들 사이에서는 육체가 굉장히 인기 있는 얘깃거리가 되었지만, 그들이 관심을 보이는 육체는 배고픔에 굶주리는 육체가 아니라 에로틱한 육체일 뿐이다. 거기에는 서로 짝을 이루는 육체에 대한 관심은 있을지언정 노동하는 육체에 대한 관심은 없다. 얌전하게 말하는 중간계급의 학생들은 뱀파이어 숭배나 눈알 파내기(즉 잔인한 폭력행위), 사이보그와 포르노 영화 같은 자극적인 주제를 연구하러 도서관에 부지런히 떼 지어 몰려다닌다."[8]

또 이러한 이론의 종말 시대에 요구되는 것은 '근본적

---

8. 같은 책, 14쪽.

인 것'으로 돌아가는 것이다. 근본으로 돌아간다는 것은 소속감, 전통 의식 같은 것의 중요성을 다시 생각해보는 일이다.

오늘날 인류의 역사는 상당 부분 집단주의와 개인주의에서 모두 벗어나 있다. 그리고 이런 상태가 일종의 진공 상태처럼 느껴질지 모르겠으나 일종의 기회일 수도 있다. 우리는 새로운 형태의 소속감, 우리가 살고 있는 이 세계에서 획일적이기보다는 다양해질 수 있는 그런 소속감을 상상해 볼 필요가 있다. 종족 관계나 공동체 관계처럼 친밀함을 띤 형태일 수도 있고, 이보다는 좀 더 추상적, 매개적, 간접적 형태일 수도 있을 것이다.(중략)
인간에게 자유와 이동성이 필요하다면 전통 의식과 소속감도 필요하다. 근본으로 돌아간다고 해서 퇴행하는 것은 아니다.[9]

'오늘날'에 대한 이와 같은 진단을 통해서 테리 이글턴은 사랑을 정치적 주체화(혹은 맑스주의적 윤리)의 중요한, 근본적인 거점으로 제시한다. 테리 이글턴은 사랑을 "상대방이 자아를 실현하는 데서 당신의 자아실현을 성취하는 일"이라고 정의한다. 그리고 "이런 사랑의 개념에는

---

9. 같은 책, 39쪽.

이미 정치가 포함되어 있다."[10] 특히 사랑과 관련된 공간은 긍정적인 자유가 허락되는 공간이다(이는 당신의 충동을 고스란히 표출하기만 하면 된다는 잘못된 자연주의적 의미와는 다른 것이다). 이글턴에 따르면 사랑의 공간이 제공하는 이러한 "환경의 정치적 등가물은 사회주의로 알려져 있다." "타인의 자아실현 속에서, 그리고 타인의 자아실현을 통해서 각자가 자신의 자유와 자율성을 획득하는 사회"[11]로서 사회주의 사회의 윤리는 사랑의 공간에서 허용되는 긍정적 자유와 상통하는 것이다.

테리 이글턴은 자신이 새로운 윤리의 기반으로서 사랑을 제시할 때 이 사랑은 "성적이거나 낭만적인 사랑만을 연상시키는 질 낮은 의미에서의 사랑이 아니라, 아가페나 자선 같은 전통적인 의미의 사랑을 말한다."고 강조한다. 이글턴은 자신이 제시하고 싶은 것은 "강렬한 '사랑'과 이보다는 더 차분한 '우정'의 중간 어딘가에" 있는 것이라고 논한다. 또한 "우리에게 이런 용어가 없다는 사실은 매우 의미심장한 일이다."[12]라고 강조한다.

테리 이글턴에게 새로운 정치적 윤리의 공간으로서 사

---

10. 같은 책, 232쪽.
11. 같은 책, 230쪽.
12. 같은 책, 229쪽.

랑이 "근본적인 것"이라면, 알랭 바디우에게 사랑은 "새로
움"이다. 알랭 바디우에 따르면 "사랑을 사고에서의 부단
한 새로움으로—시인 알베르토 카에이로가 말하듯 "사랑
하는 것은 사고하는 것이다."— 확립하는 것"[13]이 관건이
다. 알랭 바디우에 따르면 사랑은 '인류'의 유적 공정 또는
진리 공정을 지탱시켜 주는 네 가지 유형의 하나이다. 여
기서 네 가지 유형의 공정은 "과학, 정치, 예술 그리고 사
랑이다. 인류는 오로지 (해방적) 정치, (개념적) 과학, (창
조적) 예술, (감성과 성의 혼합으로 환원되지 않는) 사랑이
있는 한에서만 입증된다. 인류는 그러한 유형들 속에 기입
되는 진리들의 무한한 개별성을 지탱해주는 것이다.[14]

알랭 바디우는 진리 공정으로서 사랑을 논하기 위해
몇 가지 전제와 거부, 그리고 선언을 제기한다. 먼저 전제
는 철학이 성에 관계하는 것은 사랑을 통해서라는 점이다.
그러나 사랑에 대해 진정으로 실재적인 것이 말해진 것은
예술의 세계 속에서였다는 것, 특히 소설적 산문의 세계에
서였다는 점이다.[15] 사랑과 소설의 짝짓기, 그리고 여자들

---

13. 알랭 바디우, 『조건들』, 이종영 옮김, 새물결, 2006, 346쪽.
14. 같은 책, 342쪽.
15. 알랭 바디우의 논의와 조금 다른 지점에서 라깡을 비판적으로 이어받은
    이종영은 사랑에서의 상호 주체성은 시적 상호주체성과 유사성을 갖는다
    고 논한다. 이종영, 『사랑에서 악으로 : 권력의 원천에 대한 연구』, 60쪽.

이 이 예술에 뛰어났다는 점이 논의를 위한 전제에서 중요하게 제기된다. 바디우의 사랑에 대한 논의는 세 가지 거부에서 시작된다. 첫째, 사랑은 융합적인 것이라는 관념에 대한 거부, 둘째, 사랑은 희생적인 것이라는 관념에 대한 거부, 세 번째, 사랑은 상부 구조적, 또는 환상적인 것이라는 관념에 대한 거부이다. 세 번째 테제에서 중요한 것은 사랑을 관계로 규정하는 것은 잘못된 가정이라는 점이다. 사랑은 관계가 아니다. 사랑은 진리의 생산이다. 상황 속에서 단지 하나만이 아니라 둘이 작용한다는 것에 대한 진리가 그것이다.[16]

사랑을 관계로 규정하는 것을 오류라고 단언하는 바디우와 달리 김영민에게 관계를 묻지 않는 사랑과 이론은 무의미하다. 김영민에 따르면 공동체든 체계든, 결정決定이든 증상이든, 정리情理든 합리든, 그 실천이 현실적으로 결절하면서 내려앉는 지점은 모두 인간관계라는 그 사소함일 수밖에 없기 때문이다. 행복은 무엇보다도 삶의 사소함에 대한 현명한 대응 양식 속에 자리하지 않던가.[17] 따라서 관계에 대한 혁명적 재구성을 목표로 하는 한 사랑과 우정, 윤리와 정치적 주체화에 관한 질문은 단지 이론에서 출발

---

16. 알랭 바디우, 『조건들』, 338~339쪽.
17. 김영민, 「연인과 타자」, 『동무론』, 한겨레출판, 2008, 255쪽.

하는 것이어서는 안 된다. 김영민의 사랑의 담론은 많은 부분 바르트, 라깡, 바디우의 논의를 토대로 하고 있지만, 이론의 층위에서만 작동하는 것은 아니다.

이론에서 출발하는 것이 아니다. 내 몸에서 솟아오른 땀이 식어가면서 어느덧 이물異物이 되듯이, 이 글은 끔찍한 이물의 체감으로부터 분수처럼 뻗어 오른다. 그것은 자본주의적 욕망과 거래의 도식화된 풍경이 은폐하고 있는 일상의 관계들이 속속들이 훼파, 왜곡되었다는 진단과 근심, 혹은 공포다. 체계 속에서 새로운 교환의 방식을 알지 못하는 동무들은 그 공포의 끝에서 하나하나 괴물로, 어리석은 기계로 변해간다.[18]

김영민의 사랑의 담론은 이론적이되 이론에서 출발하지는 않는다. 사랑의 담론과 정치적인 것의 문제는 인간관계라는 삶의 사소함으로 귀결되기 때문이다. 또한 테리 이글턴은 우리가 사랑과 우정 사이의 그 어떤 것에 해당하는 이름을 갖고 있지 못하다고 했지만, 김영민은 그 희귀한 것을 동무라는 이름하에 계속 탐구한 바 있다.[19]

---

18. 같은 책, 253쪽.
19. 김영민에 따르면 "과제는 동무라는 낯선 타자성의 관계 속에 길을 내는 일이다. 없는 관계, 무능의 급진성을 통해서만 점근선적으로 드러나는 부사적(副詞的)관계의 길을 뚫어내는 일이다. (중략) 레비나스나 고진의 표

한편 사랑과 진리, 사랑과 주체화에 대한 알랭 바디우의 논의를 가장 가까운 거리에서 비판하고 있는 논자는 이종영이다. 이종영은 알랭 바디우의 번역자이기도 하지만, 정치적 주체화에 대한 일련의 독자적인 논의를 진행해 온 코뮌주의자이기도 하다. 『조건들』의 역자 후기에서 이종영은 "종말의 위협에 처한 철학을 구출"하려는 바디우의 논의의 상황에 대해 일정한 동의를 표명하면서도 바디우의 논의에 대해 비판적으로 거리를 두고 수용하는 태도가 필요하다고 주장한다. 이종영은 바디우의 사건에 대한 충실성 개념은 "주체성의 발생 메커니즘을 설명하기엔 너무 빈곤하"고 지극히 피상적이라고 비판한다. 또 사건적 충실성이라는 개념에서는 "오히려 진리 생산의 고난에 찬 과정이 모든 내용을 박탈당하고 완전히 희화화 된다."[20]고 지적한다. 또한 사랑에 대한 바디우적 사고는 그 자신이 비판한 역사적 현상 형태에 대한 기술일 뿐이며, 어이가 없을 정도로 추상적인 논의일 뿐이라고 다소 신랄한 비판을 가하고 있다.

이종영의 논의에서 사랑은 '권력의 원천'이라는 자리에

현으로 "그것은 공동체가 아니"(『존재에서 존재자로』)며, 시간 자체가 된 사회성을 얻는 길이기도 하다. 그것이 동무, 곧 동무(同無)의 길이다."(같은 책, 257쪽).

20. 이종영, 「옮긴이 후기」, 『조건들』, 491쪽.

놓인다. 물론 그렇다고 해서 이종영이 사랑을 바디우가 말한 거부의 테제의 두 번째, 즉 사랑을 동일자를 타자의 제단에 올려놓는 희생적인 것으로 환원하는 오류를 범하고 있는 것은 아니다. 또한 사랑이 권력의 원천이 되지만, 그 자체로 권력적인 것으로 환원되지는 않는다. 사랑에 대한 이종영의 논의는 여러 중요한 논점을 우리에게 제공하는데, 여기서는 정치적 주체화와 관련된 몇 가지 논점에 국한해서 살펴보도록 하자. 먼저 이종영은 사랑과 보편적 사랑(이글턴이 말하는 아가페적인 사랑이나 우정, 혹은 진리에 대한 사랑과 같은 바울적 사랑)의 관계에 대해 회의적인 태도를 표명하면서 질문을 던진다. 조금 다시 범주를 정리하자면, 성적인 사랑과 비非성적인 보편적 사랑의 관계는 과연 어떤 것일까? 혹은 비성적인 보편적 사랑도 사랑이라고 할 수 있을까? 이때 비성적인 보편적 사랑은 연민이나 애정의 다른 이름이 아닐까?

예를 들어 이종영은 '전태일은 평화시장의 어린 여공들을 사랑했을까.'라는 질문을 던진다. 물론 이런 사랑은 사랑의 대상에게 자신을 완전히 내어주는 행위라는 점에서 사랑이라고 말 할 수 있을 것이다. '진리에 대한 사랑'이라는 표현이 가능한 것도 이러한 맥락에서이다. 그러나 이때 사랑은 성적인 사랑과 달리 일방적 사랑이다. 사람이 진리를 사랑할 수는 있어도 진리가 사람을 사랑할 수는 없기 때문이다. 이종영은 성적 사랑과 보편적 사랑이 같은 층위로 환원될 수 없음을 예수의 죽음에 대한 사례를 들어서 설명한다. 즉 "자신의 피와 살을 내어준 예수가 십자가에 매달렸을 때 제자들은 뿔뿔이 흩어지고 오직 몇몇 여성만이 그의 죽음을 지켰다는 것도 성적 사랑과 보편적 사랑이 다른 층위에 속한다는 것을 명백히 말해주는"[21] 사례라는 것이다.

이종영은 성적 사랑과 보편적 사랑은 서로가 서로를 닮고 싶어 한다는 점에서 서로를 착취하는 것이라고 논한다. 즉 "성적 사랑은 희생과 헌신이라는 숭고성을 보편적 사랑에서 닮고 싶어 하고, 보편적 사랑은 성적 사랑에게서 그 절실성을 닮고 싶어 한다."는 것이다. 이종영은 이런 맥락에서 성적 사랑과 보편적 사랑을 구별하고 보편적 사랑에서는 사랑이란 표현이 은유적으로 사용되고 있는 것이라는 점을 확고하게 규정한다. 즉 사랑의 실체는 원래 성적인 사랑이고 그것으로부터 사랑이란 표현이 이른바 '보편적 사랑'으로 옮겨갔으리라는 것이다.

이종영의 논의에 비춰보자면 테리 이글턴의 논의나 바디우의 논의는 성적 사랑과 보편적 사랑의 경계를 왕복하

---

21. 이종영, 『사랑에서 악으로』, 88쪽.

고 있다는 점에서 은유적 차원을 맴돌게 될 운명을 벗어나기 어렵다. 그렇다면 이종영의 논의에서 사랑은 주체화의 새로운 가능성, 혹은 윤리라는 차원과 어떻게 결부될 수 있을까? 이종영은 첫째로는 '세계의 공유로서의 사랑'을 둘째로는 모나드간의 소통의 창이 열리는 사랑과 시적 소통에 의해 성립되는 상호 주체성이라는 두 측면에서 사랑이 주체화의 새로운 방식, 혹은 윤리와 만나는 길로 열려 있다고 논한다.

세계의 공유 또는 세계의 교차로서의 사랑은 "서로가 타자의 '세계' 속에서 하나의 결여될 수 없는 위치를 차지하는 것을 말한다."[22] 따라서 이때 사랑의 상실은 세계의 상실과도 같은 의미를 지니게 된다.[23] 이종영은 사랑과 예술 작품이라는 서로 다른 두 개의 모나드가 서로를 향해 '불가능한' 소통의 창을 열게 하는, 상호 주체성을 성립시키는 특수하고도 유일한 형식이라고 논한다. 시적 소통과 사랑을 통한 세계의 공유는 모나드들의 열림으로서의 상호주체성을 성립시키는 것이다.[24] 이글턴에게는 성적 사랑

---

22. 이종영, 『사랑에서 악으로』, 84쪽.
23. 사랑의 상실과 세계 상실이 겹쳐지는 이러한 기제는 최근 사랑의 담론과 새로운 주체화와 이론의 문제를 제기하는 논의들에서 공통적으로 발견된다. 이에 대해서는 뒤에서 다시 살펴보도록 하자.
24. 이종영, 『사랑에서 악으로』, 60쪽.

은 질 낮은 것에 불과하고 아가페와 같은 보편적 사랑이 윤리의 장소가 된다. 성적 사랑과 보편적 사랑의 관계에 대해 이종영은 전혀 다른 입장을 보여준다. 그런데 이러한 입장 차이는 단지 라깡을 독해하는 이론적 입장의 차이에서 비롯되는 것이 아니다. 오히려 이러한 입장 차이는 이론의 현실, 혹은 사랑과 세계의 관계를 바라보는 관점, 혹은 '오늘날'의 세계를 어떻게 바라보는가 하는 세계상의 차이에서 비롯되는 것으로 보인다.

이종영의 표현을 빌자면 성적인 사랑이 보편적 사랑으로 나아가는 길에는 은유의 함정이 도사리고 있다. 인간은 모두 언어의 한계를 벗어날 수 없지만, 성적인 사랑과 보편적 사랑 사이에 놓인 은유의 함정은 어쩌면 역사적이고 실제적인 문제인지 모른다. 그 함정들에 대해 살펴보자.

세계의 중심(/서구)의 종언, 혹은 사랑의 종말

글의 서두에서 나는 사랑을 외칠 수 있는 것은 세상의 중심에서만 가능한 일이 아닐까라는 질문을 던진 바 있다. 이는 이미 미셸 우엘벡Michel Houellebecq이 『소립자』[25]를 통

---

25. 미셸 우엘벡, 『소립자』(*Les Particules Élémentaires,* 1998), 이세욱 옮

해 던진 질문이기도 하다. 『소립자』는 68세대의 사생아들의 일대기를 통해서 68혁명적인 것, 혹은 히피적인 것에 내포된 예술, 사랑, 정치에 대한 이상이 어떻게 희비극적으로 종말을 고하는가를 풍자한 작품이다. 이러한 풍자는 역설적 의미를 내포하는데 이 종말의 희비극이 종언한 '인류'에 대한 애도와 헌사이기도 하기 때문이다. 이때 종말을 고한 '인류'는 바디우적 의미의 인류에 가장 가까운 것이라고도 할 수 있다. 즉 앞서 살펴본 바와 같이 바디우가 말하는 인류는 오로지 (해방적) 정치, (개념적) 과학, (창조적) 예술, (감성과 성의 혼합으로 환원되지 않는) 사랑이 있는 한에서만 입증된다. 인류는 그러한 유형들 속에 기입되는 진리들의 무한한 개별성을 지탱해주는 것이다.[26] 『소립자』에서 '인류'가 종말을 고했다는 것은 실은 인류를 지탱해주는 진리 공정으로서 정치, 과학, 예술, 사랑의 종말을 뜻한다. 그리고 이러한 종말은 매우 구체적이고도 역사적인 참조점을 갖고 있는데 그것은 바로 68혁명으로 상징되는 해방의 정치의 종말이다. 『소립자』에서 이러한 해방의 정치가 대변하는 인류란 '서구'라는 세계에 다름 아니다. 아니 인류의 종말이란 서구라는 세계의 중심, 혹은 세

김, 열린책들, 2003.
26. 알랭 바디우, 『조건들』, 342쪽.

계의 중심으로서의 서구의 종말을 뜻한다.[27]

『소립자』는 미셸 제르젠스키와 브뤼노 제르젠스키라는 이부형제의 일생을 중심으로 전개된다. 미셸 제르젠스키는 정치, 예술, 사랑, 그리고 무엇보다 감정과 같은 '인류'를 지탱하는 진리 공정의 모든 것에 무감각한 채 오로지 과학에만 몰두하는 "형이상학적 돌연변이"이다. 반면 브뤼노 제르젠스키는 "오메가 수컷"이라고 작가가 규정하듯이 인생이 온통 성에 대한 지나친 탐닉에 바쳐진 인물이며, 섹스 경쟁에서의 무한 패배에 대한 보상 심리로 문학을 선택한 인물이다.[28] 브뤼노와 미셸은 히피적인 세계의 분열증을 보여주는 인물이라 할 수 있으며, 서구라는 세계의 쌍생아이다.

표면적으로 볼 때 『소립자』는 68혁명으로 상징되는 해방의 정치에 대한 극단적인 모욕으로 가득 차 있다. 어머니를 "히피 창녀"라고 부르기를 주저하지 않는 브뤼노의

---

27. 『소립자』에서 서구라는 세계의 종말은 히피 세대의 혁명적 교의들이 뉴에이지(명상, 요가 등의 동양적인 것에 대한 탐닉)로 이어지는 과정에 대한 희화화로도 나타난다. 그러나 이와 또 다른 맥락에서 『소립자』에서는 불교와 동양적인 근원 등이 새로운 가능성을 함축하는 것으로 나타나기도 한다.

28. "욕구 불만이나 갈등을 초래하는 상황에서 자주 나타나는 그런 의미 없는 행동을 흔히 〈대상행위〉라고 부른다. 1986년초, 나이 서른을 갓 넘긴 브뤼노가 글을 쓰기 시작한 것도 그와 맥락이 비슷한 행위였으리라."(미셸 우엘벡, 『소립자』, 262쪽).

진술만을 따라가 보면 이러한 독해가 가능할지 모른다. 일면 브뤼노 제르젠스키는 히피적인 '자유'가 욕망의 무한 경쟁으로 변해버린 서구 세계의 피로감, 혹은 종말하는 '인류'의 분열증을 명료하게 상징하는 인물이다. 브뤼노에게는 히피들이 표방한 "성적인 공산주의는 존재한 적이 없었고, 단지 유혹 체계가 확대되었을 뿐"이며 히피의 이념은 이제 연쇄살인마와 같은 엽기 행각을 통해서 실현된다.[29]

1960년대부터 1990년대에 이르기까지 도덕적 가치가 점차 파괴되어 온 것은 논리적이고 필연적인 과정이었어. 통상의 도덕적 제약에서 벗어난 자들이 성적인 쾌락을 물리도록 만끽하고 난 뒤에 잔혹행위라는 더 폭넓은 쾌락으로 관심을 돌리는 건 당연한 일이었다는 거지. 2세기 전에 사드 후작도 그와 비슷한 길을 걸었어. 그런 의미에서 1990년대

---

29. 히피를 계승한 것이 연쇄살인마라고 지껄이는 브뤼노의 분열증적 진술은 문화연구가 엽기적인 것에 대한 탐닉과 다를 바 없는 것이 되어버렸다는 테리 이글턴의 진술과 기묘하게 겹쳐진다. 이런 식으로 성의 해방이나, 차이의 정치, 68세대의 이념, 특히 페미니즘에 대해 과도한 피로감을 표명하면서 희화화하는 태도는 최근 인류(Men)가 보이는 공통적인 증상처럼 보인다. 지젝, 바디우, 이글턴에 이르기까지, 그들은 이론과 철학과 혁명의 종말을 비판하면서 동시에 기존의 해방의 정치 특히 욕망의 정치에 대한 피로감을 표명하고 희화화하는 포즈를 감추지 않는다. 물론 이는 이 이론가들이 대면하고 있는 어떤 '세계'의 실상에서 비롯되는 것이라 할 것이다. 그런 점에서 실상 이러한 피로감이야말로 인류(Men)적이고, 서구적인 피로감이라 할 것이다. 또한 이들이 대면하고 있는 이 '피로한 세계'가 과연 보편적 삶인지에 대해서도 의문을 제기할 필요가 있을 것이다.

의 〈연쇄살인자들〉은 1960년대 〈히피들〉의 사생아였어.[30]

사실 『소립자』에서 브뤼노의 분열증적 진술을 통해 희화화되는 당사자인 히피 세대는 말이 없다. 그들은 언제나 침묵하는 대상으로 브뤼노의 풍자 대상으로만 존재한다. 히피 세대에 대한 브뤼노의 분열증은 어린 시절 자기를 버리고 떠나버린 엄마에 대한 애증의 소산이기도 하다. 이 애증과 분열증이 비로소 안식을 찾는 곳은 크리스티안이라는 중년의 히피 여성이다. 『소립자』에서 브뤼노에 대한 크리스티안의 사랑의 감정이나, 미셸에 대한 아나벨의 사랑의 감정은 전혀 진술되지 않는다. 왜냐하면 브뤼노와 미셸은 결코 그것을 알지도 감각하지도 못하기 때문이다. 흥미로운 것은 브뤼노의 분열증적 증오에도 불구하고 그가 생애 처음이자 마지막으로 안식을 찾은 곳은 나체주의자 해수욕장인 아그드 곳인데, 거기서 브뤼노는 중년의 히피 여성 크리스티안과 만나 사랑을 하게 되고, 이 사랑을 통해 안식을 찾는다. 그러나 결국 생애 처음으로 찾아온 사랑에 대해서도 브뤼노는 응답하지 못한다. 결국 생의 유일한 사랑인 크리스티안을 잃은 브뤼노는 정신병원에서 생을 마감한다.

---

30. 미셸 우엘벡, 『소립자』, 312쪽.

미셸 역시 평생 그를 사랑한 아나벨의 사랑을 받아들이지 못하고, 결국 그녀를 잃은 후에야 그 사랑의 의미를 발견한다. 그러나 미셸이 사랑의 잠재된 능력을 발견하게 된 것은 사랑의 실제적 대상인 아나벨을 상실한 대가로 가능하게 된 것이다. 미셸은 사랑의 잠재된 능력을 현실화시켰지만, 결국 아나벨을 잃은 상실감에 자살로 생을 마감한다. 그리고 인류는 미셸이 발명한 사랑의 잠재적 에너지를 통해 '자기복제'라는 신기술을 얻게 되고, 인류는 이제 생식을 통한 재생산과 이에 따른 모든 고통에서 해방되어 스스로 조용히 종말을 고한다.

허브체작이 정확하게 지적하듯이, 제르젠스키의 가장 큰 공적은 개인의 자유라는 개념을 넘어섰다는 것이 아니라 (이 개념은 그의 시대에 이미 빛이 바래 있었고, 그것이 진보의 토대가 될 수 없다는 것을 누구나 암묵적으로 인정하고 있었다) 양자 역학의 가설들에 대한 대담한 해석을 통해 사랑을 가능하게 하는 조건들을 되살려 냈다는 점이다. 그 점과 관련해서 우리는 아나벨의 이미지를 한 번 더 떠올리지 않을 수 없다. 제르젠스키는 사랑을 경험하지 못했다. 하지만 아나벨을 통해서 사랑의 이미지를 얻을 수는 있었다. 그는 아직 알려지지 않은 어떤 방식으로 사랑이 존재할 수 있다는 것을 깨달았다. 그의 이론적인 작업이 마무리되어 가던 마지막 몇 달 동안 그를 이끌었던 것은 십중팔구 사랑

에 대한 그런 생각이었을 것이다. 그 시기에 대해서 자세하게 알려진 바는 거의 없지만 말이다.[31]

브뤼노는 평생을 느리고도 차가운 텅 빈 공간 속에서 살아갔다. 브뤼노에게 여성의 자궁은 그가 언제나 희구하는 따뜻한 세계, 그 보호고치의 상징이었다.[32] 그런 점에서 『소립자』에서 사랑이란 분열증을 거듭하며 종말을 고하는 피로한 서구라는 세계, 혹은 인류Men의 마지막 희망의 거처이다. 그리고 그 희망의 거처로서 사랑은 재생산의 가능성이 소멸한 어떤 종이 스스로를 재생산할 수 있는 마지막 가능성으로 그려진다. 그래서 그 사랑은 상징적 재생산을 의미하는 보호고치의 표상과 생물학적 재생산을 의미하는 자궁의 표상을 복합적으로 함축하고 있다. 『소립자』는 사랑을 상실한 브뤼노와 미셸을 통해서 생물학적, 상징적 재생산에 종말을 맞이한 인류Men의 초상화를 냉소적으로 풍자하고 있다. 그리고 이 풍자는 자기 풍자에 다름 아

---

31. 같은 책, 447쪽.
32. "평생을 수치심으로 얼룩진 그 슬로 모션의 세계, 존재와 존재가 별들 사이의 텅 빈 공간만큼이나 막막하고 허허로운 공간에서 마주치기만 할 뿐 그들 사이에 어떤 관계도 맺어질 수 없을 것 같은 세계, 그것은 바로 브뤼노의 정신 세계였다. 그 세계는 느리고 차가웠다. 그래도 따뜻한 것이 있기는 했다. 여자들의 두 다리 사이에 있는 게 바로 그것이었다. 하지만 그는 거기에 도달할 수 없었다."(같은 책, 91쪽).

니기에 이 인류의 종말은 희극적이면서도 비극적이며 일종의 애도의 작업이 되기도 하는 것이다.

종말하는 세계 속에서 보호고치로서의 사랑을 찾아가는 여정, 그 긴 여정의 또 다른 버전이 『1Q84』이다. 『1Q84』야말로 보호고치를 상실한 인류가 사랑의 담론을 통해서 어떻게 허구적인 보호고치를 만들고자 하는지를 보여주는 흥미로운 작품이다. 이제 그 보호고치/리틀 피플의 선하고도 악한 이야기로 들어가 보자.

끝장의 형식으로 세계를 취급하는 방법 : 열정 이후의 사랑

사랑의 담론을 통해서 새로운 정치적 주체가 성립되기 위해서는 성적인 사랑의 실제와 보편적 사랑이라는 은유 사이의 '분열'을 넘어가야 한다. 그런데 이데올로기가 종언하고, 이론이 종말하고, 철학이 종말 해버린 이 시대에 혁명, 해방의 정치, 예술, 사랑은 어쩌면 이 실제와 은유 사이에 분열되어 버린 것은 아닐까? 바디우나 이글턴이 보여주듯이 사랑의 담론은 이 종말 해버린 세계를 '구출'해내고자 하는 절실함에서 비롯되는 것이기도 하다. 그런데 이렇게 질문해 볼 수는 없을까? 혹시 사랑의 담론은 이 세계를 종말 시켜버린 뒤에야 도래하는 것은 아닌가? 즉 어떤 세계가 종말 해버렸기 때문에 사랑의 담론이 도래한 것이 아니라, 사랑의 담론을 통해서 어떤 세계가 종말의 풍경으로 그려지는 것이 아닌가 하는 질문 말이다. 말하자면, 사랑은 언제나 종말에 대한 예감에 의해 더 절실해진다. 사랑이 변할까봐, 사라질까봐, 언제나 "진짜 나를 사랑해?" "사랑한다고 말해봐, 다시(encore!)"를 외친다. 사랑의 담론은 언제나 이러한 종말을 고하는 세계와 함께 온다. 사랑은 본질적으로 소실점에 대한 근원적 매혹이라는 것 또한 이러한 맥락에서 비롯된다. 즉 사랑의 원原 풍경이 언제나 소실점 위에 선 연인의 뒷모습인 것도 바로 이런 맥락과 상통한다.[33]

---

33. "어떻게 보면, 사랑이란 연인들을 바로 그 소실점 앞에까지 인도하는 장치이자 매체에 불과한 것이다. (그러므로 '죽기 위해서 사랑하는 것'이라는 고대의 이념은 여전하다!) 인간의 실존은 늘 일상과 소실점 사이를 왕복 운동한다. 사랑도 죽음에 매혹되거나 혹은 쫓기면서 벌이는 왕복운동의 일종이다(김영민, 「사랑, 소실점 앞의 공포와 매력」, 『사랑, 그 환상의 물매』, 마음산책, 2000, 20쪽).
또한 사랑이 이처럼 소실점 앞의 공포와 매력에 다름 아니라는 것은, 사랑이 유한한 인간의 무한에 대한 희구에 다름 아니라는 점을 의미한다. 사랑이 생식으로 향하는 것, 혹은 사랑이 생물학적으로 프로그램된 것이라는 뜻은 그러한 점에서 사랑이 인간의 유적 특성이라는 의미이기도 하다. "그렇다면 왜 사랑은 생식으로 향하는 것일까요? 그것은 죽어야 할 존재에게는 생식이 영원한 것, 소멸하지 않는 것이기 때문입니다. …… 그리하여

그녀는 공중에 가만히 손을 내민다. 덴고가 그 손을 잡는다. 두 사람은 그곳에 나란히 서서, 서로 하나로 맺어지면서, 빌딩 바로 위에 뜬 달을 말없이 바라본다. 그것이 이제 막 떠오른 태양빛을 받아, 밤의 깊은 광휘를 급속히 잃고, 하늘에 걸린 한낱 회색 오려낸 종이로 변할 때까지.[34]

비유와 실제 사이에서 분열에 분열을 거듭하다가, 무언가 다른 세계로 변해버린 그런 세계가 '1Q84'이다. 주인공은 어느 날 문득, 이 세계가 자신이 있던 원래의 그 세계가 아니라는 것을 발견하게 된다. 그러나 어느 날 문득은 아니다. 세계가 변해버렸다는 것에 대해 단서들이 발견되고, 그 단서를 곰곰이 추적한다. 그리고 원래 세계가 사라져 버렸다는 것을 발견한다. 그리고 묻는다. "도대체 이 세계는 어떤 세계인가?" 앞서 살펴본 바와 같이 이러한 질문을 던지는 것은 아오마메만[35]은 아니다. 하여간 나에게 익

이러한 추론에 따를 때 사랑의 목적은 반드시 불멸성에 있다고 말할 수 있습니다." 플라톤, 『향연』, 이종영, 『사랑에서 악으로』, 45쪽에서 재인용.

34. 무라카미 하루키, 『1Q84』, BOOK 3, 양윤옥 옮김, 문학동네, 2010, 741쪽.

35. 사랑과 예술, 철학의 문제와 주체화의 관계를 묻는 오늘날의 질문에는 본질적으로 이 종말을 고하고 있는 '세계'에 대한 질문이 내포되어 있다. 혹은 세계에 대한 탐구가 종말의 형식으로 이뤄지는 것이 오늘날의 사랑의 담론의 특징이라 바꿔 말할 수 있을 것이다. 『1Q84』에서는 이 세계를, 아오마메는 1Q84로, 덴고는 '고양이 마을'로 부른다.

숙한 세계가 사라진 자리에 남은 "이 물음표 딸린 세계의 존재 양식"[36]을 탐색("Q는 question mark의 Q다.")하는 것이 무라카미 하루키의 소설 『1Q84』이다.

현재 3권까지 출간된 『1Q84』[37]는 첫사랑 덴고와 아오마메가 어느날 하늘에 달이 두개가 뜬 세계로 끌려 들어와서, 그들의 사랑을 방해하는 집단(종교집단 선구로 상징되는)의 추격을 따돌리고 결국 이 1Q84의 세계를 벗어나게 된다는 기본 줄거리를 토대로 진행된다. 『1Q84』는 여러 가지 논점을 함축한 작품이지만,[38] 여기서는 사랑의 담론과 정치적인 것의 관계에 국한해서 논의를 압축적으로 진행하고자 한다.

먼저 『1Q84』는 이른바 있는 그대로의 세계와 이야기

---

36. 무라카미 하루키, 『1Q84』, BOOK 1, 양윤옥 옮김, 문학동네, 2009, 240쪽.

37. 『1Q84』, BOOK 3에서 하루키는 결말은 누구나 다시 쓸 수 있다는 점과, 덴고와 아오마메가 탈출해서 도착한 세계가 진짜 1984년이 아닐 수도 있다는 암시를 통해서 후속편이 나올 가능성을 남겨두고 있다. 후속편의 유무는 아마도 3편에 대한 반응에 따라 결정될 것이다. 이는 무엇보다 『1Q84』가 소설 쓰기가 독자의 읽기에 의해 완성된다는 이념에 의해 추동된다는 점과도 관련된다. 또 『1Q84』는 하루키의 이전 작품인 『해변의 카프카』에 대한 평단의 비판을 향한 무라카미 하루키의 응답이기도 하다는 점을 생각해 볼 필요도 있겠다.

38. 『1Q84』를 출간한 출판사 문학동네는 2권이 출간된 직후 이 작품에 대해 대대적인 평가를 내린 바 있다. 이에 대해서는 남진우, 「저 너머에 있는 사랑-조지 오웰의 『1984』에서 무라카미 하루키의 『1Q84』로」; 김홍중, 「하루키에 대한 몇 가지 단상들」, 『문학동네』, 2009년 겨울호, 참조.

로 만들어진 세계(혹은 상상으로 구성된 세계) 사이의 분열과 경계 침입과 각축전을 토대로 하고 있다. 이는 전작 『해변의 카프카』와 비교해서 볼 때 흥미로운 지점이다. 즉 『1Q84』에서는 전작 『해변의 카프카』와 달리 소설 쓰기라는 문자로 그려진 세계의 힘이 더욱 강조된다. 고모리 요이치는 『해변의 카프카』가 "언어보다 이미지를, 그리고 '바람의 소리를 듣는다.'와 같은 신체화 된 이미지를 중시하"고 있다는 점을 비판한 바 있다. 특히 이를 일본의 치유의 내셔널리즘의 경향에서 '마음'이 새로운 조류로 부상하는 현상과 상통하는 것으로 보고 있다.[39]

그런데 『1Q84』는 『해변의 카프카』와 달리 소설 쓰기라는 문자성에 대해 두드러지게 의미를 부여하는 것을 알 수 있다. 이는 전작에 대한 비판을 염두에 둔 것이라고 볼 수 있다. 여기서 소설 쓰기는 고모리 요이치가 제시하는 바처럼 의식적 성찰의 영역이라는 일면적 의미를 지니지 않는다. 오히려 『1Q84』에서 소설 쓰기는 그 자체로 폭력의 원천이자, 항체라는 양가적 의미를 지닌다. 또 덴고의 소설 쓰기는 아오마메의 성관계 없는 임신과도 같은 의미를 지닌다.

---

39. 고모리 요이치, 『해변의 카프카를 정독하다 : 무라카미 하루키론』, 김춘미 옮김, 고려대학 출판부, 2006, 22쪽.

또한 『해변의 카프카』의 카프카 소년과 『1Q84』의 덴고는 닮아 있으면서(모두 아비를 죽이고 어미와 근친상간을 범하게 된다는 오이디푸스 서사를 반복한다는 점에서)도 차이를 보이는데, 그 차이의 근원은 사랑에서 비롯된다. 또 『해변의 카프카』가 '누이'와 '어미'(생물학적, 상징적)에 대한 비의지적 강간을 정당화하는 등 강간당하는 여성이라는 표상을 통해 여성의 수동적 지위가 부각된 반면 『1Q84』에서는 아오마메의 능동성이 표가 나게 강조된다. 또 성관계에서조차도 여성의 능동성과 남성의 수동성이 강박적으로 부각된다. 또한 『해변의 카프카』가 기억의 상실(해리성 기억 상실)을 근간으로 구성되었다면, 『1Q84』는 기억의 상기를 근간으로 한다.[40]

---

40. 작가는 프루스트의 『잃어버린 시간을 찾아서』를 아예 아오마메에게 읽도록 권유하기까지 하면서 소설 속에서 기억의 상기가 차지하는 의미를 표나게 강조한다. 고모리 요이치는 『해변의 카프카』를 비판하면서 소설 속에서 카프카 소년이 읽고 있는 나쓰메 소세키의 「갱부」가 기억을 상기시키는 소설인 것과 달리 『해변의 카프카』는 기억을 결락시키는 소설이라고 분석한다. 또 이는 이 작품이 "실제의 역사에 관한 기억을 한순간 독자의 의식에 상기시켰다가 곧장 그 기억을 소거하여, '해리' 같이 텅 비게 만들어버리는 텍스트"이며 "작중 인물 각각의 결락을 통해서 일련의 역사적 기억이 일본 사회에서 전쟁 중부터 전후, 그리고 2002년에 이르기까지 매스미디어가 중심이 되어 형성한 그때그때의 핵심적 집합 기억에 작용하는 소설"이라고 분석한다. 또 이러한 해리 현상을 통해 하루키의 소설을 읽는 현재의 일본의 젊은 세대는 일본의 전쟁 책임을 '어쩔 수 없는' 비의지적 행위로 합리화하게 된다는 것이다(고모리 요이치, 『해변의 카프카를 정독하다 : 무라카미 하루키론』, 225쪽).

두 작품의 근본적인 차이는 『해변의 카프카』의 카프카 소년이 유년기에 사랑받지 못한 채 버려짐으로써 존재의 심연에서부터 공허한 인간이 되어버린 것과 달리, 『1Q84』의 덴고에게는 아오마메가, 아오마메에게는 덴고가, 그리고 결국 둘 사이에는 어떤 "작은 것"(아이이자, 리틀 피플인)이 존재하게 된다는 점이다. 그래서 카프카 소년이 항상, 공허한 존재로서 자기를 표상한 것과 달리, 덴고와 아오마메는 언제나 '나는 고독하지 않다'는 것을 되뇐다. 『해변의 카프카』의 카프카 소년은 부모에게 사랑받지 못한 채 버려짐으로써, 세계를 상실하고 존재의 의미를 잃어버린 채 '운명'의 굴레를 맴도는 존재였다(이 작품이 오이디푸스 서사를 어떻게 재운용하는 지는 고모리 요이치의 날렵한 분석에서 잘 드러난다). 그러나 덴고와 아오마메는 비록 '부모'로부터 버려진 아이들이라는 점에서는 카프카 소년과 같은 '운명'을 타고났지만, 둘에게는 이 '운명'의 수레바퀴로부터 그들을 구출해줄 유일한 열쇠가 있다. 그 열쇠는 마음속에, 그리고 이야기 속에 있다. 그리고 그 열쇠는 바로 사랑이다.

이유는 단 한가지 밖에 없다. 덴고를 만나 맺어지는 것. 그것이 내가 이 세계에 존재하는 이유다. 아니, 거꾸로 보면 그것이 이 세계가 내 안에 존재하는 유일한 이유다. 어쩌면 그것은 마주보는 거울처럼 한없이 반복되는 패러독스일지도 모른다. 이 세계 속에 내가 포함되고, 나 자신 속에 이 세계가 포함되어 있다. (중략)

하지만 빛은 틀림없이 그 곳에 있다. 나는 고독하지 않아. 아오마메는 생각한다. 우리는 하나로 맺어져 있는 것이다. 아마도 같은 이야기에 공시적共時的으로 포함됨으로써.

그리고 만일 그것이 덴고의 이야기면서 동시에 내 이야기이기도 하다면, 나도 그 줄거리를 쓸 수 있을 것이다. 아오마메는 그렇게 생각한다. 거기에 무언가를 덧붙여 써넣는 것도, 혹은 그곳의 무언가를 다시 바꿔 써넣는 것도 분명 가능할 것이다. 그리고 무엇보다 결말을 내 의사로 결정할 수 있을 것이다.[41]

즉 사랑은 버림받아 고통과 외로움만이 존재하는 이 세계를 탈출할 수 있는 유일한 열쇠이다. 그런데 그 사랑은 덴고와 아오마메라는 피와 살로 된 실제의 인간들 사이에서 이뤄지는 영혼의 교감이기도 하지만, 동시에 덴고의 소설 속에서 이뤄지는 '담론적'인 것이다. 이 정체를 알 수 없는 세계에서 벗어나기 위해서는 사랑이 열쇠이며, 상대를 찾아가는 소설의 여정은 바로 그 출구를 찾아가는 행로이다. 그런데 그 사랑의 열쇠는 사랑의 상대(피와 살로 된

---

41. 무라카미 하루키, 『1Q84』, BOOK 3, 양윤옥 옮김, 문학동네, 2010, 585~586쪽.

인간)를 찾아야 얻어지는 것일 뿐 아니라, 그 여정을 기록하는 소설이라는 담론을 통해서만 가능한 일이다. 그리고 바로 이렇게 사랑이라는 열쇠와 사랑의 담론을 통해서 비로소 의문으로 가득 찬 세계에서 빠져나와 진짜 세계로 나아갈 수 있다.

바꿔 말하자면, 『1Q84』에서 사랑의 담론은 사라져버린 진짜 세계를 찾아낼 수 있는 유일한 열쇠이다. 즉 우리에게 이 사랑의 담론이라는 열쇠가 필요한 것은 바로 진짜 세계가 사라졌기 때문이다. 게다가 덴고와 아오마메는 사랑의 담론을 통해서 이곳과는 다른 '진짜 세계'의 문을 열고, 그곳에 발을 디딘 첫 종족이 된다. 왜냐하면 그들은 덴고와 아오마메, 덴고와 후카에리, 아오마메와 '리더'(후카에리의 아버지) 사이의 집합적이고 상징적인 성관계(그러나 성관계는 없다!)를 통해 생산된 존재를 품고 있기 때문이다. 즉 이들은 이제 사랑의 담론이라는 열쇠를 통해 '허구', 혹은 '복제품'인 이 세계에서 탈출해서 '진짜' 실제 세계를 회복하고, 그 세계에서 신인류를 재생산하게 된 것이다.

『1Q84』에서 덴고와 아오마메가 자기들이 원래 있던 세계를 잃어버리고, 1Q84라는 세계로 휩쓸려 들어오게 된 계기는 일차적으로는 덴고가 『공기번데기』의 대필 작가가 된 것에 있다. 후카에리가 퍼시버로서, 그리고 덴고가 리시버로서 『공기번데기』라는 소설을 쓰게되면서 이 세계(피와 살로 된 그런 세계)는 '상실된다.'

'상실된다.'는 표현은 『1Q84』를 함축하는 하나의 키워드이기도 하다. 결국 모든 것은 상실된다. 그리고 그 상실로부터 우리를 구원해줄 단 하나의 열쇠는 바로 사랑이다. 그런데 여기서 이 세계가 상실된 계기, 그 출발은 덴고가 『공기번데기』라는 소설을 대신 쓰기 시작하면서이지만, 실제로는 '공기번데기'가 만들어진 그 순간으로 소급된다는 점에 주목을 할 필요가 있다. 그리고 그 지점에 있는 것은 바로, 1970년대의 '전공투 세대'[42]의 현실, 그리고 그 현실의 대변인인 '리더'가 놓여있다.

> 그가 원래 염두에 두었던 것은 가능성으로서의 혁명이고, 좀더 말하자면 비유로서의 혁명, 가설로서의 혁명이었다. 그러한 반체제적, 파괴적 의지의 발동이 건전한 사회에는 불가결하다고 그는 믿었다. 이른바 건전한 자극제로서. 하지만 그가 이끌고 온 학생들이 추구하는 것은 진짜 피가 흐르는 실제 혁명이었다. 물론 후카다에게도 책임은 있었다.

---

42. '전공투'란 〈전국 학생 공동 투쟁 회의〉의 준말로 1960, 1970년대 일본의 학생 운동을 경험한 세대를 말한다. 무라카미 하루키 역시 대표적인 전공투 세대이다.

시대의 분위기에 편승하여 피가 끓고 살이 튀는 이야기를 역설해서 그런 목적도 없는 신화를 학생들의 머릿속에 심어주었던 것이다. (중략)

"후카다는 일종의 분열 상태에 있었어." "그런 연유로 그는 '선구'와 분파 코뮌 사이를 왕래하는 생활을 하게 되었어. 후카다는 '선구'의 리더를 맡고, 또 한편으로는 무투파 분파 코뮌의 고문 역할도 한 거야. 혁명을 더 이상 믿지 않는 사람이 다른 사람들에게는 계속 혁명 이론을 역설한거지.[43]

『1Q84』에서 후카에리(후카다 에리코)는 리틀피플의 목소리를 지각하는 퍼시버이자, 리더의 재생산의 임무를 맡은 무녀이고, 덴고와 아오마메를 연결해주는 영매이다. 후카에리는 선구의 리더의 딸(생물학적)이자, 도터(공기번데기가 자아낸 복제품)이다. 아오마메의 뱃 속에서 자라나는 '작은 것'은 실상, 덴고와 아오마메, 후카에리와 후카다(리더) 네 명의 관계를 통해서 생산된 것이다. 즉 덴고와 아오마메가 사랑의 맹세를 통해서 진짜 세계로 탈출해서 지키고자 하는 '작은 것'은 리더(추격자)의 재생산이기도 한 것이다. 이는 결국 덴고와 아오마메가 리더의 세계에서 탈출할 수 없다는 함의만을 지니는 것은 아니다. 오히려 덴고와 아오마메는 비유와 실제 사이에서 분열된 세계를

---

43. 무라카미 하루키, 『1Q84』, BOOK 1, 271~274쪽.

맴돌고 있다는 함의를 더욱 강하게 지닌다. 그리고 그 분열의 원천은 바로 후카다/리더이다.

후카다는 가능성으로서의 혁명(비유로서의 혁명)과 진짜 피가 흐르는 실제 혁명 사이에서 분열된 존재로, 이 분열은 후카다가 후카에리에게 아비/리더, 아비/강간자라는 이중적 존재로 분열하는 것과도 상통한다. 또 후카다와 덴고, 후카다와 아오마메의 관계도 결국은 이러한 분열의 반사상들이라 할 것이다. 결국 덴고와 아오마메의 사랑이란 후카다로 상징되는 혁명 세대, 즉 그 뜨거운 혁명적 열정이 '분열'의 형식으로 종말을 가한 그런 세계에서 태어난 것이다. 또한 그 사랑의 씨앗 역시 결국 그 분열의 또 다른 분신이 될 운명으로부터 자유롭지도 못한 것이다.

무라카미 하루키의 사랑의 담론을 포스트모더니즘과 열혈 전투중인 이글턴이나 바디우의 사랑의 담론과 엇갈려서 비춰보는 것이 다소 엉뚱한 일인지 모르겠다. 그러나 오늘날의 사랑의 담론이 피와 살로 된 혁명적 열정이 소진된 그런 세계에서 출현하고 있다는 점에서는 어떤 공통성을 발견할 수 있다. 아니 사랑의 담론은 역으로 이렇게 피와 살로 된 혁명적 열정의 세계가 끝장나버렸다는 그런 종언의 풍경을 우리에게 연출해주고 있는 것인지 모르겠다. 그래서 아오마메의 뱃속의 그 '작은 것'이 구원의 씨앗일지, 악의 원천일지 아직은 알 수 없듯이, 이 사랑의 결실이 우리에게 가져다줄 새로운 '인류'의 정체가 무엇일지는 아직 미정이다. 이야기는 이제 시작되었을 뿐이기 때문이다.

종언 이후의 시대감각으로서 사랑의 담론

앞서 살펴본 바와 같이 오늘날 사랑의 담론은 재생산의 위기에 대한 대응의 한 방식이라고 할 수 있다. 여기서 재생산이란 말 그대로 종의 번식이라는 생물학적 차원과 가치의 재생산이라는 차원을 모두 아우른다. 인류를 멸종하는 종이나 다시 발명되어야 할 종으로 설정하는 방식은 실상 예술, 사랑, 과학, 정치가 그 가치를 상실하고 있다는 위기의식의 소산이기도 하기 때문이다. 인류의 종말이나 세계의 끝장이라는 표상이 사랑의 담론에 동반되는 것은 이 때문이다. 그러나 조금 더 세부적으로 들여다보면 이러한 재생산에 대한 위기의식은 결국 자기의 세계가 더 이상 세계의 중심적 위치로서의 가치를 지니지 못하는 것에 대한 불안감과 분리되지 않는다는 것을 알 수 있다. 이렇게 몰락하는 자기의 세계란 바디우의 철학의 세계이기도 하고, 이글턴에게는 이론의 세계이며, 우엘벡의 진단에 따르면 이른바 서구적인 것의 총체이기도 하다. 『소립자』
는 자기 세계의 소멸을 인류의 종말과 세계 상실로 표상
하는 '서구적인' 자기 인식의 초상을 인상적으로 보여준
다. 『1Q84』의 방식을 빌자면 우리가 잃어버린 것은 실은
세계가 아니라, 자기 세계이며, 본질적으로는 세계에 대한
감각이다.

　사랑의 담론이 불멸성을 사유하는 일이라는 바디우의
논의를 다시 언급하지 않더라도 오늘날 사랑의 담론은 종
언하는 세계에 대한 불안감과 밀접한 관련을 맺는다. 즉
오늘날의 사랑의 담론이란 '종언 이후'라는 시대감각의 상
응물이라 할 것이다. 하여 이 사랑의 담론에는 애착의 대
상(그것은 때로는 이론이고, 철학이며, 인류이고, 세계이
며, 문학이기도 하다)을 잃어버린 상실감이 짙게 배어 있
다. 종언 이후의 사랑의 담론이 공히 종말을 고한 인류에
대한 애도를 내포하고 있는 것도 이 때문이다. 애착의 대
상(혹은 열정의 대상)을 잃어버린 고통이 사랑의 담론을
추동하는 보다 근원적인 정동이라 할 것이다. 그런 점에서
'보편적인 것'은 사랑의 담론이 아니라 상실의 고통 쪽이라
할 것이다. 잃어버린 세계가 주체에게 차지하는 의미가 클
수록 고통도 커진다. 그러나 고통의 우위를 측정하기 어렵
듯이, 잃어버린 세계의 의미를 보편적으로 가늠하는 것도

어려운 일이다. 그러니 오늘날의 사랑의 담론은 보편적인 사랑의 문법을 지니고 있으면서도 종언 이후의 특정한 시대감각의 소산이라는 개별적이고 역사적인 특수성을 지닌 것이다. 그리고 종언의 시대감각으로서 사랑의 담론에는 애착의 대상을 잃어버린 상실감이 짙게 깔려있다.

글의 서두에서 열정의 상실보다는 고달픔의 나눔에 더 집중하는 것이 필요하지 않을까 하는 문제제기를 한 바 있다. 이러한 문제제기가 자칫 사랑하는 존재보다, 노동하는 존재가 더 고통스럽다는 순진한 이분법으로 환원되어서는 곤란할 것이다. 이글턴이나 바디우가 차이의 정치학을 강조하는 것이 자본의 전지구화 논리에 끝없이 되먹히는 일이라고 강조하는 것에 동의하면서도, 이러한 우려가 세계감각의 차이 자체를 논의하기 어렵게 만드는 봉쇄전략이 되어서는 안 된다는 경계를 하지 않을 수 없다. 즉 종언의 시대감각으로서 사랑의 담론의 내부를 들여다보면 거기에는 세계에 대한 감각의 차이가 자리 잡고 있다는 것을 알 수 있다. 그러니 사랑이라는 문법의 보편성보다는 세계에 대한 감각의 실제적 차이가 보다 근본적인 문제의 지점이 아닐까 하는 의문을 거두기 어려운 것이다. 종언 이후 도래한 사랑의 사도들이, 당신과 나는 다르지 않다고, 더 이상 차이를 말하지 말라고 하는 것에 대해 일말의 의구심을 거둘 수 없는 것은 이 때문이기도 하다. 그리고 그 차이란 비유의 문제도, 진리의 문제도 아니다. 그것은 삶의 감각의 문제가 아닐까? 그러니 오늘날의 사랑의 담론은 세계라는 것을 두고 벌이는 비유의 세계와, 피와 땀이 흐르는 실제 세계 사이의 분열증, 혹은 쟁탈전이라는 『1Q84』의 질문이야말로 으스스한 것이라 할 것이다. 비유의 세계가 실제 세계를 잠식해버리듯이, 오늘날 사랑의 담론은 혹시 이 피와 땀이 흐르는 삶의 세계의 실제적 차이를 잠식하고 있는 것은 아닐까? 이러한 아둔한 질문을 거둘 수 없는 것이 여전히 삶의 차이, 세계 감각의 차이를 고민하지 않을 수 없는 차이나는 존재의 운명인지 모른다.

6장

위기감과 불안, 그리고
파시즘의 정체성 정치

위기감과 불안, 그리고
파시즘의 정체성 정치

위기감과 환멸 : 한국 사회와 파시즘

우리는 지금 왜 파시즘을 고민해야 하고, 고민을 통해서 어떤 대안을 제시해야 할까? 참으로 어렵기도 하고 매우 광범위하기도 한 질문이다. 한국에서는 파시즘에 대한 논의가 억압적 지배 형태를 아우르는 수사적 개념으로 사용되기도 하고(교육 파시즘, 파시즘적 억압 등), 특정한 체제(특히 박정희 체제)의 성격을 규명하는 문제와 관련한 학문적 의제로 간주되기도 한다. 한국 사회는 일본의 식민 통치를 통해서 파시즘적 사회 시스템을 경험한 바 있고, 이렇게 해서 형성된 파시즘적 사회 시스템과 심성 구조, 문화 등은 해방과 냉전을 거치면서 '청산'되기는커녕 더욱 강화되었다. 한국 사회에서 파시즘이 고질화 또는 만성화 된 억압적 체제나 심성 구조와 관련되는 것은 이 때문이 다. 따라서 이 글에서는 한편으로는 세계화 이후 '새롭게' 대두된 파시즘화의 징후를 살펴보면서, 다른 한편으로는 파시즘의 경험과 이에서 비롯된 만성적으로 구조화된 문 제를 동시에 고찰해보고자 한다.

이 글에서는 기본적으로 역사적 파시즘 체제[1]와의 비 교 고찰을 통해서 세계화 이후의 새로운 징후들에 대해 논 의를 전개할 것이다. 이 글은 먼저 새로운 파시즘의 징후 가 세계화와 이에 따른 위기감의 만연, 현존하는 대안적 패러다임의 한계 및 이에 대한 반작용reaction에서 생성된다 는 점에 초점을 두고 논의를 전개하고자 한다. 또 이를 통 해서 현재 한국 사회에서 파시즘적 징후를 사유하는 일이

---

1. 역사적 파시즘 체제란 1차 세계 대전에서 2차 세계 대전의 종전까지 전 세 계가 파시즘 대 반파시즘 블록으로 나뉘어 재편된 시기를 의미한다. 즉 단 지 파시즘 블록(이탈리아, 독일, 일본)에 국한된 문제가 아니라 세계 체제 가 파시즘과 반파시즘으로 재편됨으로써 파시즘이 세계 체제의 운영 원 리가 된 시기를 의미한다. 이에 대해서는 권명아, 『역사적 파시즘 : 제국의 판타지와 젠더 정치』, 책세상, 2005, 참조.

사회적 약자의 해방의 사상과 실천을 다시금 탈환하는 일
이라는 점을 제기하려고 한다. 현재 한국 사회의 파시즘적
징후는 많은 부분 대안적인 해방에 관한 이념의 부재와 이
에 따른 사회적 약자의 위기감과 환멸에서 비롯되기 때문
이다. 또 성노예화와 비국민화의 문제를 중심으로 고질적
이고 만성화된 파시즘의 구조를 논의할 것이다. 이 글은
이른바 파시즘의 경험과 유산이 한국인의 심성구조와 문
화에 어떻게 각인되었는지를 살펴보고, 이러한 측면이 비
국민화를 재생산하는 법제 및 검열이라는 차원에서 어떻
게 지속적으로 작용하고 있는지를 논할 것이다.

불안과 환멸의 줄타기 : 파시즘이 당신을 부르는 방법

　사람들에게 파시즘은 도통 이해가 잘 안 되는 개념이거
나, 독재나 억압 등의 현상에 어디든 따라붙는 수사처럼 간
주되기도 한다. 이런 이유로 학자들은 파시즘이라는 용어
자체가 설명력을 지니기 어려운 개념(혹은 무규정적인 개
념)이라고 비판하기도 한다. 그런데 실은 이러한 측면이 바
로 파시즘이 지닌 '고유성'이라고도 할 수 있다. 역사적으로

파시즘은 자기 내적인 고유한 이념, 혹은 이데올로기를 기반으로 구성된 것이라기보다, "현존하는 모든 것에 대한 안티테제"[2]를 자신의 기반으로 삼았다. 따라서 파시즘의 징후를 분석하는 일은 현존하는 이념과 대안 세력 및 사회 구조와 이에 대한 안티테제가 등장하는 지점들 사이의 길항 관계를 규명하는 일이기도 하다. 또 이는 단지 특정 정당의 정책 변화나 집권 집단의 성향을 분석하는 일로 환원될 수 없다. 오히려 파시즘적 징후에 대한 분석은 사회 전체의 집단적인 심성 구조의 변화의 결을 살펴보는 일이며, 특히 사회적 약자의 심성구조, 자기 인식의 준거와 그 변화 등을 읽어내는 일과 관련된다. 그런 점에서 한 사회의 주체화와 관련된 여러 지표들의 변화와 이와 관련된 사회적 기제, 제도, 정책 등의 변화를 읽어내는 일 역시 중요하다. 이러한 조망은 매우 광범위한 영역에 걸쳐서 진행되어야 하기에 필자의 능력을 벗어나는 일이기도 하다. 여기서는 이와 관련된 몇 가지 지점을 논하는 데 그치고자 한다.

역사적 사례를 통해서 보자면, 파시즘은 20세기의 주류적 이념이자 상호 대립하는 두 세력인 사회주의와 자본주의 모두를 비판하면서 자신을 정립했다. 특히 모든 것에

---

2. 이 구호는 무솔리니가 파시즘을 설명한 말이기도 하다. 이 진술은 파시즘의 성격을 정확하게 보여준다. 파시즘이 반동적인(reactionary) 혁명이라는 형용모순을 기반으로 하는 것도 이러한 요인과 관련된다.

대한 안티테제로 자신을 구성하면서 스스로를 "제3의 길"로 정립하는 것은, 대중 선동의 차원에서 매우 효과적이었다. 파시즘이 안티테제로 삼는 대상은 단지 사회주의와 자본주의만은 아니었다. 파시즘은 당대의 대립하는 두 이념이던 페미니즘과 반페미니즘도 모두 비판하였다. 일례로 식민지 조선에서 진행된 파시즘 기획은 사회주의와 자본주의 모두를 배격하면서, '혁신'과 '아시아 해방'의 기치를 내걸고 이에 적합한 인간형을 요구하였다. 또 여성 해방의 이념을 담지한 신여성적 삶과, 노예 상태에 빠진 구여성적 삶을 모두 배격하면서, 총후부인과 군국의 어머니와 같은 새로운 인간형을 만들어냈다.

이러한 방식은 파시즘의 정체성 정치의 핵심이다. 이는 전사회적으로 매우 조밀한 방식으로 이뤄진 것이기도 하였다. 이 과정에서 가장 중요한 것은, 기존의 것에 대한 안티테제를 통해서 새로운 인간형을 주조해내는 파시즘의 기획이 그간 사회의 이면에서 호출되지 못했던 존재들을 사회의 전면으로 부상시킨다는 점이다. 역사적으로 보자면 식민지 조선에서 이러한 과정을 통해 효과적으로 호출된 집단은 청년, 부인, 소국민이었다. '청년'은 근대적인 의미의 부르주아 지식인도 아니고, 사회주의적인 인간형(프롤레타리아나 전위)도 아닌 그 '무엇'이었다. 이른바 애국 청년이라는 정체성의 내적 규정은 이러한 안티테제 외에는 없는 공허한 것이었다. 그러나 현존하는 정체성 모델과 자신을 동일시 할 수 없었던 특정한 집단들은 이 속에서 자신의 자리를 발견하게 되었다. 그리고 그 자리는 이른바 입신출세주의라는 이념에 의해 정당화되었다. 또 총후부인과 군국의 어머니 역시 이 과정을 통해서 가정이 아닌 사회와 '국가' 속에서 자기 자리를 발견하게 된다. 이러한 역학이 이른바 파시즘의 대중 정치와 대중의 자발성을 동원하는 방식이다.

그렇다면 이러한 과정은 어떻게 가능한 것일까? 파시즘이 현존하는 모든 것에 대한 안티테제로 자신을 정립할 수 있었던 것은, 사회주의와 자본주의, 페미니즘과 반페미니즘, 진보와 보수 등등 현존하는 이념에 대한 대중의 만연한 환멸과 피로감에 안티테제적 호소가 효과적으로 작용할 수 있었기 때문이다. 즉 이러한 경향들 말이다. 진보와 보수, 한겨레와 조중동, 민주와 반민주에 대해서 '이것도 저것도 다 망조다.'라거나, '이것도 저것도 다 마찬가지다.'라는 대중적 피로감과 환멸의 만연과 같은 현상이 그것이다. 한국 사회에서 이러한 피로감과 환멸은 이른바 민주화 이후, "잃어버린 10년" 등과 같은 수사에서 징후적으로 드러난다. 예를 들면 이른바 참여정부나 국민의 정부라고 불린 '민주화 시기'에는 한겨레와 조선일보 둘 다를 보면서 자기 나름의 시각의 '균형'을 잡는다는 사람들이 많았다. 그러나 최근에는 이렇게 균형을 잡으려는 태도가 한겨레도 조중동도 '편파적'이기는 매한가지라는 심성구조로 변화되었다. 또 무엇보다 진보도 보수도 '다 거기서 거기.'이고, 노무현도 이명박도 '다 그게 그거.'라는 심리가 사회에 만연해 있다. 페미니즘은 문화 상품으로서도 매력을 잃은 지 오래고, 그렇다고 해서 사람들이 반 페미니즘에 적극적으로 동의하지도 않는다. 다만 페미니즘이라는 말 자체가 '지겨울' 뿐이다.

　이러한 현상은 이른바 진보 진영의 무능력함 및 실패와도 밀접한 관련이 있다. 또 이는 기존에 대안으로 제시되었던 '해방의 정치'에 대한 기대심리가 충족되지 못함으로써, 부풀어 올랐던 기대심리만큼 역으로 해방의 정치에서 등을 돌리는 과정이기도 하다. 이것이 현재 한국 사회에서 진행되는 보수로의 회귀라는 대중의 동선이 의미하는 바이기도 하다. 여기서 잊지 말아야 할 것은 바로 이러한 이유 때문에 역사적으로 파시즘은 '약자의 해방의 사상'으로 등장했다는 점이다. 물론 파시즘은 결국 사회적 약자들이 걸었던 기대를 단지 배신하는 데 그치지 않고 사회적 약자를 절멸하는 것으로 귀결되었다. 그러나 역사적으로 파시즘이 해방에 대한 사회적 약자들의 기대감 및 좌절의 틈새에서 싹텄다는 점은 잊지 말아야 한다. 최근 한국 사회에 만연한 파시즘의 징후도 사회적 약자의 해방의 사상과 정치에 대한 기대감과 좌절과 깊은 관련이 있다. 이런 측면을 간과한다면 자칫 파시즘에 대한 논의는 '모든 것이 보수의 탓'이라는 진보 진영의 자기 합리화로 귀결되기 십상이다. 또한 이렇게 만성화된 책임 떠넘기기 구조는 현존하는 모든 이념에 대한 대중의 피로감을 가속화시키는 주된 요인이기도 하다.

게다가 최근 대중에게 만연한 환멸과 피로감은 세계적인 경제 위기를 통해서 극점에 이르렀다. 이러한 상황은 역사적 파시즘이 체제로 발현된 1차 세계 대전 이후의 위기 국면과 매우 유사한 형태를 보인다. 모든 이념에 대한 안티테제로서 파시즘이 등장하고, 파시즘이 생존의 절대성이라는 이념 아닌 이념을 통해 광범위한 대중의 호응을 얻게 된 맥락 또한 이러한 세계사적 상황과 관련된다. 그것의 역사적 판본이 '입신출세주의'[3]라면 현재적 판본은 '실용주의적 전환'이라 할 것이다.

현재 한국 사회에서 나타나는 파시즘화의 징후는 해방

---

3. 입신출세주의와 역사적 파시즘의 관련성에 대해서는 권명아, 『역사적 파시즘 : 제국의 판타지와 젠더 정치』, 참조.

의 정치에 대한 기대와 환멸뿐만 아니라, 이러한 심성구조를 강화하거나 조직화하는 대중 정치의 구조에서도 뚜렷하게 나타난다. 가장 대표적인 것 중의 하나가 386세대 책임론, 실크 세대론 등등 세대론적 인정투쟁의 구도를 사회 전반에 강화하려는 대중 정치의 측면이다. 양극화, 수도권 중심주의, 엘리트 중심의 교육 체제 개편 등 이미 존재했던 사회적 대립의 축들은 물론, 대중정치 차원의 사회적 대립까지 더욱 강화함으로써 현 체제에 대한 동의를 이끌어 내려는 시도들이 작동하고 있는 것이다.

이 지점과 관련하여 이명박 정부에 대한 유권자 과반수 이상의 지지를 '자영'自營에 대한 기대와 환상이라는 차원에서 검토할 필요가 있다. 여기서 말하는 '자영'에 대한 기대와 환상이란 단지 자영업자 집단에 대한 선거 전략의 차원을 의미하지 않는다. 이 글에서 주목하는 바는, '자영'의 환상이 노동자에 자기 지지 기반을 두었던 참여 정부와의 전략적 차별화의 소산인 동시에, 노동자, 페미니즘적인 여성 등 기존의 집단적 주체성에 대한 피로감에 젖은 집단들에게 효과적으로 호소하는 대중정치 차원의 선동이라는 점이다. 그런 점에서 스스로 경영한다는 '자영'이라는 이념은 집단적 주체성과 이와 결부된 개념들, 특히 노동, 신체, 노동을 통한 정치화 등과 다른 의미화 방식으로 정체성을 재규정한다. 특히 이는 만연한 경제 위기(단지 금융 위기 국면만이 아니라) 속에서 세계 속에 맨몸으로 내던져져 있는 것과 같은 존재론적 불안감에 시달리는 사회 구성원들의 위기감에 호소하는 일이기도 하다.

이러한 징후는 여러 층위에서 진행 중이지만, 이러한 징후의 의미는 지난 대통령 선거에서 사용된 홍보 전략에 집약적으로 드러나 있다. 이명박 정부의 대선 홍보로 사용된 '국밥집 할매' 광고는 이 지점에서 매우 상징적이다. 이 광고는 단지 '국밥집 할매'와 선거 주자 이명박만을 재현하면서도 이른바 '386 책임론'을 효과적으로 가시화했다. 화면에 재현되는 것은 오로지 늦은 밤 김이 펄펄 나는 국솥을 정성스레 닦는 할매의 맨몸의 노동, 할매의 주름진 얼굴과 구부정한 허리, 그럼에도 넘쳐나는 삶에 대한 애정이었다. 이것과 짝을 이루는 것이 '자갈치 아지메'를 내세운 공익광고[4]였다. 이 광고 역시 매서운 바람을 온몸으로 맞

---

4. "자갈치 아지메"는 노무현 정부의 선거 홍보 과정에서도 중요한 역할을 했고, 이후 노무현 정부의 '실패'에 한숨짓는 "민심의 바로미터"로 전유되기도 했다. 그런 점에서 민주당과 한나라당은 모두 "자갈치 아지메"의 상징을 노동, 혹은 민심이라는 축을 따라 각자 전유하고 있다. 물론 이는 한국의 정당 정치에서의 지역성의 호출과도 밀접한 관련이 있다. 여기서 논하는 바는 이렇게 노동과 '민심'이라는 것이 결합되면서 호출되는 자갈치 아지메의 표상이다. 이런 이유로 2007년의 대선 과정에서 자갈치 아지메는 민주화에 대한 대중의 희망과 환멸, 혹은 민주화 이전과 이후의 민심의 향배를 나타내는 상징으로 호출되었다.

으며 자식을 위해 노동하는 헌신적인 아지메들만을 전면에 내세우고 있다. 이 두 광고는 이렇게 헌신적인 할매와 아지메의 노동과, 노동으로 닦여진 쇠락하고 주름진 신체만을 재현함으로써 대중적 호소력을 발휘했다. 그녀들의 주름지고 쇠락한 신체야말로 '생존의 위대함', '생존 자체의 절대성'이라는 이명박 정권의 대중적 호소력을 온 몸으로 증언하고 있기 때문이다. 또 화면 어디에도 등장하지 않는 386 세대는 '생존의 위대함'을 일깨우는 바로 그 어미들의 자식임에도 불구하고 생존의 위대함을 망각한 존재들로 의미화 된다. 그리고 이러한 분할 속에서 이른바 '민주화'는 생존과는 다른 영역, 생존의 절대성과는 다른 공간에 놓인 것으로 효과적으로 배제된다.

'자갈치 아지메'에서 국밥집 할머니까지, 한국 사회에서 억척모성의 표상은 자영업적 경제 구조와 밀접한 관련을 맺는다. 한국 사회에서 억척모성이란 바늘 하나 꽂을 여지가 없는 이 땅에 뿌리를 내리고자 했던 가장-엄마들의 다른 이름이다. 그리고 그녀들이 억척 모성으로 자식을 생산하고 가족을 부양하고 이 땅에 근거를 마련한 것은, 바로 시장 좌판에서 구멍 가게에 이르는 바로 그 자영업의 세계를 통해서다. 이러한 자영업적 세계는 한국에서 박정희 체제의 경제 개발주의에 대한 환상과 매우 밀접한 관련을 맺는다.5 그러나 이 광고가 단지 박정희 체제에 대한 향수 때문에 효과를 발휘한 것은 아니다. 생존의 위대함, 혹은 생존 자체의 절대성이 '대안'으로 제시된 광고에 대해 유권자들이 일정한 지지를 보낸 데에는, 앞서 말했듯이 현존하는 대안에 대한 대중들의 피로감과 환멸이 밀접하게 작용하고 있다.

선거 과정에서 이명박 정부의 이러한 대중 정치에 지지를 보낸 집단의 많은 부분이 자영업 종사자라는 사실은 여러 논자들이 지적한 바이다. 자영업 집단은 경제적으로 참여 정부나 국민의 정부의 노동 정책과 경제 정책의 사각지대에 있었으며, 정체성 차원에서 봐도 노동자도(자영업자란 정규직이나 비정규직, 혹은 프롤레타리아 노동자도 화이트칼라 노동자도 아니다) 자본가도 아니었다. 말하자면 기존의 정체성 호명 체제에서 자신의 자리를 발견하기 어려운 집단이었던 것이다. 또 386 세대를 삭제하고 아비/어미 세대의 생존 투쟁의 신성함을 통해 주체를 호명하는 정체성 정치의 새로운 국면은, 단지 자영업자라는 특정 경

---

5. 억척 모성과 경제 성장 만능주의의 밀착된 이데올로기적 동질성을 가장 날카롭게 비판한 이는 다름 아닌 박완서이다. 그런 점에서 억척 모성의 신화화가 필연적으로 이러한 성장 이데올로기에 대한 자기 정당화로 이어진다는 점을 우리는 박완서 소설을 통해서 익히 알고 있다. 그런 점에서 현재 만연한 억척 모성과 생존에 대한 신화화 작업은 일종의 퇴행적 현상이기도 하다.

제 집단에 호소하는 것을 넘어 자영自營이라는 환상을 통해서 노동과 삶에 대한 재규정을 시도하는 데서 시작된다. 국밥집 할매와 자갈치 아지메의 일은 가족을 위한 헌신적인 노동으로, 맨 몸으로 세계와 맞서서 가족을 지켜내는 것으로 의미화 된다. 이를 통해 노동은 갈등과 투쟁의 장이 아니라 가족의 생존을 위해 막막한 세계 앞에서 맨 몸으로 홀로 맞서 싸우는 일이 된다. 싸워야 할 대상은 저 위기로 가득한 세계이고 지켜야 할 것은 가족의 생존이다.[6] 이는 갈등과 투쟁을 모르는 세계이고, 그런 점에서 '민주화 시기'의 노동과 삶의 관계를 규정하던 의미 맥락과 완전히 이질적인 세계이다.

　중요한 것은 국밥집 할매와 자갈치 아지메로 표상되는 정체성은 기존의 페미니즘적인 여성 주체성과도 상이하고 노동자라는 집단 정체성과도 상이하다는 점이다. 그러나 이들의 표상은 단지 헌신적인 모성이라는 보수주의적인 가치로 회귀한 것도 아니다. 그녀들은 가사와 육아라는 사적 영역에 유폐된 '고전적인 모성'이 아니라 모두 노동하는

---

6. 그런 점에서 이러한 대중 정치의 논리가 〈워낭소리〉와 같은 세계에서 자신의 닮은꼴을 발견하는 것은 그다지 놀라운 일은 아니다. 이와 관련해서 최근 베스트셀러 반열에 오른 〈워낭소리〉나 신경숙의 『엄마를 부탁해』와 같은 작품에서 나타나는 생존의 절대성과 그 신화화의 문제나 노동에 대한 재규정 작업이 지니는 공과를 검토할 필요가 있다. 이에 대해서는 이 책의 3장 참조.

인간이다. 그러나 그녀들은 노동을 통해 자신의 정치적, 성적 권력을 쟁취해가는 페미니즘적인 여성 주체성이 아니라, 생존의 절대성 앞에서 맨몸으로 가족을 위해 세계와 싸우는 여성이다. 또 그녀들은 노동하는 인간이지만, 그녀들의 노동은 노동자라는 집단적 주체성 속에서 자신의 동일성을 구하는 형식을 취하지 않는다. 그런 점에서 국밥집 할매와 자갈치 아지메로 상징되는 이 정체성 정치의 준거는, 기존의 진보/보수, 페미니즘/반 페미니즘적인 집단적 주체성의 정치 모두에 대한 안티테제의 성격을 명확하게 지니는 것이다. 그리고 이러한 안티테제가 수렴되는 것은 생존의 절대성, 모든 이념을 넘어선 '실용'의 세계이다. 그리고 이러한 모든 현존하는 이념을 넘어선 실용의 세계란 역으로 이와 같이 현존하는 주체성과의 격렬한 분리에 호소함으로써 만들어지는 것이다.

이러한 세계 속에 모든 존재는 홀로 서있다. 거기에는 어떠한 사회적 유대 관계도 존재하지 않는다. 존재하는 것은 고립된 존재의 생존을 위한 투쟁, 그 막막한 세계를 신화로 만드는 이미지뿐이다. 이를 통해서 생존은 기존의 모든 이념을 대체한 '대안'이 된다. 그리고 이것의 현실적 버전은, 우리가 지금 목도하고 있듯이 실용주의(이는 이념을 넘어선 것이라고 자신을 규정하고 있다)라는 이름하에 진행되는 경쟁 만능주의와 이를 통한 사회적 적대의 급속한 심화 현상인 것이다.

그러나 다시 한 번 강조하지만, 이러한 징후를 모든 것을 경제 발전으로 환원하는 '무지한 대중'의 보수주의적 회귀나 이에 영합한 보수 진영의 문제로만 본다면, 현 사회의 파시즘의 문제를 직시할 수 없다. 이러한 징후에는 현존하는 노동과 주체 구성의 패러다임 속에서 자신의 위기를 해소해 줄 대안을 찾지 못한 집단의 '대안'에 대한 욕구 또한 작동하고 있다. 또 현재의 노동과 주체성과 관련된 국면이 기존의 집단적 주체화의 정치로는 해석되고 설명될 수 없는 지점으로 접어들고 있음에도 불구하고, 새로운 국면에 대한 해석의 지평을 열지 못하는 '진보 진영'의 사상적, 실천적 무능력 또한 이러한 대중 정치가 호소력을 갖게 만든 현실적 기반이기도 하다.

트랜스젠더와 비국민 : 생존의 이념과 재생산의 정치

파시즘의 가장 중요한 특징은 자발성이다. 파시즘은 집단주의나 보수주의, 위로부터의 일방적 통제라는 요소들을 내포하면서도 본질적으로 이러한 통제와 이념을 내적인 자발성의 기제로 작동시키는 고유한 방식을 내포하고 있다. 이러한 자발성이 어떻게 형성되는가에 대해서는 다양한 논의가 있다. 그러나 그중 가장 중요한 것은 전 사회 내적으로 적대의 관계가 조밀하게 재구성되고, 사회 구성원들이 적대의식을 내면화함으로써 자발적으로 파시즘에 참여하게 되는 역학이다.7 역사적 사례를 통해서 볼 때, 이러한 자발성을 효율적으로 작동시키는 것은 경쟁의 내면화, 혹은 생존 논리의 이념화이다. 즉 사회적 적대가 보이지 않을 정도로 촘촘하게 구조화되고 그것이 인간 각자의 심성 구조로까지 각인되면 무한경쟁 구조가 완성되는데, 이것의 역사적 실현물이 파시즘이다. 그런데 파시즘 하에서 경쟁이나 생존이 이념화된다고 해서, 자본주의 사회에서 일반화된 경쟁과 생존 논리가 모두 파시즘적 경향

---

7. 이런 맥락에서 파시즘에서 '대중의 자발성'이란 다양한 현현 방식을 보인다. 한 사회에서 파시즘의 징후가 경향적으로 잠복하고 유동할지라도 이러한 경향이 위로부터 조직화되지 않는 경우 파시즘이 사회 전체를 운용하는 구성 원리, 즉 체제의 구성 원리로서 지배적 형식이 되기 어렵다는 점이다. 그런 점에서 파시즘은 대중 정치의 향배에 따라 단지 사회의 잠복된 경향으로 항존하기도 하고, 아니면 조직 운동이나 사회 체제로 전환되기도 한다. 그런 점에서 파시즘에서 대중의 자발성이 사회 구성 원리 차원으로까지 지배화 되는 것은 위로부터의 조직화에 의해서이다. 따라서 역사적으로 파시즘이 사회 체제의 지배적 형식이 되는 과정에서 억압적인 통제뿐 아니라, 헤게모니 기구에 대한 장악을 동반하였다는 점은 이와 관련하여 매우 중요한 부분이다.

이라는 의미는 아니다. 앞서 논의했듯이, 여기에는 선행하는 이념과 대안, 사회 구조와 주체성의 정치에 대한 안티테제의 정립이라는 매우 현실적인 역학이 작용하기 때문이다. 즉 파시즘은 경쟁과 생존이 그 자체로 주체성의 근간, 이념, 대안으로 정립되는 현실적인 맥락과 관련된다.

파시즘이 생존을 이념과 인간 존재의 진리의 차원으로까지 격상시키는 과정에는 사회 내적으로 만연한 위기감이 중요하게 작용한다. 특히 이는 전 지구적인 차원에서 자신의 위치가 재규정되는 과정과 긴밀하게 연동된다. 양차 세계 대전이라는 세계 권력 구도 속에서 소외된 '약자' 진영에서 파시즘이 생성되었고 또 해당 사회 내부에서 소외된 약자의 위기감이 파시즘에 대한 지지 기반이 된 것은 그 역사적 사례이다. 한국의 경우 이른바 IMF 체제를 경험하면서 한국인들은 세계 체제의 재편 과정에서 소외된 약자로서의 무기력감을 맛보게 되었다.[8] 그러나 한편으로 만성화되는 경제 위기 국면과 이에 따른 위기감은 '민주화'에 대한 열망과 공존해왔고 그것이 1990년대 말에서 2000년대 초반까지의 국면이었다. 그러나 민주화에 대한 열망과 기대가 실망과 환멸로 이어지자, 위기감과 열망의 긴장 관

---

8. 세계화 이후 한국 사회에서 이러한 환멸과 피로감이 확대되는 현상에 대한 구체적인 논의는 권명아, 『식민지 이후를 사유하다』, 책세상, 2009, 참조.

계는 급속하게 흔들리게 되었다. 이러한 긴장의 붕괴가 이른바 "잃어버린 10년"이라는 대중 선동의 구호가 현실적 힘을 발휘하게 된 사회 심리적 구조라 할 수 있을 것이다. 민주화는 이제 '이미 경험해본 낡은 것'이 된 것이다. 경쟁 논리를 내면화시키는 실용주의를 통해 생존을 대안적 이념으로 제시하는 대중 정치의 역학은, 이러한 현실적인 요인들 속에서 그 효과를 발휘하는 것이다.

　민주화는 이미 낡은 경험이 되었고, 증폭되는 세계 경제 위기 속에서 한국의 지위에 대한 불안감은 격화되고, 본질적으로 이 속에서 개인들의 경제적, 존재론적 위기감은 폭발 직전까지 팽배해있다. 파시즘은 이러한 위기감, 특히 약자의 손상된 지위에 각인된 존재론적 불안을 먹고 탄생한다. 파시즘이 약자의 사상이었던 이유 또한 이와 관련이 깊다. 약자라는 인식, 약자의 피해의식은 경쟁 구조와 생존 논리를 자기 정당화의 기제로 작동시킨다. 이러한 기제를 통해서 파시즘은 한 사회를 무한 증식하는 적대의 구조로 만들고, 그것도 자발적으로 작동하게 만든다. 경쟁이란 무엇인가? 그것은 내 옆에 존재하는 인간이 다름 아닌 나의 경쟁 상대, 즉 내가 이겨야 할 적이라는 인식을 내면화하는 것이다. 따라서 이러한 심성 구조 하에서 사회의 모든 인간은 적으로 간주되고, 적으로 간주된 존재를 절멸시키는 기획에 동참하는 일은 손쉽게 이루어진다.9 그리고 절멸은 폭력이 아닌, '자연도태'의 이름으로 수행된다. 나치에게 유태인은 적이자, 낙오자이며 경쟁자이기도 하였다. 따라서 유태인의 절멸은 게르만 민족을 위기에 몰아넣은 경쟁자의 제거가 되고, 경쟁에서 도태된 자가 제거되는 일은 자연스러운 일로 간주된다.

역사적으로 파시즘은 이러한 적대의 내면화를 통해서 인종 말살을 자행했을 뿐 아니라, 무수한 집단을 비국민의 이름으로 제거했다. 파시즘의 절멸의 기획은 적대를 내면화 하는 경쟁 구조로의 사회 재편과 밀접한 관련을 맺는다. 그러나 이 절멸의 기획은 말살과 제거라는 차원과 동시에 노예화라는 또 다른 방식을 동반한다. 파시즘에서 살아남은 자들(이는 경쟁에서 승리한 자들의 다른 이름이다) 이외의 나머지는, 항시적으로 반사회적 존재, 낙오자, 무능력자 등등의 이름으로 노예 상태에 내몰렸다. 이것의 최

---

9. 그런 점에서 역사적으로 파시즘을 경험한 일본과 한국이 모두 입시 지옥, 무한 경쟁 지옥을 토대로 구성된 사회라는 것은 우연이 아니다. 또 이와 같이 경쟁의 내면화를 통해 사회적 적대의 구조를 작동시키는 과정에서 교육, 가정, 문화 등 헤게모니 기구를 장악하는 일은 파시즘에서 매우 중요한 사안으로 대두된다. 이러한 헤게모니 기구를 장악하느냐 아니냐에 따라서 파시즘이 대중의 자발성을 조직하는 데 실패하느냐 성공하느냐가 달려있기 때문이다. 최근 교육, 문화, 미디어 등의 헤게모니 기구에 대한 국가의 재조직화가 폭력적으로 진행되는 것은 이러한 점에서 중요한 징후이기도 하다.

종적 형식이 성노예화(일본군 종군 위안부로 대표되는)와 절멸 기획(나치의 홀로코스트와 일본의 비국민 낙인을 통한 '적'의 제거)이다. 파시즘의 절멸 기획에 대한 가장 최근의 논의인 아감벤의 연구에서도 호모 사케르는 수용소에 감금된 무젤만, 즉 인종 말살의 차원에서만 다뤄지고 있다. 그러나 실상 호모 사케르는 또 다른 성격의 수용소인 위안소에서 벌거벗은 채 절규하던 위안부의 존재와도 밀접한 관련이 있다. 즉 파시즘은 인종 말살이라는 차원뿐 아니라 성노예화의 문제와도 결부되어 있으며, 동시에 이 두 가지는 모두 비국민화의 기제와 밀접한 관련을 맺는다.

아감벤도 지적하고 있듯이, 이러한 절멸의 기획에 대한 문제제기적 질문은 단지 "어떻게 이토록 잔인한 범죄들이 인류를 대상으로 자행될 수 있었는가라는 위선적인 질문이 아니다. 인간 존재로서의 권리와 특권들을 어쩌면 그토록 완벽하게 박탈했는지, 그들에게 자행된 어떤 짓도 더 이상 위법이 아닌 것처럼(그러니까 사실상 모든 것이 정말 가능해지는) 보이도록 만든 법적 절차와 권력 장치들을 주의 깊게 탐구하는 것이 보다 정직하며 또 무엇보다도 보다 유용할 것이다."[10] 따라서 파시즘의 절멸의 기획이 말살, 성노예화, 비국민화와 관련이 깊고, 이것이 '합법적' 절차

---

10. 조르조 아감벤, 『호모 사케르』, 박진우 옮김, 새물결, 2008, 323쪽.

를 통해서 수행되었다는 점, 즉 인간에게 모든 권리와 특권을 완벽하게 박탈하는 일이 법의 이름으로 자행되었다는 것을 새삼 환기할 필요가 있다.

성노예화, 절멸의 기획, 비국민화와 정체성 정치가 어떻게 상호간에 연동해서 작동하는지를 보여주는 흥미로운 사례는 최근 국가 인권위원회와 관련된 논란이다. 국가 인권위원회 축소 찬반론자들이 등장한 텔레비전 토론 프로그램에서 축소론자들은 인권위가 했던 잘못된 일의 대표적 사례를 트랜스젠더와 촛불 집회라는 두 개의 사안을 근거로 제기했다. 국가 인권위원회가 트랜스젠더의 성전환 수술 비용에 대해 의료보험 혜택을 주어야 한다고 권고했는데, 축소론자들에 따르면 이는 '사회 통념'에 맞지 않는 과잉된 일이었다는 것이다. 마찬가지로 촛불 집회 참가자에 대한 사법 처리 과정에 대해서 국가 보안법 폐지를 권고한 것 역시 '사회 통념'에 어긋나는 일이라는 것이다.

왜 트랜스젠더와 국가 보안법이 이렇게 나란히 문제가 되는 것일까?[11] 트랜스젠더와 국가보안법을 같은 층위에

---

11. 인권위를 현상태로 유지해야 한다는 입장의 논자들이 트랜스젠더 문제에 대해서 아무런 반박도 하지 않은 것 또한 매우 흥미로운 일이었다. 오히려 인권위를 대표하는 이들은 '인권'이라는 아젠다를 '국가 제도' 속에서 유지해야 한다는 점에만 골몰해 있는 듯이 보였다. 이 문제는 차후에 다시 논의를 하도록 해보자.

놓는 것은 그러니까 전형적인 파시즘의 상상력이다. 먼저 이 지점에서 트랜스젠더의 인권 박탈과 비국민의 인권 박탈이 문란, 사회 통념, 공공의 안녕 질서와 같은 무규정적인 개념을 통해서 이뤄진다는 점을 염두에 두어야 한다. 특히 이러한 무규정적인 개념이 법적 판단의 근간이 되는 현상은 징후적이다. 한국 사회에서 이러한 법적 판단의 기준은 일본의 식민 통치하에서, 특히 일본의 식민 통치가 파시즘으로 전환되는 문턱에서 만들어졌다. 대표적인 것이 풍기문란 통제와 사상 통제라는 두 가지 형식이었다. 이에서 비롯된 법적 구조, 특히 문화와 사상에 대한 검열과 통제의 법적 구조는 한국 사회에 여전히 남아있다.[12]

이런 역사적 맥락 때문에 한국 사회의 보수 집단에게 트랜스젠더에 대한 위와 같은 입장 표명은 매우 '상식적인' 것일 것이다. 트랜스젠더란 말 그대로 젠더의 경계를 넘어

---

12. 이와 관련해서는 권명아, 「풍속 통제와 일상에 대한 국가 관리」, 『민족문학사연구』, 33호, 2007년 4월 ; 「음란함과 죽음의 정치 : 풍기 문란과 근대적 주체화의 역학」, 『현대소설 연구』, 39호, 2008년 12월, 참조. 비국민화와 성 정치의 관계에 대한 좀더 자세한 논의는 이 글들을 참조하기 바란다. 또 이와 관련해 비국민화와 성 정치를 밀착시킨 이러한 법제는 원래 독일의 법을 차용한 것이었지만, 일본도 독일도 이러한 법제는 2차 세계 대전 이후 폐기되었다는 점도 언급해야 할 것이다. 이러한 법제를 유지하고 있는 국가는 역사적으로 파시즘을 경험한 국가들 중에서도 한국이 유일하다. 이는 단지 비국민에 대한 법제만을 의미하는 것이 아니라, 풍속 통제와 문화 통제와 관련한 일련의 법제 역시 이러한 비국민화를 위한 법제의 연장에서 정립된 것이라는 점을 인식해야 할 것이다.

선 존재들이다. 이들은 현 사회에서 공인된 정체성의 기준과 이에 적절한 역할(이는 본질적으로 성역할을 의미한다)을 넘어선 존재이다. 파시즘의 상상력에서 보기에 이들은 그런 점에서 '문란'한 존재들이다. 문란한 존재란 근본적으로 성적인 의미를 지니지만, 파시즘적 상상력에서 이는 단지 성적 차원만을 함의하지 않는다. 정체성의 경계를 흐리는 일은 성적 문란을 통해서 사회의 재생산에 치명적인 위험을 가한다. 어떤 재생산일까? 젠더 경계를 넘어서면 안 되는 것은 파시즘의 상상력에서 여성의 성적 역할은 근본적으로 사회의 '안정적 재생산'을 담당하는 분자로서 기능하는 것이기 때문이다. 우생학적으로 우월한 여성들은 생물학적인 재생산(모성)의 기능을 담당하고, 이를 통해 사회의 안정된 재생산에 기여한다. 반면 우생학적으로 열등한 여성들(주로 하층 계급 여성들)은 모성보다는 성적 노동을 제공하는 역할을 한다. 이른바 매춘이라는 성노동의 사회적 구조화이다. 따라서 고정된 젠더 경계를 유지하는 일은 안정된 생물학적, 사회적 재생산을 위해 여성의 신체를 모성과 매춘이라는 양분된 구조로 재조직하는 것이다. 양자 모두는 근본적으로 자궁(재생산의 생물학적 기제로서)의 기능에 따라 두 가지 역할(재생산과 성적 '서비스')로 분할된다. 따라서 모성의 형태로든 매춘의 형태로든 여성은 자궁이라는 생물학적이고 성적인 기능으로 환원된다. 역사적으로 일본의 파시즘이 한 축에는 군국의 어머니와 총후 부인을, 다른 한 축에는 위안부를 여성의 역할로 분할한 것은 전형적인 사례이다.

이러한 파시즘의 성 정치와 정체성 정치는 여성을 근본적으로 성 노예로 만드는 기제를 내포한다. 그리고 여기서 비롯된 심성 구조와 문화는 한국 사회에서 거의 '일상'이 되어버린 고질적인 구조이다. 파시즘의 상상력의 차원에서 볼 때 트랜스젠더란 '자궁'이 없는 존재이다. 파시즘의 상상력에서 이는 인간 존재에 대한 규정을 넘어선, 비존재이다. 트랜스젠더의 성전환 수술에 대해서 의료보험 혜택을 주면 안 된다는 것은, 바로 트랜스젠더란 사회적으로 보호받을 가치가 없는 존재라는 인식의 직접적 표현이다. 사회적으로 보호받을 가치가 없는 존재란 무엇인가? 그들은 살 권리는 있을지 모르지만, 죽을지라도 사회적으로 관심을 기울일 필요가 없는 존재라는 것이다. 이렇게 특정 집단을 사회적으로 보호받을 가치가 없는 존재라고 규정하는 것은 바로 그 집단을 절멸되어도 좋을 존재로 호출하는 것이다. 죽게 내버려 두어도laisser mourir 좋은 존재들 말이다. 이 지점에서 트랜스젠더와 비국민은 동일한 차원에 놓인다. 그리고 성노예화와 비국민화의 상호 관련은,

뜨거운 강철 '쇠우리' 속에서 죽음에 이른 용산 참사 피해자와 어두운 골방에서 성노예로 자신의 모든 권리를 박탈당한 채 죽음에 이른 장자연에 이르기까지, 무수한 표상으로 우리 앞에 놓여 있다.

이러한 성노예화와 비국민화의 기제는 한국 사회에서 오랫동안 만연한, 일종의 사회적 구조화의 근간이 되었다. 바로 앞에서 논의했듯이 파시즘적인 사회의 조직화를 통해서 성노예화와 비국민화를 수행하는 것은 재생산에 대한 강박과 밀접한 관련이 있다. 파시즘적인 사회 구조에서는 인간은 각자의 역할에 따라, 상이한 방식으로 모두 재생산의 기계로 환원된다. 파시즘 하에서 인간은 사상, 신념, 정치, 문화에 의해 규정되는 것이 아니라, 각자의 생물학적이고 우생학적인 속성에 따른 재생산 기계로 환원되는 것이다. 역사적으로 일본의 파시즘은 이를 '직분'(각자에 맞는 사회적 역할과 정체성)이라고 불렀다. 이러한 의미에서 파시즘이 상상하는 인간은 사상과 신념, 정치와 문화와는 거리가 먼, 재생산의 기능과 역할에만 충실한 존재이다. 파시즘이 그토록 강박적으로 사상과 신념에 대한 억압적 통제에 골몰하는 것은 이 때문이다. 또 경쟁 기계로서의 인간이란 사상이나 정치와 무관하게 자신의 성공에만 골몰하는 인간이라는 점에서, 파시즘의 이상, 그 죽음의 상상력의 완벽한 실현이다.

이러한 맥락을 염두에 둘 때 한국 사회에 만연한 자살률 증가 현상과 출산 거부 현상은 이와 같이 인간을 재생산 기계로 몰아온 한국 사회의 고질적인 사회 구조의 '부정적' 효과라는 점이 명백해진다. 자살과 출산 거부 자체가 긍정적인 현상이라는 말을 하는 것이 아니다. 오히려 자살과 출산 거부는 단지 만성적인 '사회 문제'가 아니라, 인간을 재생산 기계로 몰아온 한국 사회의 구조적 문제라는 인식이 필요한 것이다. 그리고 이러한 문제가 한국 사회가 파시즘의 경험으로부터 벗어나지 못한 채 지속적으로 파시즘적 사회 구조를 강화해 온 과정에서 비롯되었다는 인식 또한 필요한 것이다.

그런 점에서 자살과 출산 거부, 성노예화와 비국민화라는 매우 기원이 다른 것처럼 보이는 현상들이 폭발적으로 사회 표면에 함께 출현하기 시작한 것은 징후적이다. 우리가 현재 직면한 한국 사회의 가장 핵심적인 문제들이 결국은 모두 파시즘, 그 역사적 경험과 현실적 변화와 연동된 문제들인 것이다. 따라서 지금이야말로 우리가 파시즘, 그 질긴 악연과 절연을 할 수 있을 것인지, 아니면 그 죽음의 정치의 심연으로 함께 휘말려 들지가 판가름이 날 국면이라고 할 수 있을 것이다.

불안은 숙명이 아니다 : 해방의 사상과 정치를 탈환하기

위안부 문제와 성 상납 사건을 비교해보면 매우 중요한 공통점을 발견할 수 있다. 두 사례는 60년이 넘는 시간적 격차가 있고 '사법 판단의 주체'가 상이함에도 불구하고, 어떤 공통점을 내포한다. 둘 다 진상 규명이 '미궁' 속에 빠졌고, 이미 죽은 자 혹은 생존자들의 '증언'이 진상 규명에 중요한 자료로 간주되지 않았다는 점, 그리고 진상 규명이 미궁으로 빠지는 과정이 매우 합법적으로 이루어졌다는 점이다. 그녀들의 말은 죽은 자의 말이기에 사실 증거로 간주되지 않거나, 역으로 말이 사실 증거로 간주되지 않기에 그녀들은 말을 박탈당하고 죽은 자로 간주된다. 어떤 형태로든 그녀들의 말은 합법적 공간에서 말로서의 지위를 박탈당한 것이다. 그것도 매우 합법적인 방식으로 말이다. 즉 그녀들의 죽음과 그녀들의 말의 법적 지위를 합법적으로 박탈하는 것은 등가적인 의미를 지닌다. 이 지점은 파시즘의 정체성 정치와 죽음의 정치, 성 정치가 내포하는 의미를 명료하게 보여준다. 그녀들의 죽음은, 생물학적인 절멸이자, 상징적인 차원에서의 절멸(말의 박탈)이고, 권리 박탈의 '합법적 수행'이기도 하다. 그러니까 절멸의 기획은 존재를 말 이전의 세계로 밀어 넣는 것이며, 말의 합법적 지위와 권리를 존재에게 박탈하는 일이다. 이런 점을 생각하면 파시즘의 절멸의 기획에 대항하는 일은 먼저 말의 권리, 말의 합법적 권리를 통해 구축되는 존재의 주권성을 확보하는 일이라는 점이 명확해진다.

그런 의미에서 말의 권리를 합법적으로 제한하려는 최근의 일련의 법적 조치들에는 분명한 위험성이 존재한다. 이는 단지 표현의 자유라는 인권의 차원의 문제에 국한되는 것이 아니라, 존재의 권리를 합법적으로 박탈하는 신호탄이라는 점에서 문제적이다. 역사적으로 파시즘적 통제에 대한 이탈은 유언비어와 같은 말의 분산적인 흐름들 속에서 싹텄다. 여기에는 두 가지 차원이 개입된다. 파시즘의 절멸의 기획은 말의 권리에 대한 합법적 박탈의 과정이며, 여기에는 사상 통제와 정보 통제 역시 포함된다. 이와 함께 중요한 것은 성노예화의 경우에 명백하게 나타나듯이 아예 어떤 존재를 말 이전의 세계로 전이시키는 것이다. 이는 파시즘적 통제가 사회를 불가지론의 구조로 재조직하는 것과도 관련된다.

이는 단지 성노예화와 같은 구조에서만 나타나지는 않는다. 일례로 파시즘은 사회 내부의 위험 요인을 과도하게 강조하면서, 음모론적인 대중 정치와 선동을 지속한다. 즉 근거를 알 수 없는 무수한 위험 요인들을 강조하는 방식이 그것이다. 따라서 파시즘적인 사회 체제하에서 세계는 음모론적이고 불가지론적인 방식으로 구조화된다. 이는 정보 통제와 독점 그리고 대중 선동과 대중 정치가 복합적으로 결합된 결과이다. 그런 점에서 유언비어는 이러한 파시즘의 음모론적이고 불가지론적인 세계 표상 방식의 역상이기도 하다. 파시즘이 세계를 이러한 구조로 표상하는 것은 이를 통해서 위기감을 지속적이고 효과적으로 재생산할 수 있기 때문이다. 이러한 세계상 속에서 사회 구성원들은 알 수 없는 불안감에 사로잡혀 살 수밖에 없다. 따라서 파시즘은 생존의 절대성으로 사상을 대체하고, 불안감을 숙명으로 만들면서 사회 구성원들을 끝없는 위기감으로 내몰아간다.

파시즘적인 세계상이 근거를 알 수 없는 정보들로 만들어진 음모론적이고 불가지론적인 세계라면, 유언비어는 바로 이 세계가 만들어낸 역상이다. 이러한 맥락에서 유언비어를 만들어내는 것은 파시즘, 바로 그 자체이다. 그러나 한편으로 유언비어는 이처럼 음모론적이고 불가지론적인 파시즘적 세계상 속에서 말과 정보의 권리, 또 말의 소통을 통한 말의 합법적 권리를 확보하고자 하는 욕망의 표현이기도 하다. 즉 말의 권리 혹은 말의 소통을 통한 존재의 권리에 대한 욕망이 충족되지 못할 때, 말은 말이 아닌 곳(비어) 속에서 소통(흐르는 언어)의 욕망을 대리 충족하고자 하는 것이다.

그런 점에서 파시즘의 위험성을 경계하는 것, 한 사회를 파시즘화에 빠지지 않도록 경계하는 일은 말의 권력을 쟁취하고자 하는 지난한 투쟁에서 시작된다. 사상의 자유와 문화 향유의 권리 등이 파시즘에 저항하는 중요한 보루가 되는 것은 이 때문이다. 이는 단지 원론적인 차원에서 사상과 표현, 문화 향유의 자유와 권리가 중요하다는 의미가 아니다. 앞서 말한 바와 같이 파시즘은 인간을 사상, 문화, 정치를 통해 규정하는 것이 아니라, 생존이라는 신화를 통해서 재규정한다. 그런 의미에서 파시즘적 인간형은 생존의 노예이다. 생존의 노예가 되지 않는 길은, 인간이 사상과 문화, 정치를 통해서만 비로소 노예가 아닌 인간의 삶을 살 수 있다는 그 평범한 존재 진리를 다시 탈환하는 방법뿐이다.

최근 몇 년간 사회적 약자들의 목소리는 담론 공간에서 급격하게 사라지고, 대신 그들의 존재는 자살, 사건 사고와 같은 죽음의 표상으로만 가시화되고 있다. 한국 사회에서 사회적 약자는 삶과 자신의 목소리를 통해 존재를 증명하는 것이 아니라, 죽음과 유언으로만 자신의 부재를 증명하고 있다. 그런 점에서 죽음의 정치는 한국 사회에서 너무 오래, 그러나 언제나 새로운 방식으로 작동하고 있는 것이다. 한국 사회의 파시즘적 징후는 파시즘을 경험한 역사와 그 유산 및 새롭게 대두한 문제들과 밀접한 관련을 지닌다. 무엇보다 사회적 약자의 해방에 대한 기대와 희망이 충족되지 못하고, 노동, 주체성, 성 정치 등 삶에 대한 새로운 사상과 실천이 대안적으로 제시되지 못하는 상황이 대중들이 파시즘에 매혹되는 중요한 요인이다. 그런 점에서 파시즘의 징후를 고찰하고 이를 통해 어떤 대안을 제시하고자 한다면, 무엇보다도 사회적 약자의 삶의 새로운 조건들을 사유할 수 있는 사상과 그 실천의 새로운 패러다임을 모색하는 일이 가장 중요할 것이다.

Jacques Derrida, "Language is never owned", *Sovereignties in Question: The Poetics of Paul Celan*, Fordham University Press, New York, 2005.

Judith Butler, "Survivability, Vulnerability, Affect", *Frames of War*, Verso: London·New York, 2009.

_____, "Violence, Mourning, Politics", *Precarious Life: The Power of Mourning and Violence*, Verso: London and New York, 2004[주디스 버틀러, 『불확실한 삶: 애도와 폭력의 권력들』, 양효실 옮김, 경성대출판부, 2008].

Melissa Gregg and Gregory J. Seigworth, "An inventory of shimmers", *The Affect Theory Reader*, Melissa Gregg and Gregory J. Seigworth ed. Duke University Press, Durham & London, 2010 [멜리사 그레그·그레고리 J. 시그워스, 「미명의 목록[창안]」, 『정동 이론』, 최성희·김지영·박혜정 옮김, 갈무리, 2015].

Raymond Williams, *Keywords*, Fontana Press, 1976 [레이먼드 윌리엄스, 『키워드』, 김성기·유리 옮김, 민음사, 2010].

Slavoj Žižek, *Violence*, Picador: New York, 2008.

강영숙, 「갈색 눈물방울」, 『문학과 사회』, 2004년 겨울호.

_____, 『빨강 속의 검정에 대하여』, 문학동네, 2009.

강유정, 「돌아온 탕아, 수상한 귀환」, 『세계의 문학』, 2009년 봄호.

고모리 요이치, 『해변의 카프카를 정독하다: 무라카미 하루키론』, 김춘미 옮김, 고려대학출판부, 2006.

고봉준, 「감동의 문학과 영감의 문학」, 『문학수첩』, 2009년 봄호.

공지영, 『무소의 뿔처럼 혼자서 가라』, 문예마당, 1993.

권명아, "Coloniality, obscenity and Zola", AIZEN, Annual International Conference, 2011년 10월 부산대학교 발표문.

_____, 「음란함과 죽음의 정치: 풍기 문란과 근대적 주체화의 역학」, 『현대소설 연구』, 39호, 2008년 12월.

_____, 「죽음과의 입맞춤: 혁명과 간통, 사랑과 소유권」, 『문학과사회』, 2010년 봄호.

_____, 「풍속 통제와 일상에 대한 국가 관리」, 『민족문학사연구』, 33호, 2007년 4월.

_____, 「환멸과 생존: 협력에 대한 담론의 역사」, 『식민지 이후를 사유하다』, 책세상, 2009.

_____, 『식민지 이후를 사유하다』, 책세상, 2009.

_____, 『역사적 파시즘: 제국의 판타지와 젠더 정치』, 책세상, 2005

김연수, 「모두에게 복된 새해—레이먼드 카버에게」, 『현대문학』, 2007년 1월.

_____, 『세계의 끝 여자친구』, 문학동네, 2009.

김영민, 「슬픔의 정치학과 동무론」, 『오늘의 문예비평』, 2009년 가을호.

_____, 『동무론』, 한겨레출판, 2008년.

_____, 『사랑, 그 환상의 물매』, 마음산책, 2004.

김용언, 「이런 다이내믹한 장르 영화를 보았나」, 『씨네 21』, 2010. 2. 29.

김재영, 「코끼리」, 『코끼리』, 실천문학사, 2005.

김홍중, 「하루키에 대한 몇가지 단상들」, 『문학동네』, 2009년 겨울호.

남진우, 「저 너머에 있는 사랑—조지 오웰의 『1984』에서 무라카미 하루키의 『1Q84』로」, 『문학동네』, 2009년 겨울호.

도미야마 이치로, 『폭력의 예감』, 손지연·김우자·송석원 옮김, 그린비, 2009.

롤랑 바르트, 『사랑의 단상』, 김희영 옮김, 동문선, 2004.

류보선, 「'엄마'라는 유령들」, 『문학동네』, 2009년 봄호.

무라카미 하루키, 『해변의 카프카』 상/하권, 김춘미 옮김, 문학사상사, 2003.

_____, 『1Q84』, BOOK 1, 양윤옥 옮김, 문학동네, 2009.

_____, 『1Q84』, BOOK 2, 양윤옥 옮김, 문학동네, 2009.

_____, 『1Q84』, BOOK 3, 양윤옥 옮김, 문학동네, 2010.

미셸 우엘벡, 『소립자』, 이세욱 옮김, 열린책들, 2003.

박완서, 「부처님 근처」, 『어떤 나들이 : 박완서 단편 소설 전집 1권』, 문학동네, 1999.

배수아, 『북쪽거실』, 문학과지성사, 2009.

_____, 『올빼미의 없음』, 창비, 2010.

_____, 『일요일 스키야키 식당』, 문학과지성사, 2003.

_____, 『푸른사과가 있던 국도』, 고려원, 1995.

백낙청, 「문이이 무엇인지 다시 묻는 일」, 『창작과비평』, 2008.

벨 훅스, 『경계 넘기를 가르치기』, 윤은진 옮김, 모티브 북, 2008.

복도훈, 『눈먼자의 초상』, 문학동네, 2010.

소조(조영일), 「한국문학의 선언」, 〈다음 카페 비평고원〉, 2009. 6. 18.

스테판 에셀, 『분노하라』, 임희근 옮김, 돌베개, 2011.

시민문화네트워크 티팟, 「여성결혼이민자 다문화 강사 양성 프로그램: 이야기 공연단 톡톡 결과보고서」, 2007년 1월, 한국문화예술교육진흥원 홈페이지, http://www.arte.or.kr/ 참조.

신경숙·신수정 대담, 「엄마는 한 세계 자체였다」, 『문학동네』 2009년 봄호.

신경숙, 『엄마를 부탁해』, 창작과비평사, 2008.

_____, 『풍금이 있던 자리』, 문학과지성사, 1993.

심보선, 「불편한 공동체: 어떤 공동체의 발견」, 『문학과사회』 2009년 가을호.

알랭 바디우, 「위협받는 사랑」, 『사랑의 예찬』, 조재룡 옮김, 도서출판 길, 2010.

_____, 『조건들』, 이종영 옮김, 새물결, 2006.

_____, 『사랑의 예찬』, 조재룡 옮김, 도서출판 길, 2010.

우에노 치즈코, 『화려한 싱글, 돌아온 싱글, 언젠간 싱글』, 나일등 옮김, 이덴슬리벨, 2007.

유희석, 「『엄마를 부탁해』론」, 『창작과비평』, 2009년 여름호.

윤후명, 「하얀배」, 『1995 이상문학상 수상 작품집』, 문학사상사, 1995.

이득재, 「맑스와 어소시에이션, 그리고 혁명」, 『즐거운 혁명』 문화과학 60호, 2009년 겨울호.

이종영, 「사랑의 개념」, 『사랑에서 악으로: 권력의 원천에 대한 연구』, 새물결, 2004.

_____, 『사랑에서 악으로: 권력의 원천에 대한 연구』, 새물결, 2004.

정성일, 「김기덕 감독, 처음으로 세상을 긍정하다」, 『말』, 2004년 4월.

조르조 아감벤, 『세속화 예찬』, 김상운 옮김, 난장, 2010.
_____, 『호모 사케르』 박진우 옮김, 새물결, 2008.
조영일, 『한국문학과 그 적들』, 도서출판b, 2009.
조한혜정, 『다시 마을이다』, 또하나의문화, 2007.
주디스 버틀러, 『젠더트러블』, 조현준 옮김, 문학동네, 2008.
주요한, 「손에 손을」, 『국민문학』, 1권 1호, 1941년 11월.
진은영, 『우리는 매일매일』, 문학과지성사, 2008.
_____, 「조각의 문학」, 『문학과사회』, 2009년 가을호.
최보식 기자, 『조선일보』, 2010년 10월 22일자.
최승자, 『이 時代의 사랑』, 문학과지성사, 1981.
최영미, 『서른, 잔치는 끝났다』, 창작과비평사, 1994.
테리 이글턴, 『이론 이후』, 이재원 옮김, 도서출판 길, 2010.